林氏宗谱
文献选集及译文

林海 编译

科学技术文献出版社

·北京·

图书在版编目（CIP）数据

林氏宗谱文献选集及译文/林海编译.—2版.—北京：科学技术文献出版社，2023.6
ISBN 978-7-5235-0396-6

Ⅰ.①林… Ⅱ.①林… Ⅲ.①氏族谱系—中国 Ⅳ.①K820.9

中国国家版本馆 CIP 数据核字（2023）第 117912 号

林氏宗谱文献选集及译文（第二版）

策划编辑：李 蕊　责任编辑：李 蕊 李 晴　责任校对：王瑞瑞　责任出版：张志平

出 版 者	科学技术文献出版社
地　　址	北京市复兴路15号　邮编 100038
编 务 部	（010）58882938，58882087（传真）
发 行 部	（010）58882868，58882870（传真）
邮 购 部	（010）58882873
官方网址	www.stdp.com.cn
发 行 者	科学技术文献出版社发行　全国各地新华书店经销
印 刷 者	北京虎彩文化传播有限公司
版　　次	2023年6月第2版　2023年6月第1次印刷
开　　本	787×1092　1/16
字　　数	307千
印　　张	18
书　　号	ISBN 978-7-5235-0396-6
定　　价	128.00元

版权所有　违法必究

购买本社图书，凡字迹不清、缺页、倒页、脱页者，本社发行部负责调换

丹心照千秋名满寰宇
遗孕传万代祀通全球

乙未仲秋裔孙上饶林海敬书

比干塑像

宋仁宗皇帝御題

忠孝名宗

嘉祐六年五月一日

臣太常寺卿林 英頌

宋淳熙元年五月朔日

新安朱 熹書

再版序言

《林氏宗谱文献选集及译文》一书经科学技术文献出版社出版发行以来，得到国内外宗亲的关注。他们在阅览本书之后纷纷来电：有的盛赞本书收集文献多、错讹少，译文通俗、方便阅读，提高了学习宗谱文献的兴趣和效率；有的将本书作为其修改本族宗谱文献的主要参照资料；有的则在本族修谱时直接选载本书文献和译文，因而丰富了宗谱的内容也加快了修谱的进程。同时，也有对本书文献和其宗谱上同名文献存在的差异提出意见，向我推荐本书未载的宗谱文献，更多的是对其宗族纂修宗谱遇到的问题寻求帮助。

国内外宗亲通过阅读本书，提高了学习宗谱文献的兴趣，激发了纂修宗谱的热情，这正是我当时不揣浅陋、不畏困难，四处查找、细致收集，认真比对、潜心翻译，谨慎编撰、公开出版的初衷。由衷感谢宗亲读者及有关学者对完善本书提出的意见和建议，这正是本书出版后我的殷切期望。

再版主要侧重以下三个方面：

①更正补漏。例如，《饶阳万宠公赞》一文中万宠公的及第时间，原文为唐开元二十八年明经及第，经考证应为唐开元八年明经及第。又如，《校正诗山林氏宗谱序》一文中原文有缺漏，经慎重校对予以补齐。

②增选文献。例如，《宋仁宗皇帝题谱并赐诗二首》中的赐诗二首，又名《宋仁宗嘉佑六年八月十五日赐林悦二首》。这二首御诗为各地林氏宗谱所普遍载录且互有异同。考虑到林氏宗谱的严谨性，再版时增选了《宋仁宗皇帝题谱并赐诗二首》一文，通过译文和《宋仁宗嘉佑六年八月十五日赐林悦二首辨正》一文做了详细对比和注释并表明笔者意见。希望后之纂修林氏宗谱者能同一载录。又如，《谒太始祖比干公墓记》一文，作者林修是民国政府官员。林修于民国六年（1917年）三月三十日拜谒太始祖比干公庙墓，以其高贵的

身份得到庙方特殊接待："因得周览内外规制，至详且悉。""临行出一册，备载墓庙所有，举以授予，如获拱璧。"参观既至详且悉，又得图册备载墓庙所有。林修即于四月一日，以其渊博的知识、敏锐的观察，用华丽的辞藻详细而精准地描叙了当年比干庙墓的实况和自己的感想，是一篇比干庙发展史上具有里程碑意义的文献。

③增选谱序。例如，《诗山族谱引》《诗山林氏续修宗谱序》《诗山林氏宗谱序（四）》等，进一步完整记载了诗山林氏于明初由仙游九牧蕝公一脉分支到南安诗山，继而于明末清初由南安诗山金山公一脉分支到上饶各地的数十个宗族纂修宗谱、续修宗谱、不断完善宗谱的过程。而《九牧林氏宗谱序》则记叙了其中一族从合修宗谱到单独纂修宗谱的情况。《诗山林氏宗谱序（三）》则着重阐明纂修宗谱的宗法。希望能对后之纂修宗谱者有所帮助。

限于本人能力，本书再版后缺漏错讹仍在所难免。希望继续得到宗亲读者的热情关注和大力帮助，使其能不断完善，从而促进祖宗光辉德业得到宣传和弘扬，后代子孙能从中受到教育和鼓励。若此则林氏宗族忠孝诗礼兴、人文蔚起恒，可与中华民族的伟大复兴同步伐共命运。

九牧蕝公三十九世孙

高级工程师

林海　撰

癸卯（2023年）春季吉日

序　言

　　国史、方志、宗谱是中华民族史籍的三个重要组成部分，三者之间可以互相印证、互相补充，都有保存历史、教育人民的作用。何况，中华民族的优良传统许多是起源于家族、宗族，进而推广、完善于全中华民族。因此，宗谱和国史、方志一样受到国家和地方的重视，更是宗族的家传至宝。

　　林氏宗谱正如明朝礼部尚书、中极殿大学士叶向高所言：今国内有名望的家族首推闽，闽首推莆田，莆田首推林氏。林氏宗谱记载了历代祖先的光辉德业，内容丰富、篇帙浩瀚，系统地记叙了林氏宗族的世代传承，上继祖宗、下延子孙，确有真实的根据；科第出处、宦绩履历，都有确凿的地方。皇帝的封赏，明白得如同天上的太阳和星星；祖宗的遗像和坟庙，像高山一样雄伟。以至艺文有载，传序有记，迁徙有稽，支派有别。供祭祀的田地和春秋时节的祭祀、祀典时祭器的陈列，宗谱上均有记载。我阅读林氏宗谱后，不禁感叹：林氏真是诗礼传家的世族名家啊！其实，阅读林氏宗谱后发出感叹者又何止一人？宋仁宗御览林氏宗谱后，御笔大书"忠孝名宗"四字于谱端，盖以御宝。并赐御诗二首，其一：长林派出下邳先，移入闽邦远更延。忠孝有声天地老，古今无数子孙贤。故家乔木蟠根大，深谷猗兰奕叶鲜。上下相承同纪载，二千年后万千年。其二：莆郡卿家名望族，三仁而下爵王公。存孤实抗回天义，报国常摅贯日忠。德润丰姿人有异，光增谱牒世无同。古今纪载难穷尽，一代强如一代隆。明永乐十五年，江西道监察御史陈道潜赞叹：为什么上天如此钟爱林氏，诗书传家经久不衰，后世子孙这么多贤能之士啊！明朝卫辉府同知裴骞在《重修殷太师比干祠墓碑记》中更赞道：今莆田林氏繁盛于全天下，在朝为官者多为忠贞节义之士。因此，莆田称为"文献名邦"。林氏子弟科第蝉联，语曰："无林不开榜。"比干之心虽剖，而其忠魂义魄竟不殂落；

其孕虽剔，而其世代云仍绵有表见。忠义之气充塞天地、磅礴今古，孰得而泯灭之哉！现代谱牒学者也盛赞林氏宗谱内容丰富，有极高的史料价值。可见林氏宗谱作为望族世家的宗谱，其影响和作用得到普遍的重视和赞赏，在国家图书馆、北京大学图书馆、上海图书馆等国内外著名图书馆都有收藏。

几年前，我有幸接触林氏宗谱，翻阅之后，颇为震撼。因为退休之后较为闲暇，便认真细读。细读之后有几点感想：一是宗谱篇帙浩瀚，收纳了从《魏孝文帝吊比干墓文》（494年）、《唐太宗追赠殷太师比干谥诏并祭文》（645年）、《林氏源流总序》（温彦博，632年）、《珠还合浦赋》（林藻，791年）、《唐·朝散大夫检校太子詹事兼苏州别驾赐紫金鱼袋上柱国赠睦州刺史府君神道碑》（林蕴，802年）、《重广邵州续庆图序》（林瑜，1097年）等历代帝皇、名臣、孝子、贤孙的文、序、记、赞、诗、赋等，内容丰富、形式多样、美不胜收。详细记载了我们林氏的源流：上从太始祖比干推至轩辕黄帝；下从始祖林坚起于西河，旺于济南，绵于下邳，盛于晋安、莆田，而遍天下。本来，林氏宗族在历朝历代，金绳玉钮、名宦不断，林氏宗谱应是一部完美的宗谱。然而，由于林氏宗族在繁衍昌盛、林氏宗谱在绵延传承的几千年间曾遭遇多次打击，正如唐中书令温彦博在《林氏源流总序》中所叙：战国以来，遇秦始皇焚书坑儒、谱牒散落；后汉之末，遭董卓迁都长安、坟籍亡失。同时，董卓又向汉献帝进谗言："林氏宗族、乡党的势力在黄河以北过于强大，威胁社稷。"汉献帝便把林氏宗族中七百四十四人同时流窜。致使林氏宗谱从西周林坚到东晋林禄的一千三四百年间世系不明、昭穆失序。因此，林氏宗谱仅载我们林氏自林坚受周武王赐姓以来，一直非常辉煌：在西周为官者十人、在东周为官者二十七人、在秦朝为官者十四人、在西汉为官者十五人、在（王莽）新室时期为官者三人、在东汉为官者十二人、在魏国为官者十人，虽有史志可查，而无完整的世系世序记载。到晋朝黄门侍郎林颖随晋元帝南迁，最初居于徐州下邳，生了两个儿子：林懋、林禄。林懋为下邳太守，生了六个儿子，当时号称"六龙"，是下邳林氏之始祖。林禄由散骑常侍追赠晋安郡王，为闽粤林氏之始祖。由于闽粤地处偏远，社会相对稳定。因此，自东晋、南北朝、隋至唐贞元约五百年间，林氏得到快速繁衍，子孙遍布江南数省，出现了林氏九牧的盛况。至林蕴从史馆得到温彦博所撰《林氏源流》副本，并将其演绎成《续庆图》，自林禄至九牧的世系世序连续完整。之后，九牧林氏繁衍发展、遍布全球。而各地林氏宗谱大都从林禄至今世系清晰、昭穆有序，成为林氏宗族的家传至宝。二是由于年代久远、地处分散，宗谱文献经多次传抄翻印、缺漏错讹较多。几年来，我虽借助网络、多地林氏宗谱、参考书、工具书逐一进行校对，希望得到正确的文本，但难以如愿。因为有的文献在不同的史籍中记载有所不同，如《殷少师比干墓表》载于《李太白全集》和载于《唐文粹》的两个文本就有八十余字不同，学者也作存疑。有的文献，如《殿试策问》明永乐四年状元林环策对，虽由地方报社或地方史馆在网上发布，也有不少问题。有的文献，如《泉山铭叙》虽在当地旅游风景区刻于岩壁并在网上发布，也有可议之处等，不一而足。三是由于文献写作的时间跨度近两千年，文中牵涉的历史事件就更加久远，所以文献的文体、词语和现在差别较大，阅读起来比较困难，宗亲特别是事业繁忙的青壮年宗亲更无暇阅读。因此，宗谱大都被束之高阁，不能发挥其教育作用。

  为了使林氏宗谱的通用文献能做到尽可能准确，可供大多数林氏宗族在重修宗谱时参照选用，又能做到尽可能易读、使国内外大多数林氏宗亲尤其是青壮年宗亲容易读懂并从中受到教育，继承林氏"忠孝儒学"的祖训和"诗礼传家"的家风，发扬光大祖宗的光辉德业。我用了几年时间，南至泉州南安祖籍、北到河南卫辉太始祖比干庙乃至北京国家图书馆搜寻林氏宗谱文献，并把收集到的几十篇文献，借助网络、参考书和工具书，逐一校对、注释、翻译。把原文和译文整理汇编成《林氏宗谱文献选集及译文》。在明知困难的情况下，我仍坚持这样做。一是因为退休之后有暇，希望用我的闲暇时间尽力把有缺漏、错讹的文献变得较为完整、正确，把难以阅读的文献变得较为方便阅读。为宗亲和后代子孙今后阅读节省时间，提供方便。使束之高阁的宗谱成为教育宗亲和后代子孙的宝贵资料。二是作为林氏子孙的责任，在文献收集、校对、翻译的过程中，我更多了解祖宗的光辉德业，太始祖比干，贵为王子、位为少师，为挽救商宗室之危、殷纣王之命，犯颜直谏、被剖心而死。成为殷朝三仁之首，天下忠臣之范，为林氏宗族成为"忠孝名宗"奠定了良好的基础。

其后，忠孝名士，代不乏人，尤以林蕴之忠，林欑之孝为著。更多知道祖先贻厥孙谋，九牧之祖林披，一改闽粤务农的旧习，在居屋之侧建草堂作学堂，为子孙的发展奠定诗礼传家的家风，创造了九牧林氏的辉煌。更多明白祖先为了尊祖收族、立谱续谱，担簦蹑屩、风餐露宿，不辞劳苦、长途跋涉，往返于祖籍和现籍，抄录、校对，动则需数月经年。我从中受到鼓励、教育和感动，感到作为林氏子孙的一份责任，要尽力宣扬祖宗的光辉德业、使宗亲和后代子孙也能从中受到教育和鼓励。

限于本人能力，本书收集到的文献一定不够全面，选择会有失误，在注释和译文中的错讹更在所难免。希望读者、宗亲读后能推荐本书未收集到的林氏宗谱文献，指出本书的错讹，以便增补和更正。林海不胜感谢！

另外，本书有意收录了《诗山林氏宗谱序》《饶阳林氏宗谱序》等十余篇序、跋，完整地展示了在明末清初由福建泉州南安溪东迁至江西上饶的数十支林氏宗族立谱和多次续修宗谱的过程、方法和相关的宗法，如能对后之立谱和续修宗谱者有所帮助，则又是本书之大幸。

九牧福唐刺史林蔇三十九世孙
高级工程师
林海　撰
公元二〇一六年九月

目　录

文记类

魏孝文帝吊比干墓文 ··· 北魏（494年）　3
　　魏孝文帝吊比干墓文 ···（译文）　9
唐太宗追赠殷太师比干谥诏并祭文 ································· 唐（645年）　16
　　唐太宗追赠殷太师比干谥诏并祭文 ·····································（译文）　18
饶阳万宠公赞 ··· 方钟　唐（745年）　21
　　饶阳万宠公赞 ···（译文）　22
殷少师比干墓表 ··· 李白　唐（751年）　23
　　殷少师比干墓表 ···（译文）　25
珠还合浦赋 ··· 林藻　唐（791年）　28
　　珠还合浦赋 ···（译文）　29
甘露述 ··· 欧阳詹　唐（793年）　31
　　甘露述 ···（译文）　32
泉山铭叙 ··· 林蕴　唐（821年）　34
　　泉山铭叙 ···（译文）　36
唐·朝散大夫检校太子詹事兼苏州别驾赐紫金鱼袋上柱国
　赠睦州刺史府君神道碑 ··································· 林蕴　唐（825年）　38
　　唐·朝散大夫检校太子詹事兼苏州别驾赐紫金鱼袋上柱国
　　　赠睦州刺史府君神道碑 ···（译文）　40
林孝子传 ·· 黄璞　唐（895—907年）　42
　　林孝子传 ···（译文）　43

泉州人物记·林藻		唐	44
泉州人物记·林藻		（译文）	46
新唐书·列传·儒学·林蕴	欧阳修等	北宋（1060年）	47
新唐书·列传·儒学·林蕴		（译文）	49
宋仁宗皇帝题谱并赐诗二首		宋（1061年）	51
宋仁宗皇帝题谱并赐诗二首		（译文）	52
梯云斋记	林玉琳	南宋（1129年）	54
梯云斋记		（译文）	56
殷少师比干墓铭记	林外	南宋（1168年）	58
殷少师比干墓铭记		（译文）	60
军学立忠义二公祠		南宋（1226年）	61
军学立忠义二公祠		（译文）	62
比干墓铜盘铭记	张淑	元（1318年）	64
比干墓铜盘铭记		（译文）	65
莆阳名公事述·林攒	吴源	明（1370年）	66
莆阳名公事述·林攒		（译文）	67
殿试策问　永乐四年丙戌	林环	明（1406年）	69
殿试策问　永乐四年丙戌		（译文）	73
林氏九牧图记	陈道潜	明（1417年）	78
林氏九牧图记		（译文）	80
梨岭登云记	林喦	明（1441年）	82
梨岭登云记		（译文）	83
礼部奏文		明（1457—1464年）	84
礼部奏文		（译文）	85
十德图记	林俊	明（1499年）	86
十德图记		（译文）	88
林氏重修先墓记	林俊	明（1504年）	90
林氏重修先墓记		（译文）	92

目录

员外郎应骢公祭晋安郡王禄公文 ·············· 林应骢 明（1525年） 95
 员外郎应骢公祭晋安郡王禄公文 ·············· （译文） 96

重修殷太师比干祠墓碑记 ·············· 裴骞 明（1538年） 97
 重修殷太师比干祠墓碑记 ·············· （译文） 99

福平山志 ·············· 何齐远 明（1607年） 101
 福平山志 ·············· （译文） 102

凤林寺记 ·············· 林尧俞 明（1622年） 103
 凤林寺记 ·············· （译文） 105

重修始祖晋安郡王墓记 ·············· 林齐圣 明（1627年） 107
 重修始祖晋安郡王墓记 ·············· （译文） 108

晋安郡王墓考 ·············· 林齐圣 明（1627年） 110
 晋安郡王墓考 ·············· （译文） 111

展谒晋安郡王墓记 ·············· 林嵋 明（1646年） 112
 展谒晋安郡王墓记 ·············· （译文） 113

天妃灵异记 ·············· 林元之 清 115
 天妃灵异记 ·············· （译文） 118

谒太始祖比干公墓记 ·············· 林修 民国（1917年） 121
 谒太始祖比干公墓记 ·············· （译文） 123

宋仁宗嘉祐六年八月十五日赐林悦二首辨正 ·············· 林海（2018年） 125

谱 序

林氏源流总序 ·············· 温彦博 唐（632年） 131
 林氏源流总序 ·············· （译文） 133

林氏谱系序 ·············· 林蕴 唐（800年） 136
 林氏谱系序 ·············· （译文） 137

元和姓纂·林氏篇 ·············· 林宝 唐（812年） 138
 元和姓纂·林氏篇 ·············· （译文） 140

重广邵州续庆图序	林瑜	北宋（1097年）	142
重广邵州续庆图序		（译文）	144
重广邵州续庆图跋	林大鼐	南宋（1147年）	146
重广邵州续庆图跋		（译文）	147
林氏得姓源流	林稃	南宋（1156年）	149
林氏得姓源流		（译文）	151
林氏宗谱序	程大昌	南宋（1169年）	153
林氏宗谱序		（译文）	154
林氏世系总纪	朱熹	南宋（1179年）	155
林氏世系总纪		（译文）	156
林氏族谱序（一）	林文迪	元（1342年）	158
林氏族谱序（一）		（译文）	160
校正林氏族谱序	林志	明（1420年）	162
校正林氏世谱序		（译文）	165
元和姓纂辨	林春泽	明（1534年）	169
元和姓纂辨		（译文）	170
莆田林氏宗谱序	叶向高	明（1621年）	171
莆田林氏宗谱序		（译文）	173
林氏族谱序（二）	林尧化	清（1690年）	175
林氏族谱序（二）		（译文）	177
诗山族谱引	林时赏	清（1693年）	179
诗山族谱引		（译文）	180
诗山林氏续修宗谱序	林士元	清（1753年）	181
诗山林氏续修宗谱序		（译文）	182
诗山林氏宗谱序（一）	徐伟	清（1830年）	183
诗山林氏宗谱序（一）		（译文）	185
诗山林氏宗谱序（二）	林钟奏	清（1830年）	187
诗山林氏宗谱序（二）		（译文）	189

目 录

诗山林氏宗谱序（三） ·················· 周毓麟 清（1830年） 192
    诗山林氏宗谱序（三） ························（译文） 194

诗山林氏宗谱序（四） ·················· 林永实 清（1830年） 196
    诗山林氏宗谱序（四） ························（译文） 197

续修诗山林氏宗谱序 ···················· 林永毓 清（1830年） 198
    续修诗山林氏宗谱序 ··························（译文） 200

校正诗山林氏宗谱序 ···················· 林凤楼 清（1830年） 202
    校正诗山林氏宗谱序 ··························（译文） 205

诗山林氏宗谱跋 ························ 林秀升 清（1830年） 209
    诗山林氏宗谱跋 ······························（译文） 211

闽楚同源序 ···························· 林则徐 清（1837年） 214
    闽楚同源序 ··································（译文） 215

西河郡林氏族谱序 ······················ 林则徐 清（1837年） 216
    西河郡林氏族谱序 ····························（译文） 219

饶阳林氏宗谱序（一） ·················· 钟世桢 清（1867年） 222
    饶阳林氏宗谱序（一） ························（译文） 224

饶阳林氏宗谱序（二） ·················· 林书升 清（1867年） 226
    饶阳林氏宗谱序（二） ························（译文） 227

饶阳林氏宗谱序（三） ·················· 林达璋 清（1867年） 229
    饶阳林氏宗谱序（三） ························（译文） 230

饶阳林氏宗谱序（四） ·················· 林庆霄 清（1867年） 232
    饶阳林氏宗谱序（四） ························（译文） 233

合修饶阳林氏宗谱序（一） ·············· 林树荣 清（1867年） 234
    合修饶阳林氏宗谱序（一） ····················（译文） 236

合修饶阳林氏宗谱序（二） ·············· 林国梁 清（1867年） 238
    合修饶阳林氏宗谱序（二） ····················（译文） 239

合修饶阳林氏宗谱序（三） ·············· 林树滋 清（1867年） 241
    合修饶阳林氏宗谱序（三） ····················（译文） 243

合修饶阳林氏宗谱序（四）······林华春　清（1867年）　245
　　合修饶阳林氏宗谱序（四）·····················（译文）　247
续修饶阳林氏宗谱序（一）······林含章　民国（1915年）　250
　　续修饶阳林氏宗谱序（一）·····················（译文）　252
续修饶阳林氏宗谱序（二）······林中桂　民国（1948年）　254
　　续修饶阳林氏宗谱序（二）·····················（译文）　255
续修饶阳林氏宗谱序（三）················林缪生（1998年）　256
九牧林氏宗谱序··························林海（2019年）　257

跋··261
我的源流··263

文记类

魏孝文帝吊比干墓文

北魏（494年）

唯皇构迁中之元载，岁御次于阉茂。望舒会于星纪，十有四日，日唯甲申。予扬和淇右，蹀驷廊西。指嵩原而摇步，顺京途以启征。路历商区，輴届卫壤。泛目睎川，纵览观陆。遂旁睨古迹，游畋曩风。睹殷比干之墓，怅然悼怀焉。乃命驾驭驻轮，策骥躬瞩。荆棘荒朽，工为绵蕞。而遗猷明密，事若对德。慨狂后之猖秽，伤贞臣之婞节。聊兴其韵，贻吊云尔。

曰：
三才之肇元兮！敷五灵以扶德。
含刚柔于金木兮！资明暗于南北。
重离耀其炎晖兮！曾坎司玄以秉黑。
伊禀常之怀生兮！昏睿递其启则。
昼皎皎其何朗兮！夜幽幽而致蔽。
哲人昭昭而澄光兮！狂夫默默其若翳。
咨尧舜之耿介兮！何桀纣之猖败。
沉湎而不知甲兮！终惑己以贻戾。
謇謇兮比干！藉胄兮殷宗。
含精兮诞粹！冥树兮英风。
禀兰露以涤神，餐菊英而俨容。
茹薜荔以荡识，佩江蓠而丽躬。
履霜以结冰兮！卒謇忠而弥浓。
千金岂其吾珍兮！皇舆实余所钟。
奋诚谏而烬躯兮！导危言以衅锋。
呜呼哀哉！

呜呼哀哉！

唯子在殷，实为梁栋。
外赞九功，内澈辰共。
匡率衮职，德音遐洞。
周师还旆，非子谁贡？
否哉悖运，遘此不辰。
三纲道没，七曜辉泯。
负乘窃器，息弃天伦。
怀诚赍怒，谠言焉陈？
鬼侯已醢，子不见欤？
鄂侯已脯，子不闻欤？
微子去矣，子不知欤？
箕子奴矣，子不觉欤？
何其轻生，一致斯欤？
何其爱义，勇若归欤？
遗体既丧，不其惜欤？
永矣无返，不其痛欤？

呜呼哀哉！

呜呼哀哉！

夫天地之长远兮！嗟人生短多殃。
往者予弗及兮！来者予不厥当。
胡契阔之屯邅兮！值昏化而乖良。
曷不相时以卷舒兮！徒委质而颠亡。
昌虚名空传于千载，讵何勋之可扬？
奚若腾魂以远逝，飞足而归昌。
得比肩与尚父，卒同协于周王。
建鸿绩于盛辰，启胥宇于齐方。
阐穆音乎万祀，传冕业以修长。
而乃自受兹毙，视窍殷亲。
剖心无补，迷机丧身。

脱非武发，封墓谁因？
呜呼介士，胡不我臣？

重曰：
世惛惛而溷浊兮！日蔼蔼其无光。
时坎廪而险隘兮！气憭颲以飞霜。
予夐其不远逝兮！侘傺而趾故乡。
可乘桴以浮沧兮！求蓬莱而为粮。
衔芝荣以升虚兮！与赤松而翱翔。
被芰荷之轻衣兮！曳扶容之葩裳。
遁海波而漂摇兮！望会稽以归禹。
纽蕙芷以为绅兮！扈荃佩而容与。
写郁结于圣人兮！畅中心之秘语。
执垂益而谈弄兮！交良朋而摅苦。
言既而东腾兮！吸朝霞而长举。
登岯岩而怅望兮！眺扶桑以停伫。
谒灵威以问路兮！乘谷风而攀宇。
遂假軚于羲和兮！凭六螭以南处。
骞衡岳而顾步兮！濯沅湘以自洁。
嚼炎州之八桂兮！践九疑而遥奋。
即苍梧而宗舜兮！拂埃雾以就列。
采轻越而肃带兮！切宝犀以贯介。
诉淳风之沦霁兮！话萧韶之湮灭。
召熊狸而叙释兮！问重华之风桀。
尔乃饮正阳之精气兮！游丹丘而明视。
揖祝融而求鸟兮！御朱鸢以修指。
因景风而凌天兮！迴灵鹏以西展。
降黄渚而造稷兮！慰稼穑之艰难。
访有邰之诜诜兮！遇何主而获安。
然后涉昆仑之翠岭兮！揽琼枝而盘桓。
步悬圃以溜滂兮！咀玉英以折兰。

历崦嵫而一顾兮！　府沐发于洧盘。
仰迷倚于阊阖兮！　请帝阍而启关。
天沈寥而廓落兮！　地寂漻而辽闳。
餐沆瀣以神气兮！　佩瑶玕而鸣锵。
拜招矩而修节兮！　少踌躇以相羊。
祈駢虞而总缰兮！　随泰风以飘扬。
瞰不周而左旋兮！　纵神驷以北望。
寻流沙而骋辔兮！　暨阳周以继驾。
靡芸芳以馥体兮！　索夷杜而袛襘。
奉轩辕而陈辞兮！　申时俗之不暇。
适岐伯而修命兮！　展力牧以问霸。
歙沈瀣之纯粹兮！　窥寒门之层冰。
聆广漠之飚瑟兮！　觌黔嬴而回凝。
拥玄武以涉虚兮！　亢神冥而威陵。
象曖曃而晻郁兮！　路曼曼其难胜。
策飞廉而前驱兮！　使烛龙以辉澄。
归中枢而睇眄兮！　想玄漠之已周。
慨飞魂之无寄兮！　飒翻袂而上浮。
引雄虹而登峻兮！　扬云旗以轩游。
跃八龙之蜿蜒兮！　振玉鸾之啾啾。
搴彗星以朗导兮！　委升轫乎大仪。
邀重旸之帝宫兮！　凝精魄于旋曦。
扈阳曜而灵修兮！　岂傅说之足奇。
但至慨之不悛兮！　宁蕰死而不移。

　　　　　　　　　　　太和十八年（494年）十一月十四日

魏孝文帝吊比干墓文 | 文记类

北魏孝文帝《皇帝吊殷比干文》碑

林氏宗譜 | 文獻選集及譯文

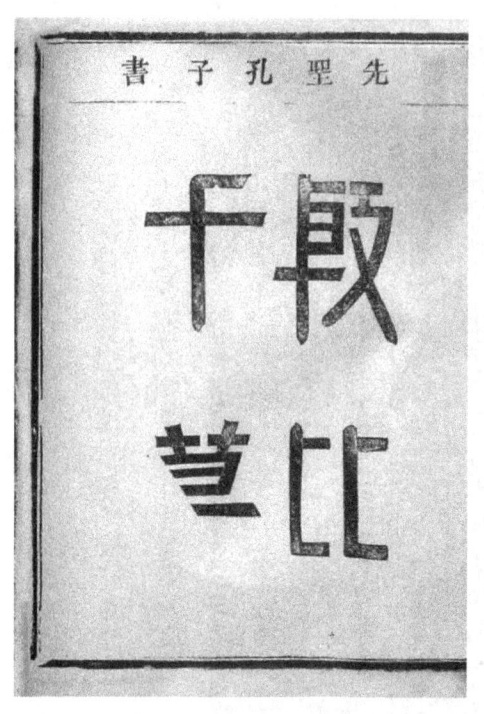

元魏孝文弔殷比干文

唯皇搆遷中之元歲歲御次於閼茂望舒
會於星紀十有四日維甲申予揚和淇
右陟駟騑西指松原而搖步順京途以啟
征路歷商區轄屆衛壞泛目聊川縱覽觀
陸遂旁睨古跡游睇義風覿殷比干之墓
悵然悼懷焉乃命駇駐輪欸繋躬蠲削棘
展盤叢爲綿茂而遺猷明密事若對德慨

8

魏孝文帝吊比干墓文

（译文）

　　皇朝迁都中原的第一年（甲戌年）十一月十四日（甲申日），我乘着四匹马拉的车，悠闲地行进在淇水之右，古鄘国之西。指点着沿途的高山和平原，慢慢地顺着通京大道前行。经过古商朝的辖区，车子踏上了古卫国的土壤。我放眼观看中原大地的山川和平原，观赏路旁的古迹和当地的风土人情。看到殷故少师比干的坟墓，激起我心中的伤感和对忠臣比干的悼念之情。于是命令车手停车，亲自策马到比干墓去观瞻。看到附近一带都是荆棘和朽木，十分荒凉。只有比干墓和连绵的庙宇建筑还很完整和壮观。而当地流传着有关比干的事迹非常明白而细致，就像是道德高尚的比干就生活在我们的面前。让我愤慨纣王的猖狂和污秽，感伤忠贞之臣比干的刚直气节。姑且以"骚体"的表现手法写下这篇祭文，用来吊慰忠臣比干。

　　文曰：
　　当天地人"三才"开始的时候啊！
　　就有"五灵嘉瑞"来扶持有道德之人。
　　让金木有刚柔之分啊！
　　南北有明暗之别。
　　太阳炎热而明亮啊！
　　太阴寒冷而黑暗。
　　依靠大自然赋予的生存条件啊！
　　人们摸索出相适应的生存规则。
　　白昼多么明朗啊！
　　夜晚多么黑暗。
　　圣人光明正大而光华四射啊！
　　狂徒黑暗污浊而若翳障目。

尧舜多么耿直啊！
桀纣多么猖狂和腐败。
沉湎酒色而不知商王太甲悔过自责啊！
终于被妲己迷惑变成了暴戾的昏君。
正直的比干啊！
是殷朝王室的子孙。
蕴含天地的精华而降临人间啊！
为人间树立起高风亮节。
禀承兰露以荡涤自己的灵魂啊！
餐食菊英使自己更加庄重。
吃薜荔以荡涤自己的学识啊！
佩带江蓠使自己更加光彩照人。
身处危局如履薄冰啊！
终陷困境而忠心愈烈。
千金岂是你的珍爱啊！
国家才是你所独钟。
奋不顾身地忠诚劝谏而招致杀身之祸啊！
以国家安危的道理开导纣王而被剖心。
多么悲哀啊！
多么悲哀啊！
比干在殷朝，
确实是国家的栋梁。
对外辅佐君王处理各项政事，
对内是群臣的核心。
为朝中大臣做出表率，
你仁德的言词长久地留在大家的心中。
周武王兵临孟津慑于你的威望而退兵，
不是你比干谁还能做出这么大的贡献？
只是你运气不好，
生不逢时。
殷纣王连基本的道德准则都没有了，

日月星辰也没有了光辉。
无德小人窃取了国家的政权,
废弃了天理和人伦。
你满怀对国家的忠诚和对奸人的愤怒,
但是你正直的言论又怎能得到陈述?
鬼侯已经被剁成肉酱了,
你没有看见吗?
鄂侯已经做成肉干了,
你没有听说吗?
微子已经逃走了,
你不知道吗?
箕子已经成了囚奴了,
你没有觉察吗?
你为什么那样轻视自己的生命,
要犯颜直谏以致被剖心而死呢?
你为什么那样热爱正义,
视死如归呢?
遗体已经化为灰烬了,
你不痛惜吗?
你将永远不能返回人间了,
你不悲痛吗?
多么悲哀啊!
多么悲哀啊!
天地多么长远啊!
人生又多么短暂而多灾多难。
过去的你已经不能挽回了啊!
而未来的你又难以把握。
多么不得志而踯躅难行啊!
处在这政治昏化而违背正义的时代。
你为什么不相时而动啊!
却白白地搭上自己的生命被剖心而死。

虽"忠臣"这样的虚名也能空传千载，
又有什么功勋可以彰扬于后世呢？
哪里比得上远离残暴的纣王，
飞快去投奔周文王姬昌。
从而与姜尚（姜子牙）并肩，
共同辅佐周王。
在盛世建立丰功伟绩，
在齐地得到封地而安家。
让你的高尚言行弘扬万世，
让你的丰功伟业传承永远。
而你却受这种酷刑，
被亲侄儿殷纣王剖心视窍。
你被剖心对商朝政权毫无帮助，
反而是你失去了归周的时机和生命。
倘若不是周武王姬发，
又靠谁为你封墓？
你这样忠心耿直的人士，
为什么不是我的臣子呢？

再说：
世道昏暗而污浊啊！
太阳也暗淡无光。
时局坎坷而危机四伏啊！
寒风凛冽而飘雪飞霜。
你为什么不远走高飞啊！
却失意地滞留在故乡。
你可以乘着木筏漂游于沧海啊！
到仙山蓬莱去求得食粮。
口中衔着芝条升上天空啊！
与仙人赤松子一齐翱翔。
披着荷叶做的轻薄上衣啊！

穿着荷花做的华美下裳（裙子）。
随着海波飘摇啊！
望着会稽山漂到大禹的身边。
编织蕙芷香草做长长的衣带啊！
带着荃荪香草做的佩饰而从容自在。
向圣人倾诉自己的忧愁啊！
畅述心中的隐秘。
握着垂益的手而长谈啊！
结交好朋友以诉说心中的痛苦。
言谈结束就向东方飞腾而去啊！
吸食朝霞而长久地飞升。
登上高峻的山峰而怅然四望啊！
站立下来眺望太阳升起的地方。
拜谒东方之神灵威以问路啊！
乘东风而攀登上天宇。
顺便向太阳的车夫羲和借来车驾啊！
凭借六螭的驾驶来到南方。
飞上南岳衡山而徘徊顾步啊！
再到沅水和湘江里洗濯以自洁。
嚼食炎州的桂子啊！
登上九嶷山而到达遥远的地方。
到苍梧山去朝拜舜帝啊！
拂去埃雾归到队列之中。
采白云来装饰衣带啊！
切犀角以穿挂起来。
向舜诉说世间淳朴的风气已覆没了啊！
再说《萧韶》那样美好的音乐已消失。
召唤熊狸来叙释啊！
询问虞舜现在的风采。
饮食南方日中之气的精华啊！
畅游丹丘而尽情观赏神仙居住的地方。

拜揖火神祝融而求借神鸟朱鸾啊！
用你修长的手指驾驭神鸟朱鸾去遨游。
乘着南风飞上天空啊！
让神鸟掉头飞向西方。
降落在黄渚去拜访后稷啊！
慰问他播种和收获的艰难。
访问有邰国的民众啊！
遇到什么样的君主而得到安康。
然后登上昆仑山苍翠的山岭啊！
采摘琼枝并稍事休息。
漫步于悬圃仙境并在大水中漂游啊！
攀折玉白的兰花放在嘴里嚼食。
经过崦嵫山而回头一望啊！
俯在洧盘河里洗洗你的头发。
向上徘徊来到天门啊！
请把守天门之神帝阍打开天门。
天空多么空旷而清静啊！
大地多么寂静而辽阔。
餐食晚霞以补充神气啊！
佩带美玉发出铿锵悦耳的声音。
拜揖西方的白帝招矩以修养气节啊！
稍事停留以得到休养生息。
向白帝祈求义兽驺虞而握紧缰绳啊！
驾驭它随西风飘扬而去。
俯看到不周山就向左转啊！
驾驭神兽疾驰向北方。
寻找到大漠而驰骋啊！
直到阳周县才停下来。
涂敷芸香使身体散发芳香啊！
到地神的官衙索取辛夷花和甘棠花。
拜揖黄帝轩辕而陈述啊！

申诉时俗的多变。
向医祖岐伯请教养生之道啊!
瞻仰大力将军力牧问其霸气来自何方?
呼吸夜间水气的精华啊!
观看北方寒地的厚冰。
聆听广漠萧瑟的风声啊!
拜见水神黔嬴后再回头凝望。
簇拥北方之神玄武大帝登上高空啊!
融入神仙群中而威风凛凛。
天空的景象昏暗而阴沉啊!
长路漫漫而难以胜任。
策动飞毛腿飞廉作前驱啊!
让烛龙来照明。
归到中枢而四下观望啊!
想来寂静空旷的天空已经周游了一遍。
感慨飞魂之无所寄托啊!
撒开衣袖继续向上漂浮。
牵引彩虹而登上峻峰啊!
扬着云旗乘着华美的车子再去遨游。
驾驭八龙驱车蜿蜒而行啊!
振动车铃发出清脆悦耳的声音。
摘下彗星来照亮前进的路啊!
让天地混元之气托起冉冉上升的车子。
到炎黄重旸的帝宫去遨游啊!
把你的精魄凝聚于旋转的朝阳之中。
随光明的太阳修炼成贤德明哲的人啊!
连殷王武丁的大宰相傅说也不足为奇。
但是你慷慨至极是不会停止忠谏的啊!
宁肯突然死去也不会改变初衷。

太和十八年(494年)十一月十四日

唐太宗追赠殷太师比干谥诏并祭文

唐（645年）

　　门下：昔，望诸、列国之相，汉王尚求其后。夷吾、霸者之臣，魏君犹礼其墓。况乎，正直之道，迈青松而孤绝；忠勇之操，掩白玉而振彩者哉。殷故少师比干贞一表德，忠介成性。以明允之量，属无妄之辰。玉马遽驰，愍其邦之疹瘵；宝衣将燎，惜其君之覆亡。见义不回，怀忠蹈节。谠言才陈，轻其百龄之命；淫刑既逞，碎其七尺之躯。虽周王封墓，莫救焚骸之祸；孔圣称仁，宁追剖心之痛。固以冤深终古，悼结彼苍。

　　朕观风赵、魏，问罪辽碣。经途麦秀之墟，缅怀梓林之地。驻跸而瞻荒陇，愿以为臣；抚躬而想幽泉，思闻其谏。岂代终之义，久缺于往册；易名之典，无闻于后代。宜锡宠命，以展宿心。可追赠太师，谥曰"忠烈公"。仍遣三品持节祭告，四品为副。所在有司封崇其墓，修葺祠堂。州县春秋二时祀以"少牢"。给随近五户，以供祭享及洒扫。主者施行。

　　维大唐贞观十九年岁次乙巳二月己亥朔二十日戊午

　　皇帝敬遣太府卿萧钦、宗正少卿驸马都尉长孙冲等，持节以少牢之奠，祭殷故少师比干之灵。

　　曰：朕闻龙跃凤翔，必资鳞羽；圣主御下，必藉忠良。元首股肱，其道尚矣。

　　惟公诞灵山岳，降德星辰。苞金石以为心，蕴松桂而为质。不以夷险易操，不以利害变节。孟津之师，挹高风而莫进；朝歌之灭，资至德而延期。

且道丧时昏，奸邪并用；暴君虐主，正直难居。是以，江汉神龟残形，由于蕴宝；荆山和璞碎质，以其怀珍。丹耀彩而磨肌，翠含色而解羽。惊风拂野，迥树先凋；零雨披枝，高花早坠。良由佩奇衔美，独秀孤贞。虽识存亡，讵能遣凶残之累；智周万物，不能离颠沛之艰。

然则，大厦将崩，非一木之能止；天命既去，岂一贤之可全。且夫，举过显非、不避脑恶，忠臣之义也；三谏不入、奉身而退，圣人之道也。何必殉形于国，以速殷商之亡；剖心于朝，以深独夫之罪。每怀此恨，正惜精忠。愚者睹朕斯言，以为饰非拒谏；智者明于此意，当知惜善爱仁。

叹注哲之不追，嗟后贤之未及。然则，犯颜色、逆龙鳞，奋不辰、侯不二，蹈斯节者，罕有其人。非知之难，行之不易。此朕所以永怀千古、驻驾九原，凄惨风烟、靡寻余迹。荒凉丘陇，空负其名。

昔，周武封墓，千载表德；姬文葬骨，异世同心。虽古今殊途、年代冥漠，式遵故实、爰赠太师，谥"忠烈公"。清酌"少牢"、以陈薄礼；游魂不昧、鉴此嘉诚。

司徒太子太师赵国公长孙无忌

开府仪同三司申国公高士廉

光禄大夫民部尚书莒国公唐俭

吏部尚书驸马都尉柱国安德郡开国公杨师道

中书令江陵县开国子岑文本

正议大夫守中书令兼太子左庶子马周

中大夫守黄门侍郎诸遂良

右

贞观十九年二月三十日长孙无忌等奏请以赠比干诏并祭文刻石树碑。奉敕依奏。

前左宗卫铠曹参军事宜、宏文馆学士　薛纯陀书

唐太宗追赠殷太师比干谥诏并祭文

(译文)

　　门下省：从前，望诸（乐毅）是列国的宰相，曾统率赵、楚、韩、魏、燕五国之兵讨伐齐国，汉朝君主还希望求得他这样的著名军事家。夷吾（管仲）是辅佐齐桓公成就霸业的大臣，魏国君主还礼待其墓。何况，正直无私、坚持真理的精神，就像千年古松那样孤独而清高；忠勇爱国的节操，就像被遮掩的白玉而益显光彩啊！殷故少师比干忠贞专一，耿直成性。以其光明磊落的气度，却遭遇政治黑暗、灾祸变乱的时代。忠臣比干突然遇害，而他痛心的只是国家的危难；即将剖心，而他惋惜的只是君主的灭亡。他坚持正义、永不回头；满怀忠诚、视死如归。正直的言辞刚一说出，纣王的淫刑就轻易地夺去了他百龄之命，毁灭了他七尺之躯。虽然周武王为他封墓，也不能挽救他的焚身之祸；圣人孔子称他为仁人，也不能追补他的剖心之痛。纣王的暴戾，铸成了这亘古以来的天下第一大奇冤。

　　我这次巡视古赵国、魏国之地，去征讨辽东。途经殷朝的废墟，缅怀比干的墓地。停留下来，瞻仰这荒芜的土丘，真希望比干能做我的臣子；抚躬自问，深切思念幽泉下的比干，真想听到他的谏言。这继承和发扬比干遗业的大事岂能久缺于史册；这给比干追赠封谥的大典岂能无闻于后代。应该给比干加恩特赐以展现我素来的心愿。可以追赠比干为太师，谥号"忠烈公"。依例派遣三品官员持节主持祭告典礼，四品官员辅助。当地官员负责封崇其墓，修葺祠堂。州县于春秋二时以"少牢"之礼（祭祀的牲口为羊、猪二牲）进行祭祀。指派墓地附近的五户人家承担祭祀用品和墓地的洒扫。各主管部门和相关人员按要求执行。

　　大唐贞观十九年（645年）二月二十日
　　唐太宗郑重地派遣太府卿萧钦、宗正少卿驸马都尉长孙冲等以"少牢"之礼（祭祀的牲口为羊、猪二牲）祭祀殷故少师比干之灵。

唐太宗追赠殷太师比干谥诏并祭文 | 文记类

文曰:我听说龙要飞跃、凤要飞翔,一定要借助鳞片和羽毛;英明的君主管理国家,一定要依靠忠臣良将的辅佐。君臣志同道合、上下一心,国家就会昌盛。

唯有比干啊!你是山岳的精灵诞生人间,你是星辰的德辉降临大地。你的忠心像金石一样坚贞,你的本质像松桂一样清高。不以安危改变行为的操守,不以利害改变做人的气节。周武王伐纣的大军到了孟津,因为敬畏你的高风亮节而停止前进的步伐;殷朝的灭亡时间,因为你的崇高道德而得以延期。

由于殷纣王道德沦丧、时代昏暗,奸邪小人得到重用;有纣王这样的暴君虐主,像你比干这样正直的大臣自然难以存身。

由于身蕴珍宝,江河里的神龟被杀害了;由于怀藏珍宝,荆山中的美玉被打碎了。丹石由于颜色鲜艳被磨损了肌体,翠鸟由于色彩美丽被拔掉了羽毛。惊风拂过原野,长的高耸的树更先凋折;细雨披过枝头,开在高处的花更先坠落。由于比干你像佩戴了奇珍异宝那样光彩照人、由于你的优秀和忠贞,使你在腐败的殷王朝中显得特别孤独。虽然你知道存亡的方法,却不会避开纣王凶残的迫害;虽然你智慧过人、能把事情考虑得很周到,也不会逃离纣王痛苦的磨难。

然而,大厦将要崩溃,决非一根木头所能撑住;商朝既要灭亡,也绝非一个贤臣所能保全。况且列举君王的过错、不避君王的恼恶,你已经尽了忠臣之义;劝谏三次不被采纳、就应该全身而退,这也是圣人所举张的办法。你何必要为国殉身,加速殷朝的灭亡;在朝堂上被剖心视窍,加深了独夫纣王的罪恶。每每想起这件令人痛恨的事,就惋惜比干的无比忠诚。愚昧的人看到我的这些话,以为我是为了掩饰过错、拒绝诤谏;聪明的人应该明白,我是爱惜贤臣忠臣。

啊!以往的智慧卓越的人我没有赶上,后来的聪明贤达的人又还没有到来。然而,敢于犯颜直谏、敢于不顾纣王的恼恶,当面指出他的过错;奋激起来不选择时间、冷静之后也不会改变初衷,这样尽忠尽职的人是少有的。并非知道这样做有多么困难,而是要实际做到真不容易。这就是我为什么要永远怀念比干、停车在比干的墓前,面对这凄惨悲凉的情景、仔细地寻找比干的遗迹的原因。这荒凉的山丘空负了比干的大名。

从前,周武王姬发为比干封墓、千秋万代表彰比干的功德,也表现了周武王自己的仁德;周文王姬昌在筑台时掘出无名骸骨、命人衣棺更葬,表示了贤君的仁爱之心。尽管时代不同,但这种仁爱之心是大家一样认同的。虽然古代和现在做法上有所不同。而且,由于年代久远、有些事已模糊不清,我仍按照史实、遵照以往的做法,追赠殷故少师比干为太师,谥号"忠烈公"。以"少牢"之礼(祭祀的牲口为羊、猪二牲)

祭祀比干，以表示我的敬意。望比干的游魂有灵，来此鉴赏我的诚意。

  司徒太子太师赵国公长孙无忌

  开府仪同三司申国公高士廉

  光禄大夫民部尚书莒国公唐俭

  吏部尚书驸马都尉柱国安德郡开国公杨师道

  中书令江陵县开国子岑文本

  正议大夫守中书令兼太子左庶子马周

  中大夫守黄门侍郎诸遂良

  以上

贞观十九年（645年）二月三十日长孙无忌等奏请以赠比干诏并祭文刻石树碑。经皇帝恩准。

            前左宗卫铠曹参军事宜、宏文馆学士　薛纯陀书

饶阳万宠公赞

方钟　唐（745年）

公讳万宠，唐开元八年①明经及第，官饶阳太守。承禄公之苗裔、袭先德之源流；擢鳌禁于青年、守饶阳以致老。

夫唯林公万宠哉，临车斯郡，竹马道次以欢迎；下驾饶阳，黎庶领心以向化。每以德临民，纵刘宽之不若；专以持清志，虽淮尉之不如。隆我朝于皇风清穆之际，囿斯民于春台玉烛之中。保百姓如婴儿，爱国家如美玉。名著九重，声传外郡。生辈叨居寮职，知荷无数；忝同列位，感戴良多。公前一日乞疏优老，遂乐归田，有心致政。因设酒亭中，小饥而辞。士民立致垂韶，骈道流涕愿留，几投辖挽辔而不可得也。众乃请公真像，乞著丹书二幅：一留之使吾民斯世永慕，一送之使公家万世可传。噫！像其在欤！人其慕欤！

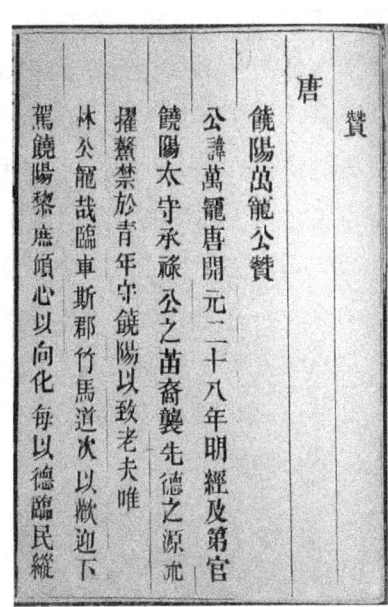

龙集乙酉岁　阳月之望

僚官：

同知　方锺

通判　郭圻

推官　石琏　同贺

注：饶阳即今直棣省饶阳县。

---

①　谱载：公讳万宠，唐开元二十八年（740年）明经及第，记载有误。应为：公讳万宠，唐开元八年（720年）明经及第。依据有二：一是《唐高平太守林万宠公赞》崇文馆校书郎黄璞撰林万宠，唐开元八年明经及第；二是林万宠生于唐仪凤三年（678年）卒于唐天宝十五年（756年）。唐开元八年（720年）明经及第时年四十二岁，龙集乙酉年（745年）请辞还乡时年六十七岁与本文记载较为符合。

饶阳万宠公赞

(译文)

　　林万宠,唐开元八年(720年)明经科考及第,官为饶阳太守。他是晋安郡王林禄的后裔,继承并发扬了祖先的德业:青年时就擢升到翰林院,后出任饶阳太守直至退休。

　　林万宠啊!刚到饶阳来任职时,就受到饶阳人民的夹道欢迎,人民自觉地服从他的领导。林万宠非常注重自身的道德修养,以身作则、贴近民众,纵使是东汉名臣刘宽也不如他;林万宠特别清廉,即便是有名的廉臣淮尉也不如他。林万宠辅佐我朝形成清正的政风和一派昇平的景象,让百姓生活在太平盛世里。他保护百姓就像保护婴儿,他爱国家就像爱美玉。名著于朝廷,声传于全国。我们这些门生晚辈有幸作为林万宠的同僚,得到他很多照顾和帮助,心中非常感激。林万宠前一日请到圣旨恩准回家养老,今天便快乐地启程返乡,真是有心辞职。因此,我们设告别酒宴于路边亭中,林万宠则以当地粮食稍有歉收为由而婉言推辞。来送行的百姓包括小孩子都站立在道路两旁,一齐流着涕泪恳切地挽留他,几次把车辕丢掉,拉住缰绳也挽留不住。大家就拿出林万宠的画像二幅,请他用朱笔题字。一幅留在饶阳,使当地百姓今生今世永久仰慕;一幅送归林万宠的家中,使其能在他的家族中万世流传。啊!林万宠的画像在,人民就会仰慕他!

龙集乙酉岁(745年)十月十五日
僚官:
同知　方锺
通判　郭圻
推官　石琏　同贺

注:饶阳即今河北省饶阳县。

殷少师比干墓表

李白 唐（751年）

太宗文皇帝既一海内，明君臣之义，贞观十九年征岛夷。师次殷墟，诏赠少师比干为太师，谥曰"忠烈公"。遣大臣持节吊祭，申命郡县封茸墓祠，置守冢五家，以"少牢"时享。著于甲令，刻于金石。故比干之忠益彰，臣子得以述其志。

昔商王受，毒痛于四海，德悖于三正。肆厥淫虐，下罔敢谏。于是，微子去之，箕子囚之，而公独死之。非夫捐生之难，处死之难。故不可死而死，是轻其生，非孝也；可死而不死，是重其死，非忠也。王之叔父，亲莫至焉；国之元臣，位莫崇焉。崇高不可以观其危，亲昵不可以忘其祖。则我成汤之业将堕于泉，商王之命将绝于天。整扶其颠，遂谏而死。剖心非痛，亡殷为痛。公之忠烈，其若是乎！故能独立危邦，横抗兴运。周武王以三分之业，有诸侯之师，资其十乱之谋，总其一心之众。当公之存也，乃戡彼西土；及公之丧也，乃观于孟津。公存而殷存，公丧而殷丧。兴亡所系，岂不重欤！

且圣人立教，惩恶劝善而已矣；人伦大统，君臣父子而已矣。少师存则正其统，殁则垂其教。奋乎千古之上，行乎百王之末。俾夫淫者惧、佞者惭、睿者思、忠者劝。其为式也，不亦大哉！

孔子称："殷有三仁"，岂无微旨。尝敢论之曰："存其身，存其宗，亦仁矣；存其名，存其祀，亦仁矣；亡其身，图其国，亦仁矣。"若进死者，退生者，狂狷之士将奔走焉；褒生者，贬死者，宴安之人将置力焉。故同归诸仁，各顺其志。殊途而一揆，异行而齐致。俾后之人优柔而自得焉，盖"春秋"微婉之义。

必将建皇极，立彝伦。辟在三之门，垂不二之训，以诏于世。则夫人臣者，既移孝于亲，而致忠于君。焉有闻亲失而不诤，观亲危而不救，从容安闲而自得。是不然矣！

夫孝于其亲者，人之亲皆愿其为子；忠于其君者，人之君皆欲其为臣。故历代帝王莫不欲旌显：周武下车而封其墓；魏文南迁而创其祠；我太宗有天下，禋百神，而盛其礼追赠太师，谥曰"忠烈公"。申命郡县，封墓茸祠，置守冢五家，以"少牢"时享。著于甲令，刻于金石。

于戏！哀伤列辟，主食旧封。德为神明，秩视群望。身灭而名益大，世绝而祀愈长。然后知忠烈之道其感天激人深矣！

天宝十祀，余尉于卫。拜首祠堂，魄感精动。而庙在邻邑，官非式间，刊石铭表，以志不烈。

铭曰

糜躯非仁，蹈难非智。死于其死，然后为义。忠无二体，烈有馀气。正直聪明，至今猛视。咨尔来代，为臣不易。

　　　　　　　　　　　　　　　　天宝十年辛卯
　　　　　　　　　　　　　　　　翰林学士　李白撰
　　　　　　　　　　　　　　　　宋建中靖国元年（1101年）正月吉日
　　　　　　　　　　　　　　　　汲令、聊城　朱子才重立

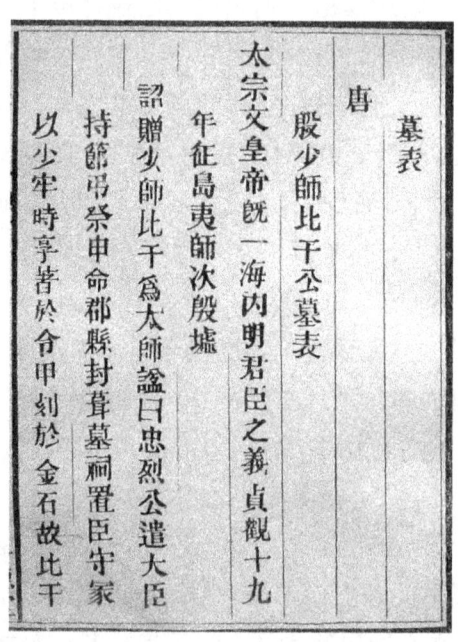

唐

墓表

殷少師比干公墓表

太宗文皇帝既一海內明君臣之義貞觀十九年征島夷師次殷墟

詔贈少師比干為太師謚曰忠烈公遣大臣持節弔祭申命郡縣封葺墓祠置臣守家

以少牢時享著於令甲刻於金石故比干

殷少师比干墓表

（译文）

唐太宗文皇帝既一统天下，为彰明君臣之道义，于贞观十九年（645年）征讨辽东。皇师驻扎于殷墟，乃下诏追赠殷少师比干为太师，谥号"忠烈公"。派遣大臣持节吊祭，申令郡县封崇坟墓、修葺祠庙，设置守墓者五家，以"少牢"之礼（祭祀的牲口为羊、猪二牲）按时祭祀，著于甲令，刻于碑石。故比干之忠烈更加彰显，臣子得以表述其志向。

从前，商纣王（子受）毒害遍于天下，道德悖逆于天、地、人之正道。大肆淫乱暴虐，臣下不敢直言劝谏。于是，微子逃走了，箕子被囚禁了，而比干独被残害致死了。并非舍弃生命有多困难，而是要正确处理生死问题很困难。所以，不值得死而死、是轻视其生命，是不孝；值得死而不死、是过分看重生命，是不忠。比干是纣王的叔父，没有比这更亲的了；比干是国家的重臣，没有比这地位更高的了。位高不可以眼看国家危亡而不管，至亲不可以忘记其祖宗。于是，在商朝（成汤）的基业将堕于九泉、商纣王的生命将绝于上天的关键时刻，为了挽救商朝和纣王灭亡的命运，比干便直言劝谏而被残害致死。剖心并非他最大的伤痛，殷朝的灭亡才是他最大的伤痛。比干的忠烈，就是这样！所以比干能独立于国家危难之时，肩负起国家兴亡的责任。周武王以三分天下有其一的基业，有诸侯军队的帮助，有十个具有治国平乱才能的大臣的智谋，总领同心伐纣的大军。当比干活着之时，周武王慑于比干的威名而按兵于西方的岐山；到比干死了之后，周武王就会师于孟津，逼纣王自焚于鹿台。比干存而殷存、比干丧而殷丧，比干身系国家存亡，难道还不重要吗？

而且，圣人的教导主要是惩恶劝善，人际关系的准则主要是臣子忠于君王、儿子孝顺父亲。少师活着便整治人际关系的准则，死后就传留圣人的教导。比干奋不顾身，为国捐躯的精神千古第一，其德行紧随历代明君之后。使荒淫者感到惧怕，使奸佞者觉得惭愧，使睿智者能够思考，使忠贞者得到鼓励。比干成为楷模，不也是很伟大的吗？

孔子称："殷有三仁"，难道没有深意吗？我斗胆尝试着这样论叙："保存其身体，保存其宗嗣，也是仁人；保存其名义，保存其宗祀，也是仁人；舍弃其生命，挽救其国家，也是仁人。"如果赞扬死者，批评生者，正直豪放的人士将奔走相告了；如果褒奖生者，贬低死者，图求安逸的人士将尽力宣传了。所以同归于仁，各顺其志。殊途而同归，异行而齐致。使后来的人能从容选择，这就是《春秋》精微委婉的道理。

一定要建立帝王统治天下的准则，建立人伦的典范。贯彻尊敬君王、父亲、师长的道理，传留忠心不二的教导，以诏明天下。于是作为人臣者，既把对父母的孝心转化为对君主的忠心。怎么会听到亲人有过失而不直言劝谏、看到亲人有危难而不尽力挽救，从容安闲而自得的道理？根本不可能这样啊！

孝顺父母的人，天下的父母都愿意其为子；忠于君主的人，天下的君主都希望其为臣。所以历代帝王没有谁不想表彰比干：周武王刚及帝位便为比干封崇坟墓；魏孝文帝京都南迁便为比干创建祠庙；我主唐太宗有了天下，祭祀百神、以盛大的典礼追赠殷少师比干为太师，谥曰"忠烈公"。申令郡县为其封崇坟墓、修理祠庙，派置附近五户人家看守坟墓和祠庙,春秋二时以"少牢"之礼按时祭祀。著于法令,刻于碑石。

呜呼！历代君王和公卿百官都为比干哀伤，皇帝让比干享用原来的封赐。比干被奉为神灵、视若星辰，身灭而名气更大、死后而祭祀愈长。然后知比干的忠烈之道是多么感天激人啊！

天宝十年，我在卫县任县尉。拜于比干祠堂，为比干的忠烈所魄感精动。而比干的祠庙在邻县，附近的地方官员一定要去登门拜谒。所以将铭文刻于碑石，用来铭记比干伟大的忠烈精神。

铭文：

糜躯非仁，蹈难非智。死于其死，然后为义。忠无二体，烈有馀气。正直聪明，至今猛视。咨尔来代，为臣不易。（勇于献身不一定就是仁人,敢于赴难不一定就是智者。为国捐躯、死得其所才是大义。忠臣虽无二躯，忠烈却有余气。比干的正直聪明，至今仍得到重视。这就明白地告诉后来人，作为忠臣是多么不易。）

天宝十年（751年）辛卯

翰林学士　李白撰

宋建中靖国元年（1101年）正月吉日

汲令、聊城　朱子才重立

按：殷少师比干墓表（比干碑文）有两个文本、两个作者：其一，载于《唐文粹》，作者李翰；其二，载于《李太白全集》，作者李白。两个文本虽有八十余字不同，但有关学者基本认为是同一篇文章。而对于两个作者则尚有异议：一说根据文中"天宝十祀，余尉于卫"，确认作者是李翰；一说根据本文被收载于《李太白全集》，确认作者是李白，并推定是李白代李翰撰写的文章。本文仍依原谱，作者为李白。

珠还合浦赋

林藻　唐（791年）

伊至宝兮！无胫能至。彼明诚兮！有感斯致。昔我往矣,恶贪浊之不恒。今我来兮！表廉平之尤异。去既有意,来亦有自。信格物之在修身,修身而后物致。且夫合浦远郡、溟涨之湾,灵生于彼、宝孕其间。郡振贪人,虽怀土而须去。郡居廉士,虽隔海而须还。其去也,山无色兮！氛雾冥冥；海无光兮！空水浩浩。寻之不知其所宅,望之徒揖其至宝。其来也,川有媚兮！祥风习习；地有润兮！生物振振。召之不测其所至,睹之但美其至神。是以,哲人察其来去之休咎、监此得失之先后,乃曰：与其黩货以败名,曷若澡身而无垢。尔以瑰奇是玩,我以朴素自守。众所好兮尔所弃,尔所好兮众所否。故得卓尔殊流、居然难偶。珠不得不返于旧所,名不得不垂于永久。向使至仁之道不浃、溢盘之珍是耽,则彼珠潜秘穴、徙澄潭,安得表尔之实德,旌尔之不贪。此乃廉贞之德泽潜流报应之祥符弗啡,诚足效于人瑞、岂无验于至物。已焉哉,彼不宝其宝、不奇其奇、守躬饬兮谦受益,宝自至兮奇自随。何必恣所欲兮穷所为,使夫灵贶不集物情有离者乎！

贞元七年辛未
侍御史　藻公省试及第

珠还合浦赋

（译文）

　　他是最好的宝贝啊！没有脚也能来。他非常聪明和真诚啊！感情是那样真挚。以前他走了，是厌恶这里的贪浊不堪。现在他来了啊！表明这里非常廉洁公平。去有去的原因，来有来的道理。相信研究事物变化的道理有助于提高自身的修养，而提高了自身的修养之后宝贝才会回来。

　　况且合浦是个偏远的地方、是大海的一个港湾、是珍宝生长的地方。如果这里贪浊的人多了，珍宝虽然怀念故土也要离去。如果这里廉洁的人多了，珍宝虽然远隔大海也会回来。珍宝走了，山也无色啊！雾气昏暗，海也无光啊！空水茫茫。寻找不到他在哪里，就等于白白地把最好的宝贝送走了。珍宝来了，川也明媚啊！祥风习习，大地润泽啊！生物繁荣。召唤他不能预测他的到来，看到他都赞美他是那么神奇。

　　因此，明智的人能觉察到珍宝的来去关系着当地人的善恶，能鉴明珍宝得失的前因和后果。于是说：与其贪污纳贿而败坏名声，不如洁身自好而无污垢。他以宝贝的瑰丽奇异自玩，我以朴素廉洁的名声自守。众人所喜好的宝贝啊！你放弃。你所喜好的廉洁啊！众人不一定认可。因此，你才超然卓越、与众不同。珠不得不返还于旧地，名不得不垂传于永久。

　　假使高尚的仁义之道得不到充分的宣传和贯彻，人们对满盘的珍珠都虎视眈眈，那么，珍珠就会潜藏于秘穴，迁徙到清澈的深潭中去。如何能表示你真实的德行，表彰你不贪的品质呢？

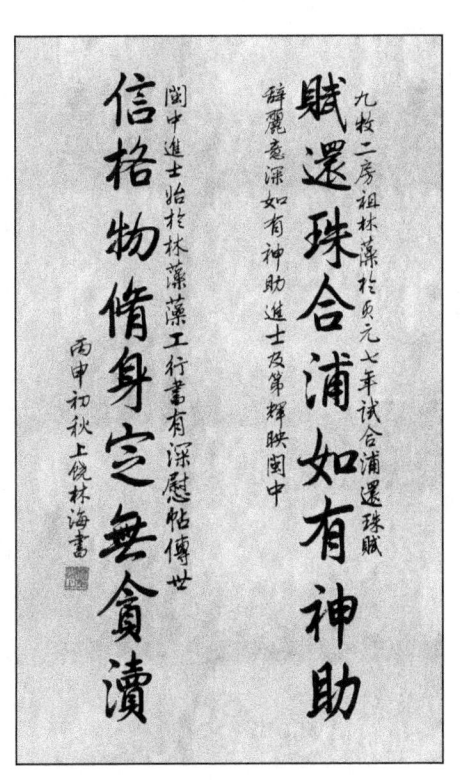

"珠还合浦"就是廉贞的德行潜移默化，呈现出相应的祥瑞景象。这种廉贞的德行可以使人感到祥瑞，怎么会不应验于珠宝呢？这样啊，人能不过分贪爱珠宝，不过分猎奇珠宝，修身正己，谦虚谨慎，珠宝就能自己来啊！神奇也随着出现。何必要放纵自己的贪欲啊！用尽手段去巧取豪夺，使得上天赐予我们的珠宝消失，使得民心离散、怨声载道呢？

贞元七年（791年）辛未年

侍御史　林藻省试及第之试卷

甘露述

欧阳詹　唐（793年）

　　述甘露，昭孝德也。贞元壬申，福州福唐尉、清源莆田邑人、济南林公欑太夫人终。公每一痛哭至水浆不入口或三日或五日，内外羸惫，殆至殒绝。癸酉岁，将与先府君修合葬之礼。公之于事亲，存既竭其力，终思尽其勤。曰："含璲品章则有王度，不敢越也；茔域固护实在我私，当恳而行之。"于是，躬开坎室，自埏砖甓。与兄弟手攻肩负，以凿以筑。虽率情性而无愆法度，不违典礼而有异常仪，载考载理。

　　而未之窆。春三月五日，忽异气自天，氤氲下濛。非云非烟，幂幂绵绵。彩耀光鲜，馨香馥然。起朝及暝，徘徊不散。先是绕垅已栽松柏，洎晨，枝叶间遍悬露滴，其滴齐大如梧桐子。公奇之，与兄弟及乡人相慰者而尝之，其味甘、异于人间所甘之甘。日渐高，不销不晞，转坚转明。莹然珠相，铿然玉声。如是者三日。睹者争取，或食或玩。

　　噫！天冥冥其间蓄灵，地陈陈其间蓄神。灵无形，神无身。无形无言，无身无声。苟有可褒，以物而旌。苟无可褒，物不虚行。其德常，其物常。其德稀，其物稀。

　　予闻甘露之说，莫睹甘露之实。其为稀也，不亦甚乎？今为公而降，公之德岂常德欤？况殊香启途，异彩相宣。凝结丰园，向日翻坚者哉！则其至诚所招又多矣！

　　予执吊礼，幸而获见。弥耸不足，遂为之述。

时
贞元九年四月十五日
欧阳詹撰

甘露述

（译文）

记述天降甘露这件事，目的就是为了彰显孝德。贞元壬申年（792年），福州福唐县尉、清源郡莆田县人、济南林氏后裔林欑的母亲寿终正寝。林欑每次痛哭都哭至水浆不入口，或三日或五日，以致身心瘦弱疲惫、险些死去。癸酉年（793年）将其母与其父进行合葬。林欑对于侍奉父母的事最为重视：父母在生时已竭尽其力，父母逝世后更想竭尽其勤。他说："含璲装殓等葬礼的规格必须谨遵王法，不敢逾越；墓地的牢固和维护就是我自己的私事了，一定要用心去做。"于是，亲自挖掘墓室、亲自和泥砌砖；与兄弟一起动手、又挖又砌。虽是随着自己的性情但不违背法度、既不违背制度和礼仪而又不同于通常的仪式，充满了孝道和情理。

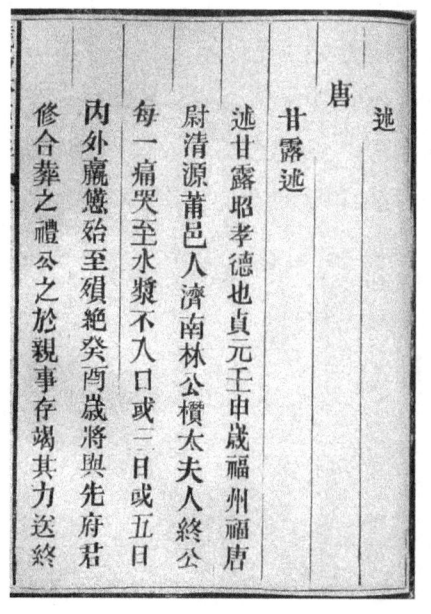

安葬之前的春三月五日，忽然奇异之气自天而降，烟云弥漫，细雨蒙蒙。既不是云，也不是烟，密密麻麻、连续不断。光彩鲜艳，香气浓烈。从早到晚，徘徊不散。先是围绕坟垅已栽的松柏，到次日晨，枝叶间都悬挂着露滴，露滴齐大如梧桐子。林欑感到奇怪，便与兄弟及乡人互相安慰鼓励着取来品尝，其味甘甜、但不同于人间所有甘甜之物的甜味。太阳渐渐升高，露滴不消不干，变得坚实明亮。光泽明亮如珠，声音清脆如玉。这样持续了三日。来看的人争相收取露滴，或食或玩。

啊！天幽深其间蓄灵，地久远其间蓄神。灵无形，神无身。无形无言，无身无声。如有可褒奖之事，神灵就会以物来表彰。如无可褒奖之事，神灵不会让物无故到来。其德业平常,其褒奖之物也平常。其德业稀奇,其褒奖之物也稀奇。

我听说过甘露,没看见过甘露。说甘露是稀奇之物,难道不是极其稀奇吗?现在神灵为林櫕而降甘露,林櫕的孝德岂是平常的孝德啊!何况有特殊的香气开道,有奇异的光彩映衬,露滴凝结丰满圆润,向着太阳反而变得坚实呢!那么林櫕极尽孝道所带来的灵应又多了!

我执掌吊丧的礼仪,因此有幸得见甘露。尤恐能看到甘露、感受孝道的人不多,便撰写《甘露述》以详记此奇异之事。

贞元九年(793年)四月十五日
欧阳詹撰

(明)襄庄王

泉山铭叙

林蕴　唐（821年）

　　泉山，古泉州名也，今福州据其地焉。验前载董奉《上星注》云："泉州，侯官土也。无何，析侯官为闽州，改温陵为泉州，迹其源，本一土也。"山瞰巨浸，见于扶桑。人生其间，或明或哲。驰骋畋猎，习学为常。目（注）大历纪年，犹未以文进。纵学者满门，终安于豪富。寂寞我里，曾无闻人。是以，独孤及制李成公《新学碑》云："曼胡之缨，化为青衿。"得非以我为异俗而刊于贞珉，不已甚欤？

　　予仲兄藻怀此耿耿，不怡十年。谓："张令公出自韶阳，陈拾遗生于蜀郡。我以彼况，彼亦何人？"遂首倡与欧阳詹结志攻文，同授乡赋。指此山誓，必报山灵。不四五年，继踵登第。天下改观，大光州间。美名馨香，鼓动群彦。三十年内，文星在闽。东堂桂枝，折无虚岁。

　　呜呼！《诗》所谓："维岳降神，生甫及申。"瞻彼泉山，墟实我土。封植木达，实由乎人。苟知本知源，则张令公之位不难致；不懈不息，则陈拾遗之文亦可为也。敢告群彦，具铭此山。

　　铭曰：山之秀兮！压波苍溟。人禀生焉，蕴此至灵。展以群彦，惟德是馨。

长庆元年

邵州刺史　蕴撰

　　林海注：目大历纪年，犹未以文进。大都记为：自大历纪年，犹未以文进。据《泉州人物记·林藻》记载：林藻，贞元七年（791年）中尹枢科进士及第，故闽中言："进士及第，始于藻也。"盖闽中自正元（254—256年）以来，（正元至贞元五百余年）未有文进者。而大历至贞元只有二十来年，何言自大历以来？更何言闽中进士及第始于藻也？可见是："目"（目今）而非"自"。

　　林海按：本文标题大都标为《泉山铭》其实应标为《泉山铭叙》，是作者林蕴为其《泉山铭》

泉山铭叙 | 文记类

所做的序言。韩愈（唐宋八大家之首）在其《欧阳生哀辞》中说："闽越科举进士由欧阳詹始，（贞元八年、792年，欧阳詹与韩愈同科考取进士）等到看了林蕴在其《泉山铭叙》中说：其兄林藻与友欧阳詹相继考取进士。按考取时间来看，林藻考取进士（贞元七年、791年）又在欧阳詹之前。"印证本文标题原为《泉山铭叙》无疑。而《泉山铭》应是附于本文最后的二十四字。

泉山铭叙

（译文）

　　泉山，古代泉州的名称，现在是福州的辖地了。据前代董奉（战国三神医：华佗、张仲景、董奉，之一，侯官人。）在其《上星注》中说："泉州，原是侯官的辖地。不久（隋朝）析分侯官为闽州，而把温陵改为泉州，究其渊源，本是同一个地方。"这里，高山俯瞰大海，面向日出的地方。人们生活在这里，或是明礼，或是智慧。习惯于骑马打猎，研究文学。直到目今大历年间（766—779年），还没有人参加科举考试而登第。纵有学者满门，终安于豪富而不去应试。致使我们的乡里非常寂寞，不曾有闻名的人。因此，独孤及（唐代散文家）在李成公（李琦，时任福州刺史，倡新学。后谥"成"，故称李成公）《新学碑》中说："曼胡之缨，化为青衿。"（武士都变成学子了。）莫非是把我们这里不倡新学，不重科举的习俗作为异俗而刻于碑石，这不是有些过分了吗？

　　我二哥林藻曾为此耿耿于怀，不悦十年。他说："张令公（张九龄，唐玄宗时任丞相）出自韶阳（广东韶关）；陈拾遗（陈子昂，唐朝大诗人、曾任右拾遗）生于蜀郡（四川成都）。我们和他们比较，有何不同？"于是，首先倡导与友人欧阳詹一起立志，发奋读书、誓登科第。并同时得到州县举荐，赴京参加科考。行前，指着泉山发誓，一定要考取功名以报泉山的神灵。不过四五年时间，他们便相继考中进士。天下为之改变了对闽州的看法，为闽州和家乡争得荣誉。他们的美名和声誉，鼓励了家乡的众多有为学子。以致三十年内，闽州文才辈出。科举登第者，年年不断。

　　啊！《诗经·大雅·崧高》所谓："维岳降神，生甫及申。"（高山降下神灵，诞生了甫侯和申伯。）瞻望泉山，山下就是我的家乡。只要勤于壅土培育，树木就能长得高大，要想功名有成、全靠自己努力。如果你能明白事物的本质，那么张令公的官位并不难达到；如果你能不断努力，那么陈拾遗的文章亦能写得出来。为了号召众多有为学子，我在泉山刻下《泉山铭》。

　　铭曰：山之秀兮！压彼苍溟。人禀生焉！蕴此至灵。展以群彦，惟德示馨。

　　（泉山多么秀美啊！高耸在苍茫的大海边上。这里人的禀性啊！蕴含着泉山的灵气。展示众多贤士，有德行就有好名声。）

长庆元年（821年）
邵州刺史　林蕴撰

唐

山铭

蕴公泉山铭并叙

泉山古泉州山名也今福州據其地焉驗
前載董奉上星汪云泉州候官土也無何
析候官爲闽州攺温陵爲泉州跡其原本
一土也瞞拒見於扶桑人牛其開或明或
哲馳騁田獵智學爲常目大歷紀年猶未

唐·朝散大夫检校太子詹事兼苏州别驾赐紫金鱼袋上柱国赠睦州刺史府君神道碑

林蕴　唐（825年）

殷之三仁，忝系少师。支别派分，遍于寰宇。暨永嘉初，清河禄公牧于温陵，至府君十六代、五百余载，绵绵蝉联，族茂闽州。乃降英灵：生曾王父瀛洲刺史讳玄泰，瀛洲生太父饶阳太守讳万宠，饶阳生府君讳披字茂则，特达聪明，善受师教，目所一览，必记于心。年十有五，自写六经、百家、子史约千余卷，攻钟繇隶、草，迥得其迹。年二十以经业擢第，授临汀郡曹掾，郡多山鬼，公著《无鬼论》。廉使李承昭器之，奏授临汀郡别驾，治州事。俗习人化不肃而成，声闻阙下。御史大夫李公栖筠奏授检校太子詹事兼苏州别驾赐紫金鱼袋上柱国。解印归休，宗曹溪六祖之教，友西岩、黄檗、苦竹三禅师。四十年间不惊荣辱，有青蛇白雀之庆默而不言。后岭南广帅薛公景仰德辉，奏授琼州都督，送诰，拜而不受。故相国常公衮廉问福建，知府君辞苏台知己，谢南海奖荐。语于宾倅曰："观林公出处，其犹龙乎？肢体安舒，志尚高洁，庄周所畏，得无是乎？"此府君所以道光于邦也。

呜呼！梦奠两楹，龄符致仕，启手启足，毙于邱园。长子端州刺史苇、次子殿中侍御史藻、次子横州刺史著、次子韶州刺史荐、次子通州刺史晔、次子邵州刺史蕴、季子金吾长史蒙、季子雷州刺史迈、季子福唐刺史蔇，色养之下，皆承义方。一门廉洁，家无长物，保守素业，常恐失堕。

宝历元年，嗣皇帝以孝治为大，诏内外长吏追显前门。蕴忝剖竹符，被沾雨露。哀荣所感，逮于幽明。赠府君为睦州刺史。夫人：琼州郑氏生苇、藻、著、荐、晔，封南安县太君；莫侯陈氏生蕴、蒙、迈；朱氏生蔇。

呜呼！泉山之南，抵于溟渤。千里之外，不啻万族。积德累庆，孰为我先？自端州至福唐皆有令子，世习文学，以衍簪袭。《诗》所谓贻厥孙谋，皆由府君教诲之所致也。陵谷倘变，世多阅人。不显不铭，何以昭德。

唐·朝散大夫捡校太子詹事兼苏州别驾赐紫金鱼袋上柱国赠睦州刺史府君神道碑 | 文记类

铭曰：

显殷之德，有我仁祖。匪忠不生，生必主士。粤自温陵，世逾十五。或攻以文，或专以武。绵绵不绝，自耀门户。天纵有德，挺生府君。特达聪明，气在青云。幼专文学，和光不群。进退规矩，家邦必闻。有子有孙，以保吾门。岂岂莆阳，枕彼波垠。山媚川辉，系我幽魂。日月虽逝，道德可尊。仰号松柏，泪洒血痕。

男，尚书水部员外郎、邵州刺史　蕴撰

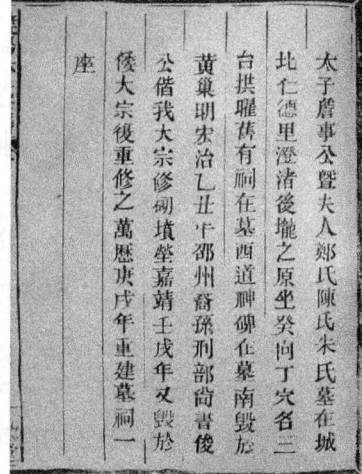
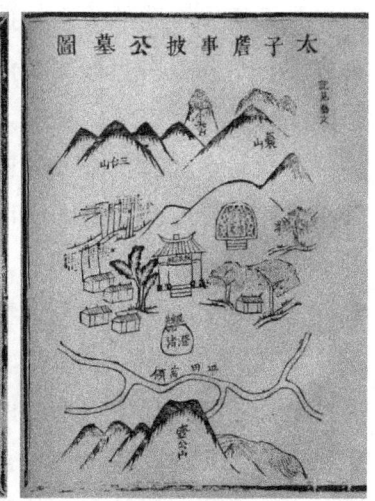

唐·朝散大夫检校太子詹事兼苏州别驾赐紫金鱼袋上柱国赠睦州刺史府君神道碑

（译文）

殷朝的三个仁德之人，我属少师比干这一支。本支繁衍茂盛，支别派分、遍布天下。到西晋永嘉初年（307年），比干的后代林禄在温陵（今泉州）做州牧，传至家父林披一共是十六代，五百余年。连续相承、不断繁衍，本族成了闽州第一大族。其间天降杰出人才、生下我的曾祖父瀛洲刺史林玄泰，林玄泰生下我的祖父饶阳太守林万宠，林万宠生下我的父亲林披，字茂则，特别聪明，善于接受师长的教导。他的记忆力极强，书只要看一遍就能记住。十五岁，自写六经、百家、子史千余卷，专心学习书法大师钟繇的隶书、草书，神形兼具。二十岁时，因精通儒家的经典著作，参加明经科考及第，被授予临汀郡曹掾。临汀郡盛传多山鬼，他著《无鬼论》予以开导。廉使李承昭对他非常器重，奏请朝廷授予临汀郡别驾、治理本州事务。当地的民风民俗和人文教育，在他的倡导下，无须严厉的推行就得到改善和提高。他的名声和事迹传到朝廷，御史大夫李栖筠上奏朝廷，授予他捡校太子詹事兼苏州别驾赐紫金鱼袋上柱国。他却辞官还乡，信仰曹溪六祖之教，和西岩、黄檗、苦竹三位禅师为友。

他从二十岁为官以来的四十年间荣辱不惊，对于家中有人做官这样的喜庆之事也沉默不言。后来，岭南广帅薛景敬仰他的道德高尚，奏请朝廷授予他琼州都督之职。朝廷任命的文书送达时，他又拜而不受，委婉地推辞掉了。因此，相国常衮在福建任观察使时，知道我父亲曾辞去苏州别驾和琼州都督之职。就对陪同的副职们说："你们看林公（林披）的处世方法，在外做官和退隐家乡，是不是像龙一样隐显自如？肢体安舒，志尚高洁。就连战国中期伟大的思想家和文学家庄周都要敬畏他，难道不是这样吗？"这就是我父亲之所以能德行闻名于全国的原因。

呜呼！一日，他梦见自己坐在两根楹柱之间，看到祭祀用的食物，知道自己不久于人世，且已到了正常退休的年龄，便安详地寿终正寝于自己的乡村家园中。长子端州刺史林苇、次子殿中侍御史林藻、次子横州刺史林著、次子韶州刺史林荐、次子通州刺史林晔、次子邵州刺史林蕴、季子金吾长史林蒙、季子雷州刺史林迈、季子福唐

唐·朝散大夫捡校太子詹事兼苏州别驾赐紫金鱼袋上柱国赠睦州刺史府君神道碑 | 文记类

刺史林苋,九个儿子都在孝顺地赡养父母的同时,继承了良好的家教。全家都很廉洁,家中没有什么值钱的东西。保守清白的操守,常常警惕,怕犯错误。

宝历元年(825年),敬宗皇帝继承皇位,提倡以孝道治天下。诏令朝廷内外地位较高的官员,追显他们前辈的勋业。我(林蕴)有幸也得到诏令,沾上皇恩。朝廷赐予我父亲的荣誉,使我全家人和祖先均感到荣耀。朝廷追赠我父亲为睦州刺史,其夫人:琼州郑氏生林苇、林藻、林著、林荐、林晔,封为南安县太君;莫侯陈氏生林蕴、林蒙、林迈;朱氏生林苋。

呜呼!泉山之南,直抵大海。千里之外,不下万族。在这么多家族之中,祖宗的德业,家族的喜庆之多,有那个家族能超过我们家族?自端州刺史林苇到福唐刺史林苋都有儿子,世代学习文学,以继承和发展祖宗的事业。《诗经》所谓贻厥孙谋,(为子孙后代善作安排,)这都是由于父亲谆谆教诲的结果。沧海桑田、世事变迁、人事更替,对前人的德业如果不显扬、不铭记,怎么能宣扬道德。

铭文:

显殷之德,有我仁祖。匪忠不生,生必主士。粤自温陵,世逾十五。或攻以文,或专以武。绵绵不绝,自耀门户。天纵有德,挺生府君。特达聪明,气在青云。幼专文学,和光不群。进退规矩,家邦必闻。有子有孙,以保吾门。岂岂莆阳,枕彼波垠。山媚川辉,系我幽魂。日月虽逝,道德可尊。仰号松柏,泪洒血痕。

(彰显殷朝道德的人,有我的祖先——殷朝三位仁人之一的比干。尽忠报国、忠心不二、以死殉节。从闽林始祖晋安郡王林禄到我父亲林披已超过十五代。其间,有的祖先专攻文学、有的祖先专攻武术。不断涌现出有成就的人才,光耀门庭。尤其是天降奇才,诞生了我的父亲。他特别聪明,志尚高远。从幼专攻文学、才华内蕴、超乎寻常。行为合乎规矩,名声闻于国家。有子有孙,以保我族的延续和发展。高大巍峨的故乡莆田,坐落在大海边上。山川明媚、风光秀美,紧系着我父亲的灵魂。日月虽然像流水般不停流逝,父亲的道德却更加得到尊敬。我悲伤地面对着松柏仰天长号啊!直哭到眼泪中流出了血痕。)

儿,尚书水部员外郎、邵州刺史　林蕴撰

林孝子传

黄璞　唐（895—907年）

林孝子攒，泉州莆田县人。初举进士不第，仕塞垣。后仕不择禄、为福唐县尉，冀遂迎养，未果。闻亲有疾，奔还其家，行不俟车，食而失哺。及罹难疾，殆至殒绝。浆不濡口，往往三日或五日。自埏砖甓，营丘垄。及逾葬期，独庐墓侧。飞走助哀，神祇荐祉。故白乌再集，甘露联降。

泉州申使府，时贞元癸酉岁，李若初廉使兹地，深所嘉叹，遣从事亲往视验。会天久暵乾，露彩融释。攒拊膺大哭曰："自尽于其亲，人子常道。贞符之降，本非所望。向者所降，其福我耶？其祸我耶？今使车将至，苟非所验，非馀骸足顾，抑将殃乎州里矣！"逡巡，愁云四合，异香中来。触物氤氲，欻成甘露。焕然五色，餲然甘味。移时不消，千木同色。灵乌素质，翩翩来翔。阖郡共观，无不从验。以是，悖者知敬，悍者知驯。

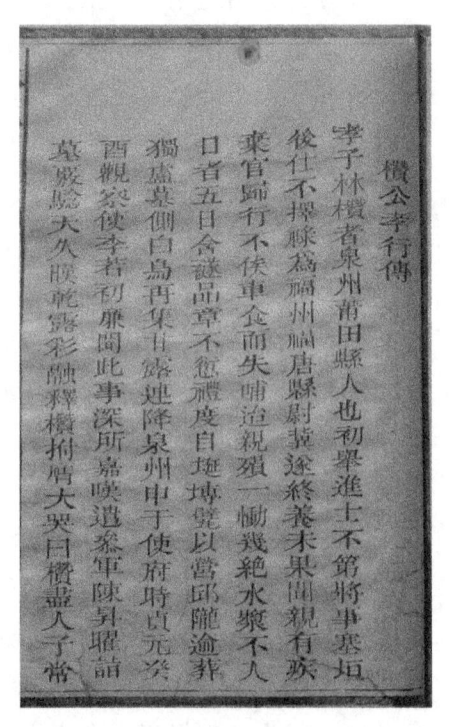

既图其状，李公录以上奏。德宗敦劝孝道，降敕褒异，命立双阙於其墓，旌表门闾，举宗皆蠲征徭，厚加爵饩。迄今号为"阙下林家"。欧阳詹曾序《甘露述》，备详其事。

黄子曰：天道不远，感而遂通。林生因心之感，上达乎天。累降祥符，坐获旌表，是谓天爵，岂下万锺之贵！遂登名此书，以耸孝道云尔。

《全唐文》卷八百十七

林孝子传

(译文)

　　孝子林攒,泉州莆田县人。当初参加进士科考没有考中,到边塞为吏。后来因母亲年迈,就近调任福唐县尉,希望如愿能把母亲接来孝养,还未来得及去接。听说母亲有病,赶快回家。为赶行程,他不等车,吃饭也匆忙应付,待到母亲病故,林攒几乎昏厥,往往三日或五日水浆都不入口。亲自和泥砌砖,为母亲建造坟墓。过了守丧时间,还独自住在母亲墓侧的棚子里。飞禽走兽也来助哀,神明也来降福。因此,白羽乌鸦一再聚集,甘甜雨露接连降落。

　　当时,贞元癸酉岁(793年),李若初在泉州申使府任观察使,深深为此赞叹,派遣官员亲往视验。适逢天干久旱,甘露消失。林攒捶胸痛哭说:"自己尽孝于母亲,是作为儿子通常应该的做法。白乌甘露、祥瑞之降,本非自己所望。此前所降祥瑞,究竟对我是福?还是对我是祸啊?现在视验的官员马上就到了,如果看不到白乌甘露,就不是我的残躯所能交代得了的,或者还要殃及州里啊!"立刻,云气从四面八方聚合,奇异的香气从中飘来。接触到的物体都弥漫着香气,迅速生成甘露。光彩五色,味道甘甜,过了一段时间也不消失,所有树木同一颜色。白羽之乌鸦翩翩来翔。全郡人都来观看,来视验的官员也都看到了。因此,悖逆的人知道孝敬,凶悍的人知道温顺。

　　来视验的官员即把当时情景画好图形,观察使李若初记录并上奏朝廷。唐德宗为勉励孝道,降诏褒奖这种灵异现象,命令在林攒母亲的墓地建立双阙,旌表乡里,林氏宗族都免征徭役,并给林攒升级加薪。因此当地到现在仍号称为"阙下林家"。欧阳詹曾作《甘露述》详细地记叙此事。

　　黄璞说:天理公道离我们并不遥远,只要我们有感人的事迹就能通达。林攒因为孝心感人,所以上达于天。致使上天屡降祥瑞,让林攒获得皇帝的旌表,受到世人的尊敬,这就是所谓的"天爵",岂是尘世优厚的俸禄之可比!因此把孝子林攒的名字记在此书上,用以崇尚孝道而已。

《全唐文》卷八百十七

泉州人物记·林藻

唐

林藻，字纬乾，其先清河人也，仕于晋。"永嘉之乱"扈从渡江，有为温陵牧者。其后，子孙遂为温陵人。

藻幼知诸书，嗜文辞，耻为遐服之农人，遂戒其弟："男子穷达在人，岂有常耶！今所重者，明经进仕士而已。"遂使其弟明经，而自以进士决科。贞元七年中尹枢科进士及第。盖闽中自正元以来未有文进者。

初李公奇为是邦始兴庠序，而独孤及为新学记云："曼胡之缨化为青衿。"藻兄弟与其友欧阳詹闻而耻之，于是刻意进取。后十年藻登第，名动京师。故闽中言："进士第者，始于藻也。"

初，藻试《合浦还珠赋》，稿成，林藻于烛下假寐，忽若有人谓之曰："何不叙珠之去来？"寤而修之，其辞甚丽。及第后谢恩，杜黄裳揖之曰："叙珠去来，如有神助。"时论多美之，官至御史。

另：藻工行书，有《深慰帖》传世。《唐书·艺文志》藻有《集》一卷。

泉州人物志

唐

林藻字緯乾，其先清河人也，仕於晉永嘉之亂，扈從渡江，有為陵牧者，其後子孫遂為溫陵人。藻幼知諸書，皆文辭，恥為退服之農人，遂戒其弟蘊曰：男子弱冠在人，豈有常耶？今所重者明經進士而已，遂使其

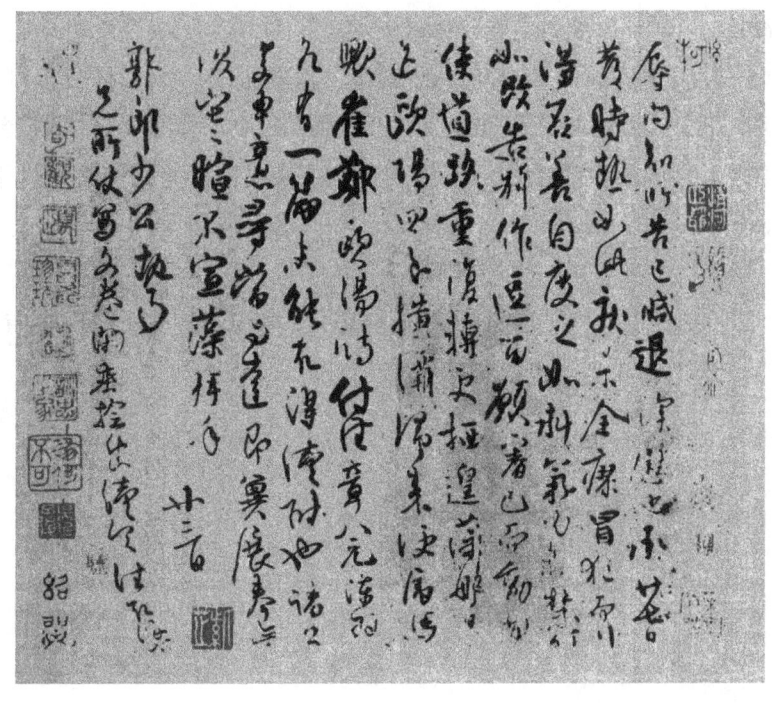

泉州人物记·林藻

(译文)

林藻,字纬乾,他的祖先是清河人,在晋朝为官,"永嘉之乱"随从晋主(东晋元帝司马睿)渡江,有人(林禄)做了温陵太守。其后代子孙就成了温陵人。

林藻幼年熟知诸书,特别爱好文辞,不甘心在家务农,就劝诫其弟说:"男人穷困或发达全在自己,岂有一成不变的。现在应该重视的就是熟读经书,进入仕途。"就要求其弟走明经科考及第之途,而他自己就决定去参加进士科考。于贞元七年(791年)与状元尹枢同科考中进士。而闽中自正元年间(254—257年)以来都没有人考中进士。

当初镇海节度使李锜为他所管辖的地方开始兴办新学(庠序学校),而散文家独孤及为新学作记说:"威武的战士都变成了莘莘学子"。林藻兄弟和其好友欧阳詹知道后,为本地文化的落后感到耻辱,于是便发奋进取。十年后,林藻考取进士,名动京师。因此,闽中都说:"闽中人考取进士是始于林藻。"

当初,林藻考试的试题是《合浦还珠赋》,草稿写成以后,林藻于灯光下打瞌睡,忽然好像有人对他说:"为什么不描述珠去了又回来了的不同情况?"林藻醒来之后就修改稿件,其辞十分华丽。考中之后按例去拜谢主考官,主考官杜黄裳拱手对他说:"你描述珠去来,好像有神仙帮助。"当时社会上对林藻多有赞美,官至御史。

另:林藻精于行书,有《深慰帖》传世。《唐书·艺文志》林藻有《集》一卷。

新唐书·列传·儒学·林蕴

欧阳修等　北宋（1060年）

　　林蕴，字复梦，泉州莆田人。父披，字茂彦，以临汀多山鬼淫祠，民厌苦之，撰《无鬼论》。刺史樊晃奏署临汀令，以治行迁别驾。

　　蕴世通经，西川节度使韦皋辟推官。刘辟反，蕴晓以逆顺，不听。复遗书切谏，辟怒，械于狱，且杀之。将就刑，大呼曰："'危邦不入、乱邦不居'，得死为幸矣！"辟惜其直，阴戒刑人第抽刀磨其颈，以胁服之。蕴叱曰："死即死，我项岂顽奴砺石耶？"辟知不可服、舍之，斥为唐昌尉。及辟败，蕴即名重京师。

　　李吉甫、李绛、武元衡为相，蕴贻书讽以："国家有西土、犹右臂也，今臂不附体。北弥幽郊，西极汧、陇，不数百里为外域。泾源、凤翔、邠宁三镇皆右臂，大藩拥旄钺者数十百人，惟李抱玉请复河、湟，命将不得其人，宜拔行伍之长，使守秦、陇。王者功成作乐，治定制礼。有权臣制乐曲，自立丧纪。舜命契：'百姓弗亲，五品不逊，汝作司徒。'唐以皋、祐、锷、季安为司徒，官不择人。庐从史、于皋谟罪大而刑轻。农桑无百分之一，农夫一人给百口，蚕妇一人供百身。竭力于下者饥不得食，寒不得衣。边兵菜色，将帅纵侈自养。中人十户不足以给一无功之卒，百卒不足以奉一骄将。"六事皆当时极弊。蕴亦韦皋所引重，嫉其专制，感愤关说。然蕴嗜酒多忤物，宰相置不用也。

　　沧景程权辟掌书记。既而，权上四川版籍请吏。而军中习熟擅地、畏内属，挟权拒命，权不得出。蕴陈君臣大义谕首将、人人释然，于是权得去。蕴迁礼部员外郎。刑部侍郎刘伯刍荐之于朝，出为邵州刺史。

　　尝杖杀门客陶玄之，投尸江中，籍其妻为娼。复坐赃，杖流儋州而卒。

　　蕴辩给，尝有姓崔者矜氏族，蕴折之曰："崔杼弑齐君，林放问礼之本，优劣何如邪？"其人俯首不能对。

　　另：蕴精书法，工"拨镫法"。著有《林邵州集》。

新唐书卷二百儒学下

林海谨按：林蕴的传记有两个版本：一是《莆阳文献·列传·林蕴》，二是《新唐书·列传·儒学·林蕴》。本文选自《新唐书·列传·儒学·林蕴》。原因是两个版本对于林蕴本人的记述是相同的，只是《莆阳文献·列传·林蕴》一文附有较多关于其父林披、其兄林藻的记述。而这些记述和《唐·朝散大夫检校太子詹事兼苏州别驾赐紫金鱼袋上柱国赠睦州刺史府君神道碑》一文对于林披的记述以及《泉州人物记·林藻》一文对于林藻的记述有较多重复。

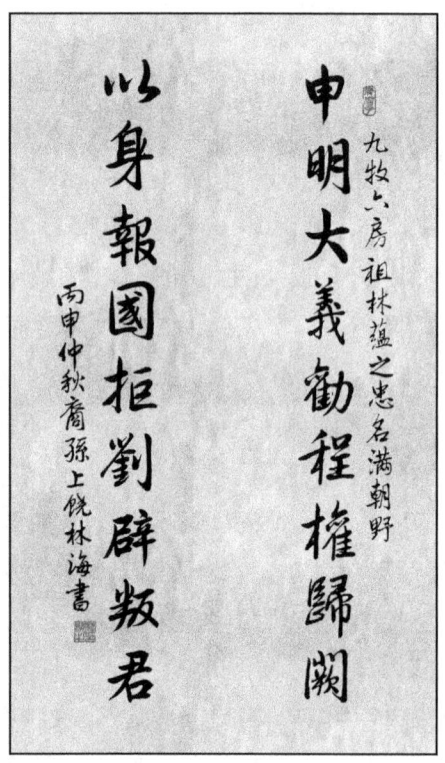

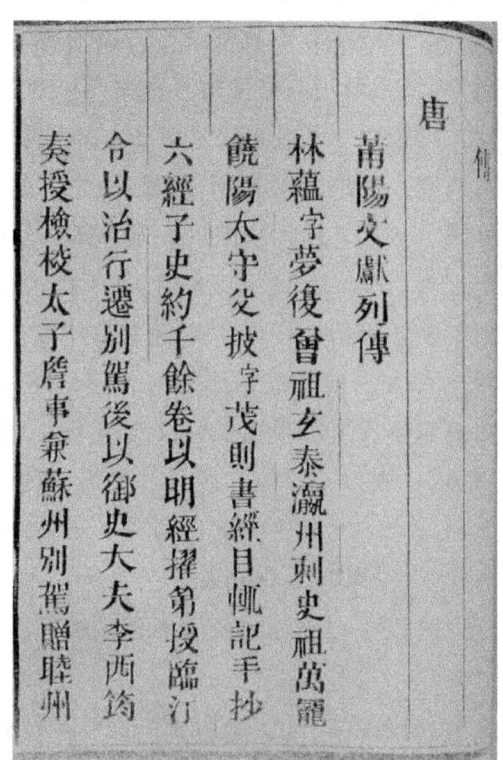

新唐书·列传·儒学·林蕴

(译文)

　　林蕴,字复梦,泉州莆田人。他的父亲名林披,字茂彦,因为临汀滥建了很多祭祀山鬼的寺庙,百姓感到厌烦和苦恼,林披便撰写《无鬼论》教化百姓。刺史樊晃上奏朝廷,推荐林披代理临汀令。因为治理有方而升迁为别驾。

　　林蕴平生通晓儒学经书,西川节度使韦皋征召他为推官。韦皋死后,代理西川节度使刘辟谋反,林蕴用反叛与归顺的利害关系晓谕他,刘辟不听。林蕴又写书信直言劝谏,刘辟大怒,把他拘囚于狱中,并要杀他。将要行刑时,林蕴大声喊道:"将要发生暴乱的地方就不能进入了,已经发生暴乱的地方就不能居住了,现在这里已经叛乱,我被叛军杀了真是幸运啊!"刘辟爱惜他的正直,便暗中指示行刑的人只将刀背磨其颈,想胁迫他、使他屈服。林蕴大声斥责行刑的人说:"要杀便杀,我的脖子岂是你们这些顽固奴才的磨刀石?"刘辟知道林蕴不会屈服,便赦免了他,把他贬为唐昌县尉。等到刘辟反叛失败后,林蕴在朝廷就很有名声。

　　李吉甫、李绛、武元衡三人担任丞相时,林蕴上书言事:"我们国家拥有西部疆土、犹如人的右臂,现在,西部疆土流失,是臂不附体。北部最远到豳州城郊,西部最远到汧、陇地区,几百里外就是外族疆域。泾源、凤翔、邠宁三镇都是国家的右臂。大藩(边寨重要州郡)拥有军权者有数十上百人,只有李抱玉请求收复河、湟地区。任命将领不得其人,建议选拔军中长官守卫秦、陇地区。英明的君王在功成名就之后才制作乐曲、歌颂自己的功德,教化人民;在国家治理安定之后才制订礼制、规范大家的言行。如有权臣自行制订礼制、乐曲,那就会因其擅自制订而丧失纲纪。舜命令契:'百姓不能互相关爱;五品(君臣、父子、夫妇、长幼、朋友)之间不能做到恭顺,你去担任司徒、对他们进行教化吧。'大唐任用韦皋、杜祐、王锷、季安为司徒,这是用人不当。庐从史、于皋谟罪大恶极而判刑太轻。从事农业生产的人不到总人口的百分之一,农夫一人要供给百人的口粮、蚕妇一人要供给百人的衣裳。在底层竭力干事的人,饥不得食、寒不得衣。戍边的士兵面呈菜色,而将帅却任意挥霍,养尊处优。中等收入的人家十户不足以供养一名无功的士兵,百名士兵不足以供奉一名骄奢的将领。"上述六件事都是当时的弊政。林蕴亦得到过韦皋的引荐和重视，但是林蕴嫉恨韦皋的专断、并对韦皋无视法制常常代人说情感到愤慨。因为林蕴嗜酒，且多有违背常理之举，所以宰相们都一直不重用他。

沧景人程权被征召为掌书记，不久，程权上报了四川的户籍，愿意归顺朝廷管理。但是军中将领习惯于任意占领地盘、害怕朝廷管辖，便挟持程权拒不从命，程权不能脱身。林蕴就陈述君臣大义，晓谕为首将领，大家都消除了顾虑，这样程权才得以离去。林蕴升任礼部员外郎。后来，刑部侍郎刘伯刍向朝廷推荐他出任邵州刺史。

林蕴曾杖杀门客陶玄之，把他的尸体抛入江中，并把他的妻子充为娼妓。后来，林蕴因贪赃受了杖刑，被流放到海南儋州，最后死在儋州。

林蕴口才敏捷，曾有姓崔的人向他夸耀姓氏，林蕴驳斥他说："崔杼杀了齐国君主，林放向孔子请教礼的本质，二姓谁优谁劣呢？"那人低头不能回答。

另：林蕴精于书法，掌握了书写方法"拨镫法"。著有《林邵州集》。

新唐书卷二百儒学下

宋仁宗皇帝题谱并赐诗二首

宋（1061年）

宋仁宗皇帝题谱

嘉佑六年侍御史臣林悦（原名英，避庙号）乞归省祖。
皇帝问曰：卿名家殷少师苗裔，家乘可得见乎？
悦取次以进。阅数日，御笔大书"忠孝名宗"四字于谱首，钤以御宝。
敕曰：珍重到家，可即回京。

仁宗皇帝赐诗二章

诗曰：
长林派出下邳先，移入闽邦远更延。
忠孝有声天地老，古今无数子孙贤。
故家乔木蟠根大，深谷猗兰奕叶鲜。
上下相承同纪载，二千年后万千年。

又：
莆郡卿家名望族，三仁而下爵王公。
存孤实抗回天义，报国常摅贯日忠。
德润丰姿人有异，光增谱牒世无同。
古今记载难穷尽，一代强如一代隆。

宋仁宗皇帝题谱并赐诗二首

（译文）

宋仁宗皇帝给林氏宗谱题字

嘉佑六年（1061年）侍御史林悦（原名林英，后为避讳英宗皇帝庙号更名林悦）请旨告假回家乡祭祖省亲。

皇帝问林悦：你是名门望族殷少师比干的子孙，家谱可以给我看看吗？

林悦取来家谱进奉给仁宗皇帝。皇帝御览数日，御笔大书"忠孝名宗"四字于谱首，盖上御印。

仁宗皇帝叮嘱林悦：一路保重平安到家，祭祖省亲克尽孝心后可即回京。

仁宗皇帝赐诗二首

诗一：
长林派出下邳先，移入闽邦远更延。
忠孝有声天地老，古今无数子孙贤。
故家乔木蟠根大，深谷猗兰奕叶鲜。
上下相承同纪载，二千年后万千年。

诗二：
莆郡卿家名望族，三仁而下爵王公。
存孤实抗回天义，报国常摅贯日忠。
德润丰姿人有异，光增谱牒世无同。
古今记载难穷尽，一代强如一代隆。

赐诗二首分句注释：

诗一：

长林派出下邳先，移入闽邦远更延。此句概括了林氏宗族的主要源流：西河—济南—下邳—晋安—莆田，意为：林氏自西周得姓，封爵博陵，繁衍于西河，先派分济南、下邳。至东晋初年，林禄奉旨镇守晋安，遂在晋安安家。历西晋、东晋、南北朝、隋、唐至宋，林氏宗族在闽粤繁衍生息，更加兴旺发达。

忠孝有声天地老，古今无数子孙贤。此句概括了林氏宗族的光辉德业，太始祖比干被誉为忠臣极则。其后如林蕴之忠、林欑之孝、林藻之文等，自古至今忠孝诗礼世代相传，忠臣孝子数不胜数；忠孝声誉光昭日月，可与天地同老。

故家乔木蟠根大，深谷猗兰奕叶鲜。此句赞扬林氏宗族是名门世家，如参天乔木、树根蟠曲深固；赞扬林氏宗族世世代代兴旺发达，如深谷中的猗兰，繁荣茂盛、生气蓬勃。

上下相承同纪载，二千年后万千年。此句赞扬林氏宗谱上下相承、记载有序；予祝林氏宗族蓬勃发展了二千年之后必将继续蓬勃发展万千年，以致无穷无尽。

诗二：

莆郡卿家名望族，三仁而下爵王公。此句赞扬林悦家族是莆田郡的名门望族；赞扬林氏宗族勋业卓著，自殷之三仁（比干、箕子、微子）比干以后，高官厚爵，代不乏人。

存孤实抗回天义，报国常摅贯日忠。此句赞扬比干的忠贞，独立危邦、横抗兴运，为挽救垂危的商朝，犯颜直谏，被商纣王剖心而死。其子孙不乏在国家存亡的关键时刻，舍身为国践行大义，报国忠心可贯日月。

德润丰姿人有异，光增谱牒世无同。此句赞扬林氏宗族德泽润厚风姿卓越，历代不乏忠臣孝子，德行勋业世间少有，可为谱牒增光。

古今记载难穷尽，一代强如一代隆。此句赞扬林氏宗族从古至今德行勋业多不胜数，林氏宗谱难以全部记载。祝愿林氏宗族，一代更比一代强，一代更比一代兴旺发达。

梯云斋记

林玉琳　南宋（1129年）

济南之祖，以词学齐名。仕于唐，官至刺史。九人皆睦州令子也。睦州有志向，慨然不沿瓯越旧习，以诗礼传家。遂卜草堂于居之侧，为游息藏修之地。父子兄弟，询询家塾。鲤庭有义方之训，雁行有礼逊之美。逮学业既成，出应大科。东堂桂枝，折无虚岁。棣萼之辉，映动闽区。咸指旧隐为丹凤之穴，应龙之潭。至今人犹指草堂铺云："九代孙有安仲者，义士也。于建炎改元之冬，仍旧址作义斋。鸠会一宗之隽，朋来四境之彦。中有黉堂，以开讲肄。旁有列馆，以安书帷。门揖壶山，轩开文笔。登斯堂也，徘徊良久。气韵清逸，周情孔思。下笔不休，念欲薰涤。"

以记一时之事，林济弟濯侄大鼐请予名而记之。予亦欣然从之。昔宣父振木铎于杏坛，颜、闵、雍、耕摄齐受业。斯文蔚兴，芳流今古。洵美、仲仁，九牧云仍也，才美学硕、自著书说、诱掖青衿，洋洋有洙泗之风，可揭是堂为鸣道之堂。堂有两庑，庑有九品。东庑曰"絜矩"、曰"文富"、曰"博雅"、曰"秀颖"、曰"蜚英"。西庑曰"广黉"、曰"流德"、曰"修身"、曰"成章"。鳣堂之上，金声玉振；鸡窗之下，璧合珠联。一日槐黄秋芬、紫泥诏下，则束书尘馆、振笔词场。吾见丹霄九重，咫尺亨衢矣。

宜合堂宇而名之曰"梯云斋"。予忝于诸公游，青云异日，不昧平生，吾之幸也。尚使吾芜词累句，得凭盛事以垂不朽，兹文重幸也。

建炎己酉年嘉平月初澣日
玉琳撰

梯云斋记 | 文记类

读书草堂在郡北十五里,澄渚之西南隅。自睦州北螺村移居于此,立卷就陈暄市地,改陈暄为澄渚。即藻、蕴二公肄业之处。其后,蕴任邵州,有帖戒令子孙,只可于此往来诵书,不许析居云。

见《莆阳志书》。

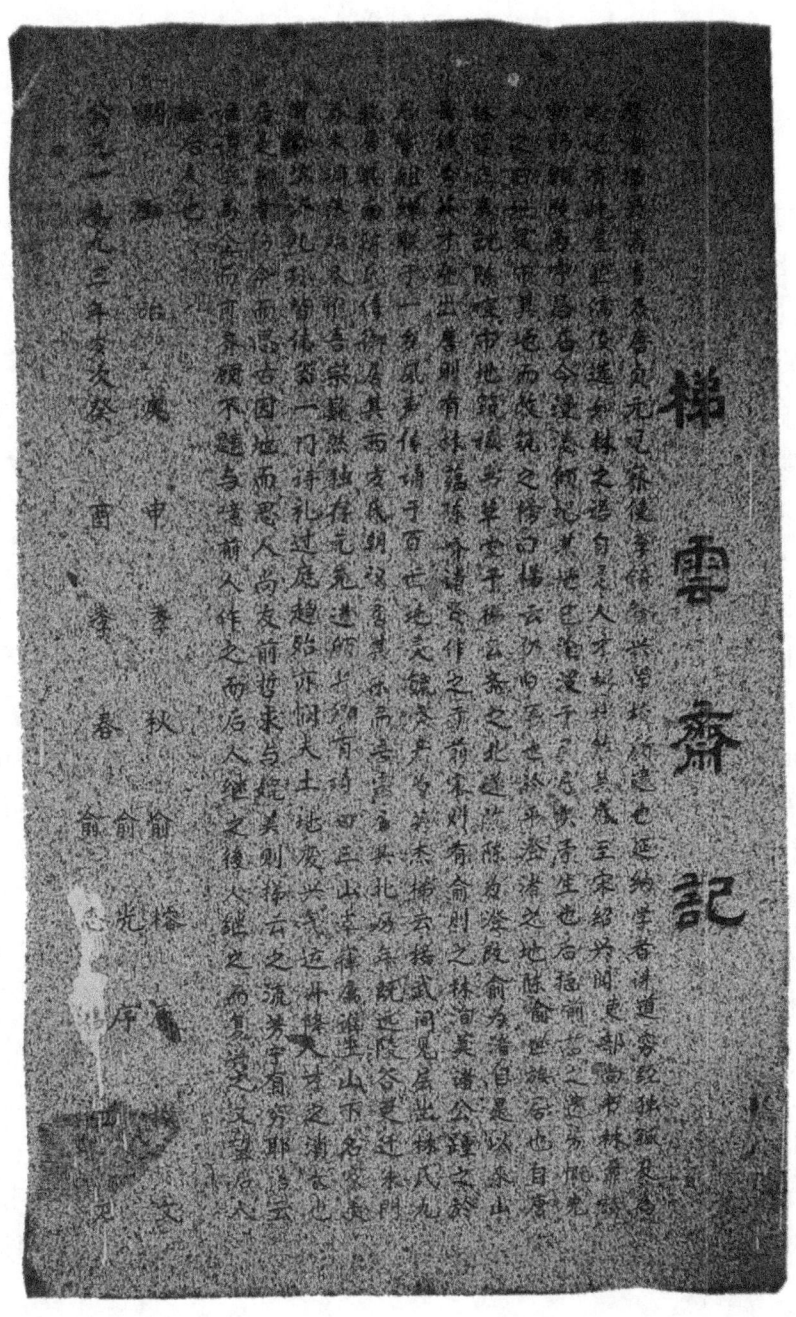

梯云斋记

（译文）

　　九牧的祖籍在济南，九牧兄弟以词学优秀而齐名。他们在唐朝为官，官至刺史，九人都是睦州刺史林披的儿子。林披素有志向，决心不沿袭东南沿海以务农为主的旧习。立志发奋读书，要以诗礼传家。于是就在自己房屋的侧边建一草堂，作为专研学问和休息的地方。父子兄弟认真教学，草堂成了家庭学堂。儿子接受父亲的良好教育，兄弟之间谦逊礼让。等到学业有成、赴京参加科举考试，年年都有兄弟考取功名。兄弟们的辉煌映照和轰动了整个闽越地区。都说林披隐居之处是产生杰出人才的地方。

　　直到现在还有人指着草堂详细地叙说："九牧林蕴的九代孙林安仲是个义士，在建炎改元（1127年）的冬天，于草堂旧址上重建房屋作为义务助学的学堂。召集林氏一族才智出众的弟子和四方有才有德的朋友来此就学。中间有学堂可以讲学，两边有客舍可以做书斋。学堂门对壶山，窗对文笔山。登此学堂让人留恋良久，气韵清逸使人感受到周公和孔子的思想感情，文思涌动、下笔不休，不觉中思想也得到净化。"

　　为了记下当时的盛事，林濯（字济弟）的侄子林大鼐请我题名和作记，我欣然答应了。从前，孔子在讲坛上讲学，颜回、闵损、冉雍、冉耕等弟子一齐在坛下恭敬地听讲，文化教育蔚然成风，今古流芳。林洵美和林仲仁是九牧的远孙，才高八斗、学富五车，都是有才华的博学之士。他们自己编著书籍、自己进行教学、教育和引导众多学子，大有孔子的教学风范，可见这个学堂是宣扬道德的讲堂。学堂两侧有两列偏房，偏房有九间。东侧五间分别名为："絜矩""文富""博雅""秀颖""蜚英"。西侧四间分别名为："广黉""流德""修身""成章"。讲堂之上，讲课人知识渊博、才学精到。书斋里面，人才济济。等到秋天，科举考试的诏书下来，就背负书籍上京赶考，振笔考场。我将看见巍巍皇宫，近在咫尺；锦绣前程，就在眼前。

　　我认为最好是把学堂和书斋合起来命名为"梯云斋"。我与诸位一起来到"梯云斋"，等到他日青云直上得中高官，不枉此生，就是我的幸运了。假如我这篇拙劣的文章能

梯云斋记 | 文记类

够凭借这桩盛事而永垂不朽,更是这篇文章的大幸了。

> 建炎己酉年(1129年)嘉平月(12月)初澣日(上旬)
> 林玉琳撰

读书草堂在郡北十五里,澄渚的西南角。自睦州刺史林披从北螺村移居到这里、立下字据把陈暄这块地方买下来,改陈暄名为澄渚。这里就是他的儿子林藻和林蕴学习的地方。后来,林蕴任邵州刺史,曾留下字条戒令子孙,只能在这里读书,不许分家。

见《莆阳志书》。

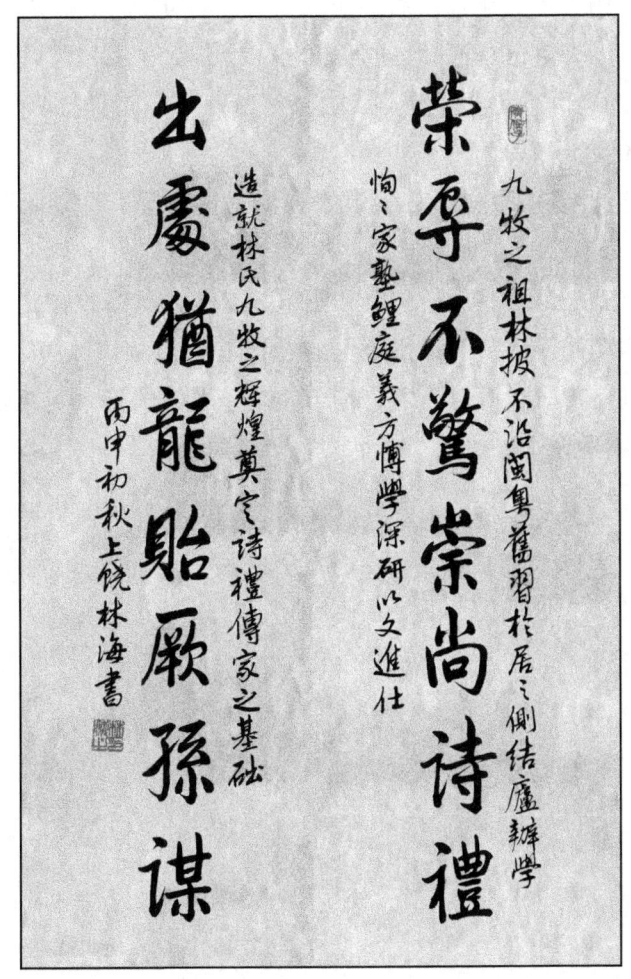

殷少师比干墓铭记

林外　南宋（1168年）

　　初少师事纣，以忠言遇祸。夫人陈氏逃于长林，生遗腹子。周武王革商，赐姓林名坚。命闳夭封少师墓。按《周书》记：少师之死在戊午师渡孟津之际，而封墓乃甲子牧野既战之后，相去才数年耳。后一千八百九十一年，唐人武之奇耕于偃师，得铜盘。所刻有一十六字，以为墓铭。偃师，古西亳也。武王克纣，回师息戎，遂改名焉。今《九域记》属河南郡，古迹也载此墓。游子武之奇复考图籍得其实矣。呜呼铭乎！谁其作之，游子得之，罕有传者。

　　曾伯祖、处士，景佑中尝于故参政张公佖家得所授本，摹而藏之。重修家谱，刻之以告宗盟者。

　　礼部府君蕴于唐贞元中，举《贤良方正科对策》首曰："远祖比干，忠谏而死。天不厌直，复生微臣。"及撰《睦州刺史府君神道碑》，则曰："殷之三仁，忝系少师云云。"欲俾后之似续者知本乎祖，竭忠励节。至于九泉之下，可无恨矣。

乾道四年岁在戊子九月十四日
裔孙，前进士　外谨记

殷少師比干墓銘記

殷太師比干墓在汲郡今河南衛輝府去城西北十五里周武王封其墓有銅盤銘孔子有書殷比干墓四字唐太宗貞觀十九年追封太師諡忠烈應朝致祭俱載祀典
墓東南地七頃五十畝係前代相傳供祭
今汲郡民佃種辦祭恐後泯滅故勒石以誌之計每歲四月四日致祭羊一豕一帛酒菓香燭等物佃戶張綱張苑李護李綱

崔州每人種一項五十畝四月四日為公誕辰載封建考
明正統十四年四月
衛輝府知府通州張亨識

殷少師比干墓銘記
初少師事紂以忠言遇禍夫人陳氏逃於長林生遺腹子周武王革商賜姓林名堅命閎夭封少師墓按周書記少師之死在戊午師渡孟津之際而封墓乃甲子牧野既戰之後相去繞數日耳後一千八百九十一年唐人武之奇耕於偃師得銅盤所刻文有一十六字以為墓銘偃師古西亳

比干墓前有殷比干墓四字石刻稍缺者先師聖人筆也漢唐以來廟中習見其書與周穆王時吉日癸巳石刻相肖之非後人所能也比干諫而死聖人以殷仁稱之其為墓斷斷然矣且子適衛而往來墓上不知其數當日邱殷人也致殷因於夏禮殷有三仁更不言商茲比干墓而冠以殷則又知為聖筆也不然由周而來襲千歲矣申閉兵火頻

殷少师比干墓铭记

(译文)

当初，比干在商纣王时任少师之职。因为忠言直谏，被纣王剖心而死。其夫人陈氏逃难于山林中，生下遗腹子。周武王灭商之后，赐比干的遗腹子姓林名坚。并命大臣闳夭为少师比干封墓。按《周书》记载：少师之死在戊午年周武王师渡孟津之际，而封墓是在甲子牧野之战结束之后。其间相差才数年。（注：据《比干生卒大事年表》，比干被纣王剖心而死是在公元前1062年，周武王为比干封墓是在公元前1042年，其间相差二十年。）

此后一千八百九十一年，唐朝人武之奇在偃师垦地建房时，得到一个铜盘，上面刻了一十六个字，作为墓志铭。偃师古时名为西亳，周武王灭商之后，回师到西亳解散人马，便把西亳更名为偃师。据现在的《九域记》，偃师属河南郡，在当地的古迹记载中也载有比干墓。外地来偃师落户的武之奇再考查古迹图籍得到了证实。

啊！铜盘铭是谁做的？却被外地来的人得到，很少有铜盘铭传世。

我的曾伯祖是个有德才，不愿做官而隐居的人。在北宋景佑年间，他曾在已故参政张佖家中看到传承下来的比干墓铜盘铭字图，就临摹下来妥加保存。在重修家谱时，请人刻印在家谱上以告诉林姓族人。

曾在礼部和户部任职的祖先林蕴，在唐朝贞元年间参加科举《贤良方正科对策》考试的考卷中，开头就说："远祖比干，因忠君爱国而直谏纣王，被剖心而死。上天不厌正直的人，又生下微臣林蕴。"及在其撰写《睦州刺史府君神道碑》时则说："殷朝的三个仁人，我愧为少师比干一支。"等等。想要帮助后代子孙知道我们的祖宗比干是忠君爱国，以身殉节的仁人。那样，即使是在九泉之下也可安息了。

南宋乾道四年（1168年）岁在戊子九月十四日
裔孙，前进士　林外谨记

军学立忠义二公祠

南宋（1226年）

　　承议郎权拨兴化军兼管内劝农事陈韡字子华侯官人后节制江西广东福建三路捕寇军马立军学准使牒备：据林汉清漕元等列状乞立林刺史等祠堂事奉台判送教授酌议，拟呈教授陈森。拟照得奉命养士所以崇节义、阐文教。莆学建祠、名公接踵，而九侯独遗焉，岂非缺典耶！今以唐史及闽中名士传、莆阳比事诸书参考，兄弟九人皆有盛名，而蕴、藻尤著。观顽奴吾非砺石之书，则几于杀身成仁者也。观语诸将则以四川版籍归朝，则其知不可及也。所以刘侍郎伯刍表荐有：抗直词于蜀郡，刘辟改容；陈大义于沧州、程权归阙。蕴之节义岂突梯脂韦、苟生自荣者之比乎！读合浦还珠之赋、诵梨折桂之诗，至于见曼胡之缨化作青衿之碑为耻，此又藻之壮志。夫文者身之章，藻诚有焉。既温陵、三山在在有祠、而独莆缺，余所未喻。唐距今凡几百载矣，莆之石碑，仙游上陂也。澄渚诸林、郡之望族，每书三代爵里，则曰蕴之后、藻之后，得非二人者英声遗烈、残膏剩馥熏染人心、映照千古，故子孙不敢忘也。唐贞元间林欑以孝名，祠逮今不废，则旌贤于异代诚国家之大典也。九侯祠于学，质之公议夫复何疑？除已具九侯、因依呈奉判府台判。如将来差掌祠，只得就澄渚族中选有文行者衮补。更请教授行下关索、遗像，今行关索须至移文者：右关令林汉清漕元索取遗像，赴学照应施行。

　　时

宝庆二年（1226年）岁次丙戌五月二十三日

裔孙，朝议大夫、知兴化军兼管劝农事、开国郎　清之

于绍定元年（1228年）戊子七月廿二日就澄渚林氏故居槁头立忠义儒学二坊

军学立忠义二公祠

(译文)

兴化军(今莆田市)学校设立忠义二公祠

承议郎暂代兴化军兼管内劝农事陈韡(字子华)侯官人,后节制江西广东福建三路(今江西广东福建三省)捕寇军马立军学准使文书备案:据林汉清漕元等人上书请求设立林蕴、林藻等名人祠堂之事宜上交台判呈送教授酌议,拟呈教授陈森。据初步考查:学校奉命培养士子,所以必须崇尚节义、阐明文教。莆田学校建祠、有名望的人物纷纷都建了祠,而九牧却没有建,岂非礼仪和典章制度有所欠缺呀!今以《唐史》及《闽中名士传》、《莆阳比事》诸书参考,九牧兄弟九人皆有盛名,而蕴、藻尤其著名。观顽奴(林蕴,小名顽奴)"我的颈项不是你们这些顽固奴才的磨刀石"之书,可见林蕴几乎成为杀身成仁者。观林蕴以君臣大义规劝诸将,使程权得以将四川版籍上交朝廷,林蕴的聪明是不可及的。所以侍郎刘伯刍上表举荐林蕴、林藻时,表中写有:在四川直言劝阻刘辟谋反,刘辟大怒,林蕴几乎杀身成仁;陈述君臣之大义,帮助程权(沧州籍人)归顺朝廷。林蕴的节操和义行岂是阿谀圆滑、苟生自荣之徒可比的呀!读林藻"合浦还珠"之赋、诵林藻"梨岭折桂"之诗,以致林藻看见"曼胡之缨化作青衿"之碑而引以为耻,这些又表现了林藻之壮志。文如其人,文章华丽、人格高尚林藻兼具了呀!温陵、三山(福州的别称)处处有祠,而独莆田没有,我所不能理解。唐朝距今几百年了,莆田的石碑,在仙游上陂。澄渚林氏是莆田郡的名门望族,莆田林姓每每书写祖宗三代的官爵和乡里,就说是林蕴的后代、林藻的后代。莫非蕴、藻二人的英名和高尚节操,以及他们遗留的文学遗产熏染人心、映照千古,所以子孙才不敢忘记。唐朝贞元年间林攒以孝闻名,纪念林攒的祠至今不废,这就说明旌表先贤于异代确实是国家的重大法典。设立九牧祠对于学校的重要性由公众议论来判断还会有什么疑问吗?除了已有九牧祠的学校,都要依据此文上报判府台判要求设立九牧祠。如将来差派掌祠人,只能在澄渚林氏族中挑选有文章和德行的人当任。更请教授颁发文书遗像,今颁发文书还须发至相关部门,遣右关令林汉清漕元索取遗像到学校照应施行。

> 宝庆二年（1226年）丙戌年五月二十三日
> 裔孙，朝议大夫、知兴化军兼管劝农事、开国郎　林清之
> 于绍定元年（1228年）戊子年七月廿二日就澄渚林氏故居槁头
> 设立忠义儒学二坊

比干墓铜盘铭记

张淑　元（1318年）

周武王封比干墓铜盘铭，绎其文曰：左林右泉，后冈前道，万世之宁，兹焉是宝。辞旨简远，笔法端严，信乎三代之文也。惟太师公忠精义烈之诚，洞贯古今。

粤自吾夫子表墓之后，暨元魏、李唐，褒崇吊祭，记述俱在。迨我皇元降德音，追懿行。特刺所司，爰新庙貌，更为肖像，加严事祀。

今卫辉路总管密迩公钦副明旨、克成厥功，其见于丰碑亦昭昭矣。较夫权舆独阙斯文。遂模汝州法帖所镌三代金石遗刻、勒诸丽石，用著四朝之盛典。俾乾端坤倪，轩豁呈露于殿廷间。岂特珠还合浦、剑复平津者哉！

　　　　　　　　　　　　　　延祐五年正月十四日
　　　　　　　　　　　　　　承直郎、卫辉路总管府推官　张淑拜手记

比干墓铜盘铭记碑

比干墓铜盘铭记

（译文）

周武王为殷太师比干封墓时所制的铜盘铭，其铭文曰："左林右泉，后冈前道；万世之宁，兹焉是宝。"用词简练，意旨深远，笔法端庄严谨，完全可以相信这是夏、商、周三代时期的文辞。是殷太师比干的忠精义烈之真诚，贯穿古今。

自从孔夫子为比干墓刻石树碑之后，到北魏孝文帝拓拔元宏及唐太宗李世民对比干墓的表彰吊祭，记述俱在。到元朝延祐三年，仁宗皇帝下诏追颂比干的忠烈，特令主管官员为比干更新庙貌，重塑肖像，郑重祭祀。

现卫辉路总管密迩善按圣旨要求、完成了这项功绩，在丰碑上已写得明明白白了。比较原始的"独阙斯文"，（注：周武王封比干墓时镌刻在铜盘上的铭文十六个字，称为"独阙斯文"）便模仿《汝州法帖》所镌刻的夏、商、周三代金石遗刻，刻在华丽的石碑上，用以显扬四朝之盛典。使天地显示的征兆，坦荡地呈现于殿廷之间。何止是珠还合浦、剑复平津，失而复得那么简单啊！

延祐五年（1318年）正月十四日
承直郎、卫辉路总管府推官　张淑拜手记

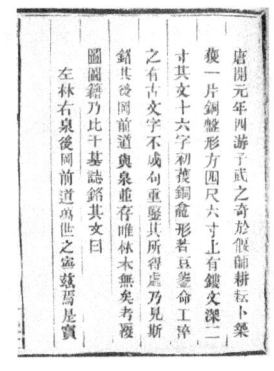  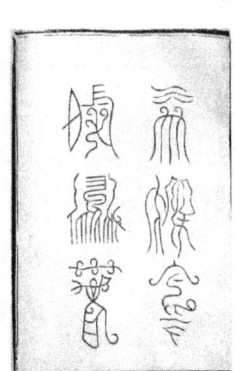 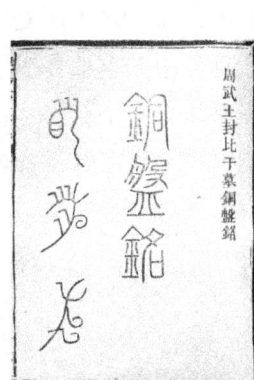

莆阳名公事述·林攒

吴源　明（1370年）

　　林攒，字会道，莆田人，饶阳郡太守万宠公曾孙也。祖韬，父尊。攒少举进士不第、从事塞垣，后福唐县尉。攒在福唐，日闻母病，奔还母卒。每一痛哭至水浆不入口，内外羸惫、殆至殒绝。

　　明年，谋所以葬。躬开坎室，自埏砖甓，与兄弟攻负凿筑，虽不越法度而亦异常仪。未窆，有白乌甘露之祥；既窆，庐护不去，再有白乌甘露之应。郡人欧阳詹为撰《甘露述》，时唐贞元九年。

　　莆田古隶泉州，为申转运使。使府遣从事视验，攒恐露释无所验则殃及州里，方拊膺哭，而逡巡云合，异香氤氲，剡然甘露成五彩色，移时不消，白乌仍复来翔。观者耸叹，廉使李若初亟录上奏。德宗降诏褒异，厚其禄赐攒。命自于门前造门楃一间，两院畔筑墙垣并门巷。而官于门外为双阙，各阔一丈、长九尺、高一丈七尺。向上尖小，下著石栏杆。于路口立侯碑一，高九尺、阔一尺八寸。以表宅里，崇孝道也。

　　攒他事无所考，亦不见其历仕本，未必葬母后以善终？而双阙之立，自唐贞元癸酉历宋嘉祐庚子、大观戊子、绍熙辛亥屡葺修之。予少时过其间，犹见双阙巍然。近乃不复见，然故老犹相传指为阙下林家。攒远矣，而其家族子孙皆食其德，凭藉其光宠，岂不足为邦人之子所劝乎？

　　我为莆阳名公事述，首论蕴之事、嘉其忠也；次论攒之事、嘉其孝也。忠孝，纪纲人道固无大于此者。因其世次而表著之，无能为二公先则予亦非有意于其间也。

　　呜呼！忠孝首、百行长，万善扶、伦纪植，振美风化。冠冕一书，不亦宜乎！

洪武三年
太子宾客、诏衮国子司业、奉训大夫　吴源撰

莆阳名公事述·林攒

（译文）

　　林攒，字会道，莆田人，是饶阳太守林万宠的曾孙。林攒的祖父名林韬，父亲名林尊。林攒年少时参加科举考试、没有考上进士，曾去边塞为吏，后任福唐县尉。林攒在福唐任上，一日听说母亲患病、忙赶回家中。母亲病故，林攒每一痛哭都哭至水浆不入口，以致身心瘦弱疲惫、几乎昏厥。

　　到第二年，商量如何安葬母亲，林攒便亲自挖掘墓室、亲自和泥砌砖、与兄弟一起挖坑筑墓，既不逾越法度而又有别于通常的礼仪。安葬前，有白乌甘露之祥瑞；安葬后，林攒住在母亲墓旁的棚屋里守护而不离去，又有白乌甘露之灵应。同乡欧阳詹为此撰写《甘露述》，时间是唐贞元九年（793年）。

　　莆田古时隶属泉州，为此申报至泉州转运使府，使府派遣府吏来视察验证。林攒恐怕甘露会消失而无所验证并因此殃及州里，刚捶胸痛哭，顷刻间云气聚合，异香弥漫，忽然甘露成五彩色，经过一段时间也不消失，白乌也再来飞翔。见者无不惊叹，廉使李若初急忙记录上奏。德宗降旨褒奖这灵异之事，以丰厚的俸禄奖赏林攒，命他自己在门前建造门幄一间，在两院畔建筑围墙和门巷。而官方在门外建双阙，各阔一丈、长九尺、高一丈七尺，向上尖小，下置石栏杆。在路口立一候碑，高九尺，阔一尺八寸，用以旌表乡里、崇扬孝道。

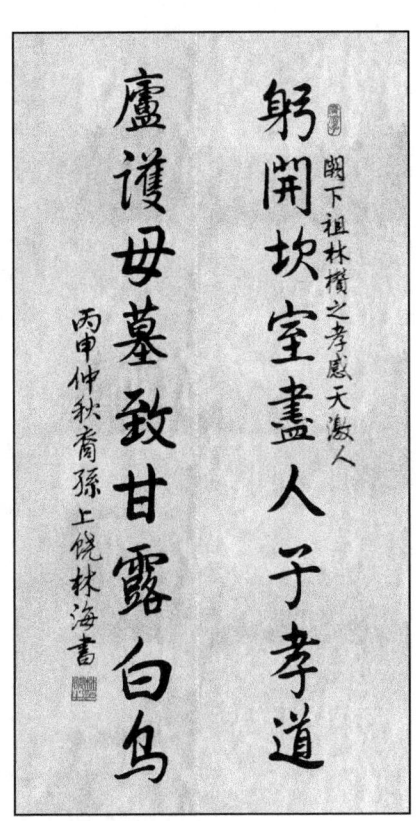

　　林攒的其他事迹无所考查，也不见他为官的履历，莫非葬母之后他也因此善终？而双阙自唐贞元癸酉年（793年）建立后，历经宋嘉祐庚子年

（1070年）、大观戊子年（1108年）、绍熙辛亥年（1191年）多次维修。我年少时经过那里还看见双阙巍然耸立。近来就不见了，然而当地老人还互相传说指认那里为阙下林家。

林攒距今已经久远了，而其家族子孙都还享受他的德泽恩惠，依赖他的荣耀，难道还不足以为国人之子所劝勉吗？

我撰写《莆阳名人事述》，首先论述林蕴的事迹，赞扬他的忠烈；其次论述林攒的事迹，赞扬他的孝道。国家法纪和人伦道德中没有比忠孝更重要的了。现根据他们的世次而表著之，并非有意排定先后。

呜呼！以忠孝为先，各种德行能得到崇尚，各种善举能得到扶持，能树立人伦，振举法纪，美化风俗。把莆阳有德行的名人和善事集于一书，不是很好嘛！

　　　　　　　　　　洪武三年（1370年）
　　　　　　　　　　太子宾客、诏衮国子司业、奉训大夫　吴源撰

> 述
>
> 宋
>
> 各公述
>
> 林攒字会道莆阳人饶阳郡太守万宠曾孙也祖祎父尊攒少举进士不第从事塞垣後福唐县尉攒在福唐日闻母病奔还母卒每一痛哭至水浆不入口内外羸惫殆至殒灭明年谋所以葬躬开坎室自堙

殿试策问　永乐四年丙戌

林环　明（1406年）

　　皇帝制曰：朕承皇考太祖圣神文武钦明启运俊德成功统天大孝高皇帝洪业，舆图之广，生齿之繁，从古莫比。故穷发之地咸为编户，雕题椎结悉化冠裳。来虽如归而治虑未浃，朕夙夜惟念，期在雍熙。然十室之邑，人人教之且有弗及，矧天下之大，兆民之众。夫，过化存神，不见其迹。欲臻其极，谅必有要。不明诸心，曷由达效？

　　唐虞三代之治其来尚矣，而汉、唐、宋之治犹可指而言之。自夔典乐教胄子而学校兴，而汉、唐、宋之学校有因革，其教化可得而闻？自大司徒以乡三物教万民而科目举，而汉、唐、宋之科目有异同，其名实可得而议？自小司徒经土地而田制定，而汉、唐、宋之田制有屯、营，其计画可得而言？自校人掌王马之政，而马政立。而汉、唐、宋之畜牧有耗息，其详悉可得而数？之数者，有宜于古而合于今，若何施设而可以几治？夫政不稽古则无以验今；事不究迹则无以见实。子大夫博古以知今，明体以适用，陈其当否以著于篇，毋泛毋隐，朕将亲览焉。

　　臣对：臣闻出治有本，在乎先明诸心；为治有法，在乎远稽诸古。盖明诸心者，其本也；而稽诸古者，其迹也。圣人之治天下，未尝不以稽古为道，而亦曷尝不本诸心以为出治之本乎！

　　钦惟太祖圣神文武钦明启运俊德成功统天大孝高皇帝肇造洪基，抚有六合，垂统万世，厥功罕俪。皇上嗣膺宝图，思迈先烈；继述之美，克开前光。于是戴发含齿，率隶编籍；尺地寸天，举入贡赋。以致雕题椎结，化而冠裳。则不惟有以囿生灵于覆帱之中，而且有以变左衽于礼义之习。弘功伟绩，超越宇宙，宜莫尚矣。而皇上方且虑治化之未浃，思臻治之有要。进臣等于廷，降赐清问，欲远法唐虞三代，而近稽之汉、唐、宋。详举其目，则学校之兴，科目之举，田制之定，马政之立，皆欲追究其迹，而原其要，则首于明诸心之一言。噫！明诸心一言，臣有以知皇上于出治之道知所本矣。然皇上訏谟远猷，断自宸衷，而犹拳拳举以策臣等者，臣又以知皇上是心，其即询于刍荛之心也。臣安敢不拜手稽首，以对扬圣天子之休命乎？

臣闻以言语诏民者，则十室之邑，虽耳提面命而不足。以德化导民者，则天下之大，虽运以方寸而有余。何则？天下虽大，不能大人君之一心耳。故过化存神，虽泯于无迹；而臻极至到，则原于一心。是以，尧舜以之帝天下而使黎民于变，比屋可封者，此心也；三代以之王天下而使兆民允怀，人人有士君子之行者，亦此心也。以至汉、唐、宋之治虽不逮古，然亦能超后世而独盛者何？莫非此心乎？是，则皇上将欲跻于唐虞三代而薄汉、唐、宋于不居者，宁不自一心始乎？皇上知自心始，则所谓期于雍熙，臻其至极，皆在方寸一转移之间耳。况乎学校之兴也，科目之举也，田制、马政之定也、立也，又皆是心之用乎！臣请因圣策所及而条陈之。

夫，人君之继天立极，莫大于学校也。舜命夔典乐以教胄子，直而温，宽而栗，刚而无虐，简而无傲，此典乐之官所由设，乃学校所由始也。三代之学，夏曰东序、西序，商曰左学、右学，周曰东胶、虞庠，亦曰辟雍，无非以明人伦也。汉兴，高帝以马上得天下，未遑庠序之事。至文帝，颇登用文学之士。景帝不学儒学，故诸博士具言待问，未有进者。当时，惟文翁守蜀而修学舍于成都，由是大化，比于齐鲁。武帝乃令天下郡国皆立学校官。光武中兴，始起太学。明帝临雍拜老，正坐讲道。冠带缙绅之人圜桥门而观听者，盖亿万计。至于安帝薄于文艺，博士倚席不讲、学舍尽为蔬园。汉学校有可考矣。唐有国学、有太学、有四门学、有律学、有书学、算学，太宗又数行幸。贞观之盛，增筑学舍千二百间，生徒至三万余人。至代宗时，夷狄多虞，弦诵之地，寂寥无声。此唐之学校有可考者矣。若宋之时，有国子监、太学，有武学，有书、算学。天下已平，儒者往往依山林以讲授，当时如嵩阳、岳麓、睢阳、白鹿四书院为尤著。厥后，如胡安定教授苏湖，立经义、治事斋以教学者，此尤表表足称。则宋之学校，其颠末亦有可稽者焉。

夫，学校教化之本，唐虞三代之时，天子、公卿躬行于上，言行、政事皆可师法。故学校立而教化为特盛。若汉之治杂霸，唐之治杂夷，宋之治亦有未醇，躬行之实，已无其本，则学校虽立，而教化终有愧于古者，抑有由矣。

人君用人，亮天之道莫大于科目。成周之时，司徒以乡三物教万民，一曰"六德"：知、仁、圣、义、中、和；二曰"六行"：孝、友、睦、姻、任、恤；三曰"六艺"：礼、乐、射、御、书、数。乡大夫三岁大比，而宾兴夫贤者能者，故命乡论秀而升之司徒，曰"选士"。司徒论选士之秀，升之学，曰"俊士"。乐正顺先王诗书礼乐以造士。大乐正论造士之秀，升之司马，曰"进士"。大司马论辨官材，以告于王，论定而后官之，任官而后爵之。以至太宰诏废置而持其柄，内史赞予夺而贰于中，司士掌郡士之版，岁登记其损益之数，此科目所由举也。若汉之时，则有孝廉、孝弟、力田、贤良、明经诸科。唐之时，则由学馆进者曰"生徒"，由州县进者曰"乡贡"，而又有进士、开元礼、缘举、杂录、制举、孝廉、三礼、三传、一史、三史、童子、明经、明法、明算诸科。宋之时，则有诸贤良，有宏词，有童子学，漕试、推恩诸科。此汉、唐、宋科目之名，其异同固可稽矣。然成周之时，教养有法，且选任之际，循名责实。故所进之人，无非适用之士。若汉唐而后，则养非所用，用非所养，故进用之际，不无贤否相半。是故，汉之仲舒以贤良进，倪宽以明经举，似矣。而徐淑之不逃冒年，陈汤之不奔父丧，乃与科选果何欤？唐之制科，则有裴度、韩休，而皇甫镈亦以是进。博学宏词，则有陆贽、杜黄裳，而王涯、刘禹锡亦以是进，又何欤？宋之富弼、苏轼，以制科进。杜祁公、范文正、欧阳公由进士举，是皆可取。然以丁谓之谀佞，且居要路，则又不能无可议者焉。此其名实不称，视成周得人之盛盖不能无歉矣。

至若足民足国之良图，莫要于定田制；备兵讲武之先事，莫要于立马政。周制，小司徒均土地而井牧其田野。步百为亩，亩百为夫，夫三为屋，屋三为井，四井为邑，四邑为丘，四丘为甸，四甸为县，四县为都，故成周无不受田之家。阡陌既开，井田法废，自汉文帝募民耕塞下，始有屯田之制。赵充国击先零，分兵久驻，于是有屯田之说。至唐之时，则有营田之制。至宋之兴，或屯或营，盖兼用也。大抵汉之屯田以兵，唐之营田以民，而宋之或兵或民，盖不一焉。夫，其屯田以兵，斯可以免军旅坐食之费。营田以民，斯可以足国家储备之资，此其计划之善，亦有可取者矣。至若校人掌王马之政，此马政所由立也。汉置太仆牧师诸苑，而众庶街巷有马，则不特养于官矣。暨大将军骠骑屡出而马大耗。唐自张万岁领群牧，马至七十万六千，王毛仲初监马二十四万，后至四十三万。自群牧失职，国马益耗。宋则牧马有监，掌牧有职。又或畜之于官，或养之于民，或市之于边。大抵市之于边者不可常，莫若畜之于官为有常也。专畜于官者为有限，莫若兼养于民者为益广也。若是息耗之由，亦可概见矣。

皇上既举数者之目详列于前，而又以数者之政宜于今者总询于后。臣学不足以稽古，用不足以适今，曷足以上揆圣衷。愚昧之见，谓是数者皆皇上酌古准今，已行之效，而拳拳以为问，特皇上谦让不自满足之心耳。夫，方今学校，内自京畿，外达郡国，莫不有学，此盖太祖高皇帝参酌古制而用之者。今皇上遵而行之，迩者车驾临幸太学，俎豆生辉，衣冠增气，天下士子，知所向方，则教人之法固可比隆唐虞三代，而陋汉、唐、宋于下风矣。方今进于学校者有科贡，选于乡里者有人材，是亦太祖高皇帝错综古典而行之者。今皇上嗣而守之。兹者临轩策问，茅茹汇征，衣冠云集，万邦黎献，共惟帝臣，则用人之道亦可媲美唐虞三代而薄汉、唐、宋于下流矣。至若田制之定虽非尽成周之旧，马政之立亦参用校人之政。然其屯营之必备，畜牧之必专，是亦酌古而宜于今者耳。是二者亦太祖高皇帝已试之法，今皇上率而由之者。况于屯田则劝督之必严，于畜牧则孳息之益众，殆恐古昔盛际亦不过是耳，而汉、唐、宋又乌可以同日而语哉！

然臣于终篇，愿有献焉：夫，是数者，特治之法也。其本则系之皇上之心。盖以是心而兴学校，则朱熹所谓："本之躬行心得之余"是也。以是心而兴贤才，则大禹所谓："光天之下"是也。以是心而定田制，则《大学》所谓"有德此有人，有人此有土，有土此有财"是也。以是心而立马政，则《诗》所谓"秉心塞渊"与"思无邪"者是也。合而论之，则程子所谓："有关雎、麟趾之意，而后可以行周官之法度。"臣愿皇上终始此心，斯可以终始此治矣。

臣于博古通今，明体适用，乌足以当。特以皇上之问，适有以发臣愚忠，故敢冒昧陈献。伏冀万几之暇，少垂圣览。生民幸甚，天下幸甚！臣不胜拳拳。臣谨对。

注：林环，永乐丙戌科状元。上文为林环殿试考卷。

殿试策问 永乐四年丙戌 | 文记类

殿试策问　永乐四年丙戌

（译文）

　　皇帝圣旨：我继承了皇父太祖圣神文武钦明启运俊德成功统天大孝高皇帝的洪伟基业，国土之广，国民之多，从古以来没人能比。不毛之地的人家都编入了户籍，蛮夷民族都进行了文明礼仪的教化。基业虽然很好，而我担心治理还不够全面透彻。我日夜考虑，期望达到和乐升平的盛世。然而有十户人家的地方，要人人都受教化且有困难，更何况国家之大，国民之众。君子所到之处，人民无不感化，虽然不见痕迹，其精神影响却长期存在。想要做到最好，一定有其要点，要点弄不明白，怎么能达到理想的效果？

　　唐尧、虞舜和夏、商、周三代之治，距今已经很久远了。而汉、唐、宋之治，还是可以逐一说明的。自从夔担任典乐之职、掌管音乐、负责教育国子学生员而学校兴起，而汉、唐、宋的学校都有因袭与变革，其教化可以说来听听吗？自大司徒以乡三事教化万民，从而提出科举科目，而汉、唐、宋之科举科目有异同，其名称和实质可以说说意见吗？自小司徒经管土地确定了田制，而汉、唐、宋之田制有屯田、有营田，其计划可以说说吗？自校人（官名）掌管王马的事务之后，就形成了王马的管理制度。而汉、唐、宋之畜牧有损耗和繁殖，其详细情况有数据吗？这几项管理制度一定有适合于古代而又适合于现在的内容，如何实施和设置可以有效治理？施政如不考察古代的政治，则无法检验现在的政治是否正确；事情如不研究其发展轨迹，则无法预见其结果。你们这些士子知识渊博、通贯古今，明白道理、身体力行。希望你们把上述古代的制度适用与不适用于现在的意见写成文章，不要空泛也不要隐略。我将亲自批阅。

　　林环策对文
　　臣对：臣听说提出治理有其根本，在于首先做到目的明确；实施治理有其方法，在于考察古代的治理。而目的明确是其根本；考察古代的治理是寻找治理发展的轨迹、经验和教训。圣人治理天下，何尝不是从考察古代的治理着手，而又何尝不是以明确的目的作为治理的根本呢！

臣恭敬地思考太祖圣神文武钦明启运俊德成功统天大孝高皇帝创造宏伟基业，据有天下，皇位承袭万世，丰功伟绩无与伦比。皇上继承皇位，想要超过祖先的功业，继述先烈美德，光大祖先德业。于是，全国所有的人都编入户籍，所有的土地都交纳税赋，以致蛮夷民族变得知文明懂礼仪。因此，不仅施恩惠于人民，而且使少数民族也有崇尚礼仪的习惯。弘功伟绩超越宇宙，肯定没有比这更好的了。而皇上还要考虑治理和教化不够全面透彻，考虑达到全面治理之必要，把我们这些臣子召上殿廷，明察详问，欲远效法唐尧、虞舜和夏、商、周三代，而近考察汉、唐、宋的治理。详细列出题目，就是：学校的兴办，科举科目的提出，田制的制定，马政的建立，都想追究其轨迹，而说到底最重要的就是首先要目的明确这句话。啊！从目的明确这句话，臣可以知道皇上对于提出治理之道，已知其目的所在了。然而皇上宏伟的计划、长远的谋虑，肯定是发自皇上的衷心。而皇上还要诚恳地提出来策问我们这些臣子，臣又知道皇上的心意，就是不耻下问、想听听我们浅陋的意见。臣怎敢不叩头跪拜、恭恭敬敬地奏对皇上的策问呢？

臣听说：以言语告诫人民，那么只有十户人家的地方，虽然一个个当面殷切地告诫还不能完全有效。而以德感化人民，那么即使天下之大，虽然皇上只是动用心思就能完全有效。为什么呢？因为天下虽大，不能大过皇上的心思啊！因此，圣人所到之处，人民无不感化，虽然不留痕迹，但能达到最好的效果，这都是因为皇上想把治理做到最好、达到太平盛世之心。所以唐尧、虞舜以此心统治天下，而使黎民受到感化，以致国家多贤能之人、几乎每家都有可以封爵的人，就是此心的作用；夏、商、周三代以此心统治天下，而使人民感怀德政，人人有文明礼仪的言行，也是此心的作用。以至于汉、唐、宋之治，虽不及古代之治，然亦能超过后世，这是什么原因呢？难道不是因为此心吗？当然是因为此心，那么皇上想要跻身于唐尧、虞舜和夏、商、周三代，而远超汉、唐、宋，怎么能不从此心开始呢？皇上知道自己是从此心开始，因此，所谓期望太平盛世，想把国家治理做到最好，都在皇上心中一转念之间啊。何况，学校的兴办，科举科目的提出，田制的制定，马政的建立，又都是皇上用心所在啊！我请以皇上英明决策所涉及的题目逐条陈述。

皇帝继承皇位、确立治国方略，最重要的莫过于兴办学校了。虞舜命令夔掌管音乐，负责教导国子学生员，要求他们做到正直而温和，宽宏而庄重，刚毅而不粗暴，简约而不傲慢，这就是设置掌管音乐的官员之来由，也就是开始创办学校的来由。夏、商、周三代的学校，夏称为东序、西序，商称为左学、右学，周称为东胶、虞庠，亦称辟雍。无非是通过学校教育使人明白人与人之间的道德关系。汉朝建国时，汉高帝以马上得天下，未及倡导兴办学校之事。至汉文帝，就很重视选用文学之士。汉景帝不主张学习儒学，因此众多博学之士，都借口等待机会，没有进入仕途。当时，惟有蜀郡太守文翁在成都修建学校，因此蜀郡的教化得到很大进步，可以和齐鲁（孔孟之乡、礼仪之邦）相比。汉武帝才命令全国各地都设立学校官。东汉光武帝时，汉朝中兴，开始兴办太学。汉明帝亲临太学举行养老礼，为师生讲解经义，官吏、士大夫等，围绕太学桥门而观听的人数以亿万计。至东汉安帝不重视文艺，博学之士不开设讲座，学舍都变成了菜园。汉朝的学校有据可查。唐朝有国学，有太学，有四门学，有律学，有书学、算学。唐太宗又数次亲临国学、太学视察。贞观盛世，增筑学舍一千二百间，学生增至三万余人。至唐代宗时，少数民族多次叛乱，各地学校寂寥无声。唐朝的学校也有据可查。而宋朝之时，有国子监、太学，有武学，有书、算学。天下已平定，儒者往往依山林建书院讲学。当时以嵩阳、岳麓、睢阳、白鹿四书院尤其著名。此后，如胡安定（胡瑗、世称安定先生）在苏州郡学和湖州州学任教时，分设经义斋、治事斋，因材施教，这是尤其突出而值得称道的。所以宋朝的学校，其始末亦有据可查。

　　学校教化的根本在于身体力行，唐尧、虞舜和夏、商、周三代之时，天子、公卿带头身体力行，言行与政事都可以为人师表和效法，因此学校兴起而教化成就特盛。而如汉朝的治理杂有霸业（争霸天下）、唐朝的治理杂有夷务（处理少数民族问题）、宋朝的治理也没有完全做到身体力行，已失教化之本，所以，虽然建立了学校，而教化效果终不如古代，或许是有原因的。　君王选用人才，光明正大的途径莫过于科举。成周时，司徒以乡三事教导人民，一是"六德"：知、仁、圣、义、中、和；二是"六行"：孝、友、睦、姻、任、恤；三是"六艺"：礼、乐、射、御、书、数。乡大夫三年举行一次大考，对考试成绩好的贤能之人、以饮酒之礼待若上宾、选为秀士，并升报给司徒，称为"选士"。司徒考选秀士中的优秀者升入太学，称为"俊士"。乐正按先王诗书礼乐四艺教育太学生员以造士。大乐正考选造士中的优秀者升报给司马，称为"进士"。大司马考选进士、按照才能拟授官职，上报皇帝决定之后任命为官。任官之后封爵。以至太宰宣布对官吏的任免而执掌大权，内史辅佐太宰对官吏进行赏罚而权力次之，司士掌管郡士的名册，每年登记其升降之数。这就是科举选士的方法。如汉朝时，则有孝廉、孝弟、力田、贤良、明经等科目。唐朝时，由学馆推荐者称为"生徒"，由州县推荐者称为"乡贡"，而又有进士、开元礼、缘举、杂录、制举、孝廉、三礼、三传、一史、三史、童子、明经、明法、明算等科目。宋朝时，有贤良，有宏词，有童子学，漕试、推恩等科目。这就是汉、唐、宋科举科目之名，其异同当然可以考查了。然而成周之时，教养有法，且选任之时，能做到名副其实。因此，所选任之人都是适用之士。而汉唐之后，却学非所用，用非所学，因此在人才选用之时，就会优劣相半。所以，汉朝的董仲舒是以《举贤良对策》进入仕途，倪宽是以《明经》进入仕途，似名副其实。而徐淑之不逃冒年（违法），陈汤之不奔父丧（违礼），这与科举选用究竟有何关联？唐朝的制科，裴度、韩休是由制科考取的，皇甫镈也是制科考取的。博学宏词科，陆贽、杜黄裳是由博学宏词科考取的，而王涯、刘禹锡也是由博学宏词科考取的，又有何关联？宋朝的富弼、苏轼是由制科考取的，杜祁公（杜衍、字世昌，太子太师，封为祁国公，）、范文正、欧阳公（欧阳修、字永叔、谥号文忠、世称欧阳文忠公，）是由进士科考取的，都是可取之才。然而像丁谓这样善于奉承献媚的人，而且官居要职，这又不能无异议了。像这样名不副实，对比成周选取人才的盛况，就不能不说是有差距了。

　　至于使人民富足，使国家富足的良策，没有比制定田制更重要的了；军队和战争的先行之事，没有比建立马政更重要的了。周朝的田制，小司徒划分土地而用井田制管理土地。步百为亩，亩百为夫，夫三为屋，屋三为井，四井为邑，四邑为丘，四丘为甸，四甸为县，四县为都，所以成周没有无田的人家。自汉文帝开挖田界、废除井田制，征募民众到边塞耕种土地，才开始有屯田制。赵充国击败羌人先零部落，分兵长期驻守边境、开垦土地，于是有屯田之说。到唐朝时，则有营田制。到了宋朝，或屯田或营田，都兼用了。大致是：汉朝的屯田是使用兵士，唐朝的营田是使用民众，而宋朝的或兵或民，都不完全一致。屯田使用士兵，可以免去军旅平时伙食的费用，营田使用民众，可以满足国家储备的物资，这是屯田、营田的好处，也是可以继续采用的田制。　至于校人掌王马之政，这就是马政建立的来由了。汉朝设置太仆掌管官马、下设牧师苑牧养，而民间街巷有马、田间小道马匹成群，所以马不只是养于官方了。至大将军骠骑屡次出征，而马匹大量损耗。唐朝自张万岁掌管官马、统领群牧，马多达七十万六千匹。王毛仲开始掌管官马时有马二十四万匹，后增至四十三万匹。自从群牧失职，国马更加减少。宋朝则设置掌管马匹的部门牧马监，有专职官员负责掌牧。兼有官养、民养、边贸购买几种办法。大致是边贸购买不是长远之计，不如官养可以持续。而专由官养就会数量有限，不如兼由民养数量更多。这样，马匹增减的原因也就可以看出大概来了。

　　皇上既然先详细列出数项治理制度，而后又全面询问这几项制度中适用于现在的制度。臣的学识不足以明辨古代制度的优劣，能力不足以适应现在的要求，又怎能揣摩得出皇上的心思。以臣愚昧之见，皇上说的这数项制度，都是皇上选择古代的制度用来对比现在的制度，证明现在的制度已行之有效。而皇上又诚恳地询问臣等，特显皇上谦让不自满足之心啊。现在的学校，内自京都周围，外达全国各地都有学校，这都是太祖高皇帝参考古代制度而实行的。现在皇上遵循太祖高皇帝实行的制度而实行，近来皇上又车驾亲临太学，使太学的祭器熠熠生辉、士子受到鼓励。天下士子，知道该朝什么方向去努力了。皇上教育人才的方法，当然可以媲美唐尧、虞舜和夏、商、周三代，而远超汉、唐、宋三朝了。如今选进太学的生员有的是由府州县举荐的人才，有的是由乡试选拔的人才，这也是太祖高皇帝综合古典而实行的，现在皇上继承并且遵照太祖高皇帝的做法。这次殿试，贤能参选，士子云集；全国贤能之士，恭听皇上选用。皇上用人之道，也可媲美唐尧、虞舜和夏、商、周三代，而远超汉、唐、宋三朝了。至于田制的制定，虽然不是完全和成周的田制一样，马政的建立也是参用校人的管理办法。然而其中屯田、营田之必备，畜牧之必专，也是酌选古代制度中适用于现在的制度啊。这二者也是太祖高皇帝已经试用过的办法，现在皇上继续沿用。何况对于屯田则必须严格劝勉督促，对于畜牧则必须繁衍生息增加数量，大概古代盛世亦不过如此，而汉、唐、宋三朝就不可同日而语了！

  然而臣在篇末愿有献言：以上数项是特定的治理办法，其根本是系于皇上想把治理做到最好、达到太平盛世的心愿。由于是用这样的心愿兴办学校，就是朱熹所谓："源于身体力行的亲身体会。"用这样的心愿选取贤能人才，就是大禹所谓："全国人才公正考选。"用这样的心愿制定田制，就是《大学》所谓："有道德就有人才，有人才就有土地，有土地就有财富。"用这样的心愿建立马政，就是《诗》所谓："用心踏实而深远与不胡思乱想。"综合而论，就是陈颢所谓："有关雎、麟趾的美德贤才而后可以实行周朝的法度。"臣愿皇上始终有这样的心愿，就可以始终有这样的治理了。

  臣当不起皇上所说的"知识渊博、通贯古今，明白道理、身体力行。"只是因为皇上的策问，才得以启发臣的愚忠，所以才敢冒昧陈述献言。臣恭敬地期望皇上在日理万机中能抽点空审阅臣的试卷。便是生民之大幸，国家之大幸！臣诚惶诚恐。臣谨策对。

林氏九牧图记

陈道潜 明（1417年）

甚矣，唐建贞人才之盛也！岂非光岳之气混融于重熙累洽之余乎！尝叹当时若韩、李、樊、孟、柳、刘、元、白诸人并起叠出，一时文章之盛、后人莫继也。

考之，吾九牧林氏适生其时。蔼蔼多贤，古今罕有焉。当时有林披者，天宝十一年擢明经第。由临汀令累迁苏州别驾，太子詹事。披生九子曰：苇、藻、著、荐、晔、蕴、蒙、迈、蔇。苇为端州刺史；藻，贞元七年进士，由容州支使累迁江陵府使；著，贞元六年明经及第，终横州刺史；荐，贞元十二年进士，由郊社令累迁韶州刺史；晔，由景州司马迁通州刺史；蕴，贞元四年明经及第，复应贤良方正科，累迁邵州刺史；蒙，由孟陵主簿累迁循州刺史；迈，雷州刺史；蔇，由明经及第迁福唐刺史。吁！亦盛矣！

夫以九子俱贤，又各为州牧，求知于古，诚为罕见。昔圣人称："周有八士"，以为宣王中兴人才之盛。昆弟俱贤，特表之以见其难。后惟东汉史载："荀氏八龙"，虽出一门，乃掇合从昆弟、侄，古今以为美谈。然皆不及九牧林氏之多。使当时有若圣人者，叹才难而评人物，则必曰："惟周之世，于斯为盛。降自两汉，所不能及也。"

余自少时闻父老谈九牧奇事，当时竟置于耳后。遇户部林和出其所藏九牧图，绘披俨然中坐，九子圜立，衣冠俊伟，雍容一堂。不觉爽然起敬，叹一时人物之盛。惜乎为史者略而不载。惟载蕴拒刘辟反，言："我项非顽奴砥石。"及在沧州说程权归阙二事耳。其余人仅见于《闽中名士传》及林氏家乘而已。

再考韩公哀欧阳詹辞言："闽人举进士由詹始。"詹、贞元八年与韩公同登，而蕴乃贞元四年；著、贞元六年；藻、贞元七年；实在詹前。非独史略不载，而韩公亦失之矣。

今莆城中，前代有"联桂坊"，乃林冈孙子相继登第；当朝有"状元坊"，则永乐四年林环魁天下士；今林和任户部尚书郎；皆九牧裔也。何天钟美林氏，诗书之泽久而未艾，而后世子孙之多贤也。子孙贤，则前人之声光益振。为林氏后者，睹斯图则思绍其业而济其美。若徒炫于人以夸门第，则前人之声光萎矣。

　　　　　　永乐十五年丁酉仲秋
　　　　　　江西道监察御史、前礼科给事中　陈道潜撰

> 明
>
> 记
>
> 林氏九牧图记
>
> 甚矣唐建贞人才之盛也登非光岳之气
> 混融於重熙累洽之馀乎尝叹当时若韩
> 李樊孟柳刘元白诸人並起叠出一时文
> 章之盛後人莫继也考之吾莆九牧林氏
> 適生其时蔚蔚多贤古今罕有焉当时有

林氏九牧图记

（译文）

　　唐朝建贞（建中至贞元）时期人才真的很多啊！莫非是天地之灵气在国家接连几代的太平安乐环境中产生的效果吧！我曾感叹当时像韩、李、樊、孟、柳、刘、元、白诸位大文学家一起涌现，这一时期文章的盛况、后人是不能继续了。

　　据考查，我们"九牧林氏"刚好诞生在这个时期。这么多贤人齐出，古今少有啊！当时有个林披，天宝十一年明经科考及第，由临汀令累迁至苏州别驾太子詹事。林披生了九个儿子：林苇、林藻、林著、林荐、林晔、林蕴、林蒙、林迈、林蔇。林苇为端州刺史；林藻贞元七年考中进士，由容州支使累迁江陵府使；林著贞元六年明经科考及第，最终官至横州刺史；林荐贞元十二年考中进士，由郊社令累迁韶州刺史；林晔由景州司马迁至通州刺史；林蕴贞元四年明经科考及第，后来又参加贤良方正科考试，累迁至邵州刺史；林蒙由孟陵主簿累迁至循州刺史；林迈雷州刺史；林蔇由明经科考及第，任福唐刺史。啊！真可谓盛况空前了！

　　九个儿子都是贤才，又分别担任州牧，从古到今，实在少见。从前孔圣人说："周有八士"，以此作为周宣王中兴人才的盛况。八个兄弟都是贤才，因此特地加以宣扬，以此表明这很难得。后来只有东汉史书记载："荀氏八龙"。八个人虽然出自一门，乃是把堂兄弟、侄子凑合在一起，从古到今以为美谈。然而都不及"林氏九牧"之多。假使当时有像孔圣人那样的人，一定会感叹人才难得，而在评论有贤才的人物时，就一定会说："从周朝以来，这才是贤才最多的时候。直至两汉，都比不上。"

　　我从少年时就听父老谈到过九牧奇事，当时听过了就置于耳后。直到遇见户部尚书郎林和出示其所藏的"九牧图"，图中绘林披俨然坐在中间，九个儿子围立在他的身边。衣冠俊伟，雍容一堂。我不觉肃然起敬，感叹当时人物之盛。可惜这件盛事被史学家忽略了，没有在史书上记载下来。史书上只记载了林蕴反对刘辟造反，说："我的颈项不是你这顽固奴才的磨刀石。"以及林蕴在沧州劝说程权归顺朝廷两件事。其余人仅见于《闽中名士传》和林氏家谱而已。

再考查韩愈在哀悼欧阳詹的悼词中说："闽人考取进士，始自欧阳詹。"欧阳詹是贞元八年与韩愈同榜进士，而林蕴是贞元四年明经及第；林著是贞元六年明经及第；林藻是贞元七年考中进士，实在欧阳詹之前。非但史书略而不载，而且韩愈亦说错了。

　　现在在莆田城中，前代有"联桂坊"，是表彰林冈孙子相继考中进士；当朝有"状元坊"，是表彰永乐四年林环考中状元；现在林和任户部尚书郎。他们都是九牧的后代。为什么上天独独钟美林氏，诗书传家、经久不衰，而后世子孙更多贤才。子孙多贤才则祖宗的光辉业绩更加得到发扬光大。作为林氏子孙，看了此图，就应该发扬祖宗的光辉业绩，让林氏宗族锦上添花。如果只是把祖宗的光辉业绩拿来在人前炫耀、用来夸耀门第高尚。那么，祖宗的光辉业绩就会衰萎。

永乐十五年（1417年）丁酉仲秋
江西道监察御史、前礼科给事中　陈道潜撰

梨岭登云记

林嵒　明（1441年）

　　侍御史藻公登第后归度梨岭，赋诗有序云：唐贞元摄提岁、清源郡登贤能之书，予伯仲三人与焉。时跻北岭，列名巨石。誓曰："彼鹄彼鹄，睨睨在目。坚取乃速，矢鹄祇夺。"福二三子无替：一之年、季弟蕴以明经中；二之年、次弟荐亦以明经中；三之年予以辞赋擢进士第。

　　后兄弟旋轸归度，心悦忘险。虽有策马轿舆之艰、拖舟悬渡之阻，易如也。及税驾危峤，开怀放情。曩日之出也，相戒而坚志固取；逮今日之入也，相劝以适愿固愜。抱依昔题桥，我今誓岭，获乃同，揆夫奚惭哉！

　　聊以诗形于短章。曰："曾向岭头题姓字，不穿杨叶不言归。而今各折一枝桂，同向岭头联影飞。"

　　嵒谨按：吾家九牧公为入闽破天荒进士。昔谓莆举进士为欧阳詹始，于今证之，吾九牧公始。

　　今郡庠乡贤绘蕴公忠、欑公孝、藻公文。宋时三尚书；我朝崇璧为状元，恒简为探花；其余达官显宦不可胜记，皆梨岭之所倡云时征。予书此勒诸祠壁，期待子孙之意盛矣。

正统辛酉五月

世孙，程乡教谕　嵒记

梨岭登云记

（译文）

　　侍御史林藻考取进士后回家路过梨岭，赋诗时在序言中写道：唐贞元丙寅年（786年），清源郡（今泉州）刊登当地名人传，我们兄弟三人都名列其中。当时我们登上梨岭，把姓名挨个题在巨石上。并发誓说："彼鹄彼鹄，睨睨在目。坚取乃速，矢鹄袛夺。"（那些鹄鸟，一个个斜着眼睛盯着目标。决心要快速夺取猎物，只有快捷的鹄鸟才能夺到。）果然三兄弟都先后考中功名：第一年，季弟林蕴明经科考及第；第二年，次弟林荐亦明经科考及第；第三年、我（林藻）进士科考及第。后三兄弟衣锦还乡，由于心情愉悦而忘记路途的艰险。虽有骑马乘轿的艰难和乘船过滩的险阻，也不当作一回事了。等到马车停在这险峻的山上，兄弟们敞开胸怀，激情奔放。以前我们从这里出去，互相告诫一定要考取功名。今天我们回到这里，互相勉励，因为达到预期的愿望而感到高兴。抱依以前在桥柱上题下誓言，我们现在在梨岭上题下誓言，收获了同样的结果，想来也不会感到惭愧啊！

　　暂且以短诗表达。诗曰："曾向岭头题姓字，不穿杨叶不言归。而今各折一枝桂，同向岭头联影飞。"（曾经在梨岭的巨石上题了姓名，发誓不考取功名就不回来。现在兄弟三人都考取了功名，一同衣锦还乡路过梨岭。）

　　林嵒谨按：我们林氏九牧公（林藻）是入闽破天荒第一个考取进士的。以前说莆田人考取进士是从欧阳詹开始的，现在证明是从我们林氏九牧公（林藻）开始的。

　　现在在泉州郡的学堂里，乡里的贤人绘有林蕴忠、林欑孝、林藻文的图像。宋朝林氏宗族出了三个尚书；明朝崇璧（林环字崇璧）考中状元，恒简（林文字恒简，林环之弟）考中探花；其余达官显宦不可胜记。这些都是林氏九牧公（林藻）在梨岭所倡导的发奋进取精神在各个时代的应征。我写这些并把它刻在祠堂的墙壁上，就是对林氏子孙学习先贤，发愤进取的殷切期望啊！

正统辛酉（1441年）五月
世孙，程乡教谕　林嵒记

礼部奏文

明（1457—1464年）

礼部：

节该汲县知县庐信奏称："比干以死勤事，历代褒封祭祀不一，欲行鼎新庙貌另撰祭文，本府知府等官春秋祭祀。"续该河南布政使覆勘：比干係商臣，死于忠谏。孔子称其仁，孟子称其贤，得祭，法以死勤事之义祀之，诚足以励风化。故自魏唐以来，历代列于祀典，置庙田以供祀事。今河南官民既合辞欲庙祀，奏请祭文。合宜俯顺舆情，准其所奏，行移翰林院撰文，遣本府知府等官春秋致祭。具奏。

奉圣旨是：钦此钦遵合行，本司、府、县钦遵施行。

祭文曰

惟神忧国，爱君至诚。直言谏诤，以尽臣节。杀身成仁，于心乃安。孤忠大义，名教攸崇。

爰命有司，祗修常祀。英灵如在，尚其昭格。

天顺　年　月　日

礼部奏文

（译文）

礼部：

汲县知县庐信奏称："比干为国捐躯，历代褒封、祭祀不断。现欲更新庙貌、另撰祭文，本府知府等官春秋祭祀。"续有河南布政使审核：比干是商朝大臣，死于忠谏。孔子称其仁，孟子称其贤，应该得到祭祀。立法以为国捐躯的名义祭祀比干，足以激励社会道德风化向善。因此，自魏唐以来，历代将祭祀比干列于祭祀仪礼的典籍，设置庙田以供祀事。今河南官民既联名上书，欲进行庙祀，奏请颁发祭文。合宜顺从民意，准其所奏。发文至翰林院撰写祭文，派遣本府知府等官春秋致祭。具奏。

奉圣旨是：钦此钦遵合行，本司府县遵照施行。

祭文曰

比干心忧国家，真诚爱护君王。直言劝谏，以尽人臣的节操。杀身成仁，于心才安。比干舍身为国的精神，受到道德教化的尊崇。

于是命令主管部门的官员，修理祠庙例行祭祀。比干的英灵如活在我们心中，理应得到我们的崇敬。

天顺　年　月　日

十德图记

林俊　明（1499年）

紫执笏中立者，睦州刺史讳披；绯执笏降左立顾若语者，端州刺史讳苇；紫执笏又左立若听者，江陵府使讳藻；绯执笏降右若前行者，横州刺史讳著；紫仄笏又左若平立者，韶州刺史讳荐；紫执笏又右若偕前者，通州刺史讳晔；绯卧笏又左独下立者，邵州刺史讳蕴；绯卧笏又右步桥左者，循州刺史讳蒙；绯卧笏又左半隐松间者，同州刺史讳迈；绯卧笏又右、绿执笏又右行桥间者福唐刺史讳蔇、福唐尉讳欑。皆乌纱帽、乌布靴、大带，尉而上铊尾皆镂金双环。服饰朴古：博袖宽祛，腰倍齐横，缉无辟积，无杀缝，领以束颈无中单方领，靴布文若袜履而异。

唐制：刺史，上州从三品，中州、下州正四品。尉，从九品。三品：毳冕七旒，五章紫绶。四品：绨冕六旒，三章青绶，朱袜赤舄。公事则朱衣素裳，革带双佩，白袜乌皮履。九品：青衣纁裳革带，公事青衣。以后，三品：服紫，玉带銙十三。四品：服绯，金带銙十一。九品：服浅青，输石带銙八。要與图不类意服有常服與图，故江陵裔孙教谕嵒公所藏，笔力神健，绢寸无完，要之数百年物。

他无深论，旧位为图，俊序而合之。图，九牧纪盛也；图，睦州之所出也；图，尉贤也。贤父子则图；贤兄弟则图；贤叔侄则又图。江陵闽破荒进士，林氏世科之始也。邵州及尉忠孝擅闻，林世德业之始也。则十一公也，以十德名，仍吾林之旧也。赵丞相讳皋，九子皆贤，时称："九德之父"；"十德之门"，林之盛之始也。仍旧名互见也。且曰：九牧之父子；九牧之叔侄，踰其数无害其名。犹望后之贤子孙，逾其数无害其名。

九牧也，盖亦多矣！有并贤以显如是者耶！真影千百年皆存如是者耶！因旧名、附新意,可合以图无忝如是者耶!林之堂皆所宜有也。抑深劝矣:父者曰其毋负是父;子者曰其毋负是子;兄弟叔侄者曰其毋负是兄弟叔侄。嗣德象贤,济美一大机也。

呜呼!林自少师得姓,至丞相大盛,睦州再盛,嗣是而盛者亦屡矣!一门之内,容或有未尽然者,其又可无责乎?呜呼!式克至今日休,亦惟吾林庆。

弘治十二年岁次己未夷则月望日
邵州二十二世孙,刑部尚书　俊记
《四库全书·见素集》卷八

十德图记

（译文）

　　穿紫袍手执笏站在中间的人是睦州刺史林披；穿红袍手执笏站在林披左下方，看着像在说话的人是端州刺史林苇；穿紫袍手执笏站在林苇左边，好像在听其说话的人是江陵府使林藻；穿红袍手执笏站在林披右下方，好像要向前走的人是横州刺史林著；穿紫袍手侧握着笏平立在林藻左边的人是韶州刺史林荐；穿紫袍手执笏站在林著右边，像要向前靠近的人是通州刺史林晔；穿红袍横握着笏独自站立在林荐左下方的人是邵州刺史林蕴；穿红袍横握着笏站在林著的右边，紧靠步桥左边的人是循州刺史林蒙；穿红袍横握着笏站在林蕴的左边并半隐在松树间的人是同州刺史林迈；穿红袍横握着笏在林蒙的右边，穿绿袍手执笏在林蒙的更右边并走在步桥间的两个人是福唐刺史林蔇和福唐尉林攒。他们全都戴着乌纱帽，穿着乌布靴，佩着腰带。尉（林攒）以上，腰带带头饰件铊尾都是镂金双环。服饰古朴：袖子和袖口都很宽大，腰更宽大，缝制的没有褶裥，没有杀缝，领子是束颈无中单方领，靴子的布文随袜履而异。

　　唐朝的制度规定刺史的级别：上州从三品，中州、下州正四品，县尉从九品。三品：毳冕七旒，五章紫绶。（鸟兽细毛织的帽子，帽顶延板前后二檐各有七串玉珠，紫色的绶带上有五道红白相间的花纹。）四品：绨冕六旒，三章青绶，（细葛布的帽子，帽顶延板前后二檐各有六串玉珠，青色的绶带上有三道红白相间的花纹，）红色的袜子红色的鞋。办公时则穿红色的上衣（袍子）白色的下裳（裙子），皮革的腰带系双佩，白色的袜子乌皮鞋。九品官员穿青色的袍子浅绛色的裙子，系皮革的腰带，办公时穿青色的袍子。以后，三品官员穿紫色的官服，系玉带、銙十三。（即腰带上镶嵌十三块玉石。）四品官员穿红色的官服，系金带、銙十一。（即腰带上镶嵌十一块金属饰件。）九品官员穿浅青色的官服，系鍮石带、銙八。（即腰带上镶嵌八块鍮石饰件。）穿官服的重要图像和穿便服的一般图像是不一样的。因此，江陵府使林藻的裔孙、教谕林嵒所藏的"十德图"，笔力神健、非常紧凑，是传承了数百年的重要的宝物，其他就不深论了。

十德图记 | 文记类

　　现在仍以原来的位置作图，我（林俊）在图上作序。此图，记录了林氏九牧的盛况；此图，记录了林氏九牧是睦州刺史林披的儿子；此图，记录了福唐尉林欑的孝道。贤达的父子画在图中；贤达的兄弟画在图中；贤达的叔侄也画在图中。江陵府使林藻是闽越破天荒第一进士，是林氏科举进士的开始。邵州刺史林蕴及福唐尉林欑一忠一孝则开了林氏德业之先河。其实图中是十一人，以"十德图"名之是沿袭我们林氏原来的叫法。周显王时赵国丞相林皋、九个儿子都很贤达，当时称为："九德之父"；"十德之门"，林氏之盛从此开始。现在仍沿用原来"十德"的叫法可以把"十德图"和"十德之门"联系起来、相互映照。再说：九牧之父子、九牧之叔侄，虽然其数量超过十个，但对其名为"十德图"并无妨碍。尤其希望后来的贤达子孙能够数量更多，对其名为"十德图"也无妨碍。

　　九个儿子都做了州牧，实在称得上数量多了！而同时贤达，德业辉煌到这样的程度！他们的图像千百年来能保存得这样好！现在沿用其旧名、附上新意，图序结合的这样好！林氏的祠堂都应该有这样的图。仰仗此图对林氏宗族进行勉励：父亲们不要辜负作为林披这样的父亲的责任；儿子们不要辜负作为九牧这样的儿子的责任；兄弟叔侄们不要辜负作为九牧兄弟和侄儿林欑这样的兄弟叔侄的责任，都要向图中的人物学习，继承和效法先人的贤德，发扬光大祖宗的德业。这是"十德图"对林氏子孙的一大启发。

　　呜呼！林氏因少师得姓，到周显王时赵国丞相林皋大盛，到睦州刺史林披再盛，之后还辉煌过多次。林氏宗族或许还有人对这些盛事不尽明白，对此，我们没有责任吗？

　　呜呼！我（林俊）完成了"十德图"的图序合一，可以把林氏九牧的盛况传承给子孙后代，我就是到今天为止，也替我们林氏宗族庆幸了！

　　　　　　　　弘治十二年（1499年）岁次己未夷则月（七月）望日（十五日）
　　　　　　　　邵州二十二世孙，刑部尚书　林俊记

林氏重修先墓记

林俊　明（1504年）

　　吾林按《江陵墓田跋》《邵州续庆图》，自隋开皇居尊贤里之北螺村，先墓二十四坏在焉。尚书大鼐续考谓：村北一里七坏并丁向，为江陵上世七祖，居人至今能道者，然未别何祖也。公路之上、今积翠庵之阴，九坏一行并丙向，九牧墓也。澄渚，睦州墓也。鸡啼坪乌齐院之上，瀛州、高平墓也。瀛州，睦州祖也。高平，其父也。九牧，子也。端州、江陵、横州、韶州、通州、邵州、循州、雷州、福唐九牧也。有田，澄渚林主之、栖隐僧主之，以其修林之祠若墓祀焉。

　　世远族分，北螺徙澄渚。之后又徙：端州则前埭；江陵则下井；邵州则材行、竹涧、井头；其他蚁移蜂拆闽粤间。沧桑变灭田侵蚀，祠墓骏以废祭。至正壬寅乱，墓不可守。以仁者九牧墓前地施永福寺僧，霞谷建菴，食以田百亩。其后，霞谷之塔与其徒绝基之墓参焉，则九牧南也。

　　侍郎公文议迁之，不欲独任法属之郡、优寺之役以佐迁费，公卒竟未迁。最后，从子轲广公意偕众立祭田，树所立神位碑。故九牧之墓前埭有祭。弘治己未，季琼第进士，明年，俊起金都御使，材行房也。又明年，元甫为副都御使，井头房也。又明年，茂达、塾、富，第进士；而中书舍人载；锦衣经历钊；太仆寺丞堪，并时以显，前埭房也。其他：领民寄膺士、范捷乡书联，竹涧、下井以盛。人曰："十帖九通"，然哉。

　　左布政使华公仲贤，俊祖教谕公高弟子。都宪，同进士，俊刑部侍郎时同官也。闻之异曰："九牧名臣，名闻天下。闽人第进士，江陵实始之。倡忠义，邵州也。墓废不修，有司无责乎？"援诏例下之郡。知府陈公效、同知谈公经率义唯谨。饶郡通判漠不欲重烦于官也,率其房佐三之一,而择其才者:茂春、嘉猷、近豸董其役。九龟并峙,广一十六丈而奇,莆仅有也。竹涧、下井复立华表。而追正僧之迁事,俊曰:"吾林衣冠不中辍,于是可已也。"僧感加愧,卑其塔若墓之垣,于是藏骨犹故而外势改观。材行、井头复新瀛州、高平之墓,家君主事、翁与都宪复割祭田。于是瀛州、高平、睦州、九牧材行、井头又有祭矣。

呜呼!讵知八百年而再举之。今哉修墓、祭墓非古也,小宗行之犹无据,然揆情起义亦无害。为礼肆在诏恩屡申修饰而祭墓,自天子达无间者。準今推昔,林之祖亦有今日之心哉!则亦无能已,今日之报也。

夫,鸣吠之灵、青蛇白雀之异,容知有不萃祉有今如前哉!神助之文,容知有不开发有今如前哉!骂贼之忠愤,容知有不作委质之气有今如前哉!祖孙、父子、兄弟绯紫无虚位,容知有不启佑、禅续昌大有今如前哉!神之道不可知,然亦胥自尽者。

县丞轸具梓、漠命记其详,遂联书之。若总祠之建、田之复、睦州墓之修,则又俟子孙之贤有力者。

弘治甲子六月之吉
邵州二十二世孙,刑部尚书　俊谨记

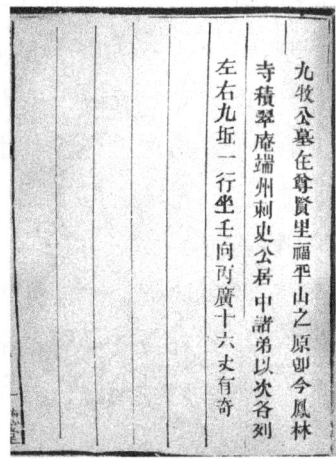

林氏重修先墓记

（译文）

　　我们林氏按《江陵墓田跋》《邵州续庆图》记载,自隋朝开皇年间居尊贤里之北螺村,祖先的二十四坵坟墓还在呢。尚书林大鼐后续考证说:村北一里七坵并丁向（南向微偏西）的墓为江陵府使林藻的七位祖先。当地人至今还这样说,但是已分不清是那些祖先了。公路之上、今积翠庵的北面,九坵一行并丙向（南向微偏东）的墓是九牧兄弟的墓。在澄渚是睦州刺史林披的墓。鸡啼坪乌齐院之上是瀛州刺史林玄泰和高平太守林万宠的墓。瀛州刺史林玄泰是睦州刺史林披的祖父。高平太守林万宠是睦州刺史林披的父亲。九牧兄弟是林披的九个儿子:端州刺史林苇、江陵府使林藻、横州刺史林著、韶州刺史林荐、通州刺史林晔、邵州刺史林蕴、循州刺史林蒙、雷州刺史林迈、福唐刺史林蔇,是唐朝的九个州牧。有墓田:在澄渚的墓田由林氏族人管理;在栖隐的墓田则委托当地寺庙的僧人代管。以墓田的收入作为维修祠堂和祭祀祖宗坟墓的费用。

　　世代久远,族人分迁。先从北螺村迁徙到澄渚。之后又分别迁徙:端州刺史林苇一族则迁到前埭;江陵府使林藻一族则迁到下井;邵州刺史林蕴一族则迁往材行、竹涧、井头;其他各族则分散迁居到闽粤各地。沧海桑田,变迁侵蚀,墓田没有了,祠堂和祖墓很快就没人祭祀了。到至正壬寅（1362年）变乱之时,连祖墓也守不住了。九牧墓前的地也施舍给永福寺的僧人了,霞谷建了菴堂,以墓田百亩供庵堂为食。其后,霞谷之塔和僧人之墓又夹杂在其中,占据了九牧墓的南面。

　　礼部左侍郎林文想把塔和僧人的墓迁开,又不想让搬迁的任务单独由所属之郡承担、就请朝廷减免寺庙的劳役来辅助搬迁费用。但到林文逝世时也未迁成。最后,由林文的侄子林轲广召集众族人设立祭田,树所立神位碑。因此,九牧之墓在前埭又有了祭祀。

　　弘治己未年（1499年）,林季琼考中进士;明年（1500年）,林俊升任佥都御使,林季琼和林俊是林蕴后裔,材行一房的。又明年（1501年）,林元甫任副都御使,林元甫是林蕴后裔井头一房的。又明年（1502年）,林茂达、林塾、林富,考中进士。

而中书舍人林载、锦衣经历林钊、太仆寺丞林堪,同时显贵,他们是林苇后裔前埭一房的。其他如:领民寄膺士、范捷乡书联,在竹涧、下井两房最多。人说:"十帖九通。"事实就是这样啊。

左布政使华仲贤、是林俊的祖父教谕林喦的高明弟子,都御史、同进士出身,是林俊任刑部侍郎时的同僚。听说这些情况后感到非常吒异,说:"九牧是有名的大臣,名闻天下。福建人考中进士,江陵府使林藻是第一人。倡导忠义的人,是邵州刺史林蕴。林氏祖先的坟墓荒废而得不到修理,地方官员没有责任吗?"就请了圣旨给所辖之郡。知府陈效、同知谈经承诺将谨慎地进行修墓这一义举。饶郡通判林淓不想过于给地方官添麻烦,就率领他那一房族人出资三分之一。并挑选本房有才能的人:林茂春、林嘉猷、林近夯管理这项工程。

重修后,九牧的九座坟墓一字排列,宽度超过一十六丈。在莆田地区绝无仅有。竹涧、下井二房族人还立了华表。而追问主持僧人迁移寺塔和僧人坟墓之事,林俊说:"我们林氏做官的人没有中断过,你应该可以把寺塔和僧人的坟墓迁走了吧。"僧人感动加上惭愧,就谦虚地说:"寺塔就像是九牧墓的墙。"于是寺塔还像原来一样用来收藏故去僧人的骨灰,只是外观加以改变。

材行、井头二房族人复新瀛州刺史林玄泰和高平太守林万宠的坟墓,由林俊的父亲主持、林俊的岳父和都宪华仲贤又划出田地作为祭田。于是瀛州刺史林玄泰、高平太守林万宠、睦州刺史林披、九牧兄弟,在材行、井头又有祭祀了。

呜呼!岂知八百年后能得到贵人帮助再修先墓啊!今之修墓、祭墓和古时不一样了。虽然,由小宗(非嫡长子孙的宗族)进行修墓和祭墓还没有礼法依据,但是根据实际情况创立新的祭祖礼仪也无害于礼法。道理都在圣旨赐予的天恩中多次重申修饰而祭墓,适用于自天子到所以的人。用今日的情况推想以前,林氏的祖先亦会有今日(重修祖先坟墓)的想法啊!而当时没能做到,今天做到了。

啊!鸣吠之灵(林玄泰、林万宠墓前的石鸡、石犬,有鸡鸣犬吠之灵异之象,代指林玄泰、林万宠)、青蛇白雀之异(林披对家有青蛇白雀之庆默而不言,代指林披),或许没有预料到今日聚集的福祉会和从前一样多啊!神助之文(林藻在写"珠还合浦赋"时似有神助,代指林藻)或许没有想到今日会和从前一样发达啊!林蕴在忠愤骂贼之时,或许没有想到忠义之心今日和从前一样啊!祖孙、父子、兄弟绯紫无虚位("十德图"中,林披和九个儿子加上从孙林欑个个都当官。)或许没有想到祖先的辉煌延续不断,发扬光大今日会和从前一样啊!虽然神之道(天意)不可知,然而我们都已经尽力了。

县丞轸具梓、饶州通判林溁命我作详细记载，我便一并记录下来了。

今后如林氏总祠的建造，祭田的恢复，睦州刺史林披之墓的修建，就要等后来的子孙中贤达而有能力的人去完成了。

弘治甲子（1504 年）六月吉日

邵州刺史林蕴二十二世孙，刑部尚书　林俊谨记

唐九侯伯仲林公墓

员外郎应骢公祭晋安郡王禄公文

林应骢　明（1525年）

维

嘉靖乙酉正月廿二日辛巳，远孙前户部员外郎应骢谨以清酌庶羞致祭于晋入闽林始祖晋安郡王之墓。曰：由汴入闽，云孙济济，公之启也。家法相承，惟忠惟孝，公之教也。葬于龙岭，代远迹遗，素翁览谱惕焉以悲，百心劳求乃获其故。从卫犹存石人一、石羊二。维鬼神护，乃碣乃封。王爵攸崇，越千万祀过者式恭。应骢以狂瞽左迁，取道濡雨悲风。本源攸恋，尚飨！

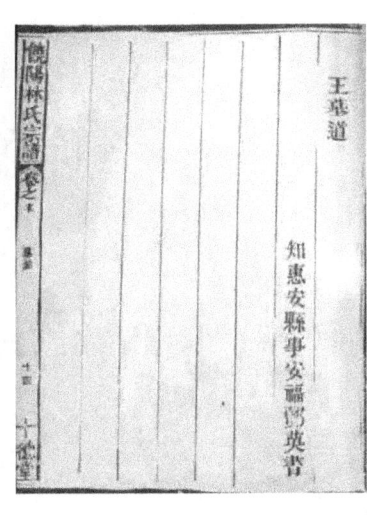

员外郎应骢公祭晋安郡王禄公文

(译文)

嘉靖乙酉（1525年）正月廿二日辛巳时，远孙前户部员外郎应骢谨以清醇美酒、多样佳肴致祭于晋入闽林氏始祖晋安郡王之墓，祭文曰：由汴（河南开封）入闽，子孙众多，禄公是始祖。家法相承，惟忠惟孝，是承禄公的教导。禄公葬于龙岭，距今年代久远，故迹遗失。素翁（明刑部尚书林俊）阅览宗谱后，感到惶恐和悲伤。不辞辛劳多方寻求才找到禄公的墓地。从卫（墓地石像）还存有：石人一、石羊二，这全靠鬼神的保护。于是立碑封土，使禄公的王爵得到崇敬，即使千万年后凡路过禄公墓者都会恭恭敬敬。应骢以狂瞽（自谦辞、应骢因狂妄无知）而被贬官，一路走来濡雨悲风。在此表达对闽林始祖禄公木本水源的深深思念，希望禄公来享用祭品！

重修殷太师比干祠墓碑记

裴骞 明（1538年）

裴骞曰："自古拒谏之君莫甚于纣，自古死忠之臣莫惨于比干者也。"夫，比干以王子宗亲、少师重位，叹沉冒之乱德、伤商祚之沦丧，是故不得不言、不当不死者也。夫，纣王不听其言则亦已矣、而必欲杀其身；知其为圣人矣、而复欲观其心；妻孥何辜也？而必剖剔以视其胎。风雷号呼于七窍、胎卵殰殈于九原，斮胫炮烙之刑亡论也。此自古拒谏之君莫甚于纣，自古死忠之臣莫惨于比干者也。

然纣以十一年杀比干，武王即以十三年封其墓。殷墟莽而狐兔，故宫鞠而禾黍。今纣城有窝、已失葬所，虽以六七贤圣遗弓一泣，陵寝亡存矣。而比干之庙貌如生，高塚郁嵯峨也。夷考：铜盘有铭，魏文有文，唐使高丽有祀，洒扫有田有户，由宋迨元修葺有加，虽与穹壤俱敝可也。且商之子孙其丽不亿，祭器抱周、亳宋仅封，汹汹不靖之徒今举何在？

坚、比干子也，逃匿林谷、窃姓为林，武王封为清河公。春秋林放袭清河公，子姓延绵：一在河南光州，一徙福建莆田。今莆田之林盛天下，致身立朝尤多忠贞节义之士，称文献邦，科第蝉联，语曰："无林不开榜"是也。是比干之心虽剖，而其忠魂义魄竟不殂落；其孕虽剔，而其世代云仍绰有表见。忠义之气充塞天地、磅礴今古，孰得而泯灭之哉！故曰："不依形而立，不随死而亡也。"

嘉靖丁酉，巡按河南监察御史慈溪叶公照、平定朱公方，先后相继奉命兹土、祗谒祠墓，慨意修复。先是卫辉府知府泾阳吕君颙调任未果，知府利津王君聘鸠财役力，令辉县主簿温尚志、本府阴阳官路龙，日夜督事，正倾补坏、筑土培林。自大殿、两廊、二门，大门之内又盖以两斋堂十间，椁楔隧表，焕然一新。以嘉靖戊午冬十月讫工矣。于是守巡河北道布政使司左参政临川乐公馥、按察司佥事京山王公格，式观厥成、咸有题咏。

亡何，十一月二十一日诏下：各处帝王陵寝、前代名贤敕葬坟墓，蕞秽不治者，所在有司即于修理，照例编金附近民丁看护免差。于是王君率其僚：同知晋城裴骞；

通判日照许缙、淇南杨仲旻；推官辽州杨永福，酾牲树石，谓："是役也不可无记"。以骞谪官多暇，留心文墨，尝修《比干录》，作《比干传》，请复为记。因表次如左，以附诸碑碣之后。使万世为君者未至稔恶拒谏，当以纣为殷鉴；万世为臣者若欲尽忠死节，当以比干为宗师。勿曰纣之不善，不若是之甚也。绳人以比干，万古无忠臣矣。然则过祠墓而式遗像者，可不凛凛然哉！可不凛凛然哉！！是为记。

　　　　　　　　嘉靖十七年戊戌冬十二月望日
　　　　　　　　河南卫辉府同知、前通政司右参议，晋城　裴骞撰

重修殷大师比干祠墓碑记

裴骞曰自古拒谏之君莫甚於纣自死忠之臣莫惨於比干者也夫比干以王子宗亲少师重位叹沉冒之乱德伤商祚之沦丧是故不得不言不言不当不死者也夫纣不听其言则亦已矣而必欲杀其身知其为圣人矣而後欲观其身妻孥何辜也而必欲剖剔以视其胎风雷号呼於七窍胎

无林不开榜（拓片）

重修殷太师比干祠墓碑记

（译文）

　　裴骞说："自古以来拒绝谏诤的君王没有比纣王更猖狂的了，自古以来死于忠谏的臣子没有比比干更悲惨的了。"比干是王子、是纣王的叔父，身居少师重位。感叹纣王无穷的贪欲和道德败坏、感伤商朝王权的即将沦丧，因此不得不谏、不得不以身殉国。纣王不听其劝也就罢了，为什么一定要杀死他？明明知道他是圣人，为什么还要剖视其心？他的妻子和儿子有什么过错？为什么一定要剖开他妻子的肚子取看腹中的胎儿？纣王的暴行惨绝人寰，天地共愤、人神同怒，其他如斮胫炮烙之刑就不用说了。这就是我说自古以来拒绝谏诤的君王没有比纣王更猖狂，自古以来死于忠谏的臣子没有比比干更悲惨的理由了。

　　然而，纣王在十一年杀害比干，周武王就在十三年为比干封墓。现在，殷朝的废墟已经荒芜成了狐兔的巢穴，殷朝的宫殿已经长满了禾黍和杂草。纣王的坟墓已经被挖掘、纣王已死无葬身之地，虽然也有六七个贤圣为纣王之死一哭，但纣王的坟墓已经没有了。而比干的庙貌如新，坟墓高大，树木葱郁。据考查：墓址有铜盘铭文记载，魏文帝有吊比干文，唐太宗东征高丽时对比干祠墓进行了祭祀并留有祭文，有墓田，有负责打扫和提供祀品的人家，由宋朝至元朝，比干的祠墓屡经修建，可与天地同在。虽然商朝的子孙很多，但是由于纣王暴虐，有人抱着商朝宗庙的祭器投奔周武王，商朝宗庙已经悄无声息，那些助纣为虐之徒都销声匿迹了。

　　林坚是比干的儿子，逃匿于山林石谷之中、故以林为姓，周武王封其为清河公。春秋时林放世袭为清河公，子姓延绵：一部分在河南光州，一部分迁徙到福建莆田。现在莆田的林氏宗族繁盛于天下，在朝为官的多为忠贞节义之士。因此，莆田被称为"文献名邦"。不断有林氏子孙通过科举考试考中高官，就像当时所传："无林不开榜"（每榜都有林氏子弟之名）。显示了比干的心虽遭纣王剖视，但其忠魂义魄却没有殂落；比干怀孕的妻子虽遭纣王剖剔，但其子孙后代却延续昌盛、绰有表见。忠义之气充塞天地、磅礴古今，那里是纣王可以泯灭的啊！所以说："比干的精神是不依形而立，不随死而亡的。"

　　嘉靖丁酉年，巡按河南监察御史慈溪籍人叶照、平定籍人朱方相继奉命来到这里，拜谒比干祠墓，决定加以修复。先是卫辉府知府泾阳籍人吕颛着手修复，直至其调任时尚未完工。知府利津籍人王聘尽力聚集资财，人力，命令辉县主簿温尚志、本府阴阳官路龙日夜督促修复工作，正倾补坏、筑土培林，自大殿、两廊至二门，大门之内又加盖了"两斋堂"十间，门柱、牌坊、道路和石碑都焕然一新。到嘉靖戊午年冬十月完工。于是，守巡河北道布政使司左参政临川籍人乐護、按察司佥事京山籍人王格参加竣工仪式，都有题词咏诗。

　　不久后的十一月二十一日，圣旨下达：要求各处帝王陵寝、前代名贤敕葬坟墓，凡是年久失修、又小又荒芜的，所在地方官员都要立即于以修葺，按例造册，编派附近几户民丁负责看护，免除他们的差役。于是，卫辉知府王聘率其僚属：同知，晋城籍人裴骞；通判，日照籍人许缙、淇南籍人杨仲旻；推官，辽州籍人杨永福。斟上酒、摆放祭品、树立石碑，并说："这次为比干重修祠墓，不可不作碑记。"因为我（裴骞）是降职官员，有闲暇时间，平常又留心文墨，曾经编修过《比干录》，写作过《比干传》，便请我再写《重修殷太师比干祠墓碑记》。我因此表示意见如左，以附于碑碣之后。使万世为君者以纣王为殷鉴，不要坚持罪恶、拒绝谏诤；使万世为臣者若要尽忠死节，应以比干为宗师。不要说纣王是不善，而应该说纣王是恶到了极点了。如要求忠臣都要和比干一样，则万古无忠臣了。然而，经过比干祠墓而瞻仰其遗像的人，谁能不肃然起敬啊！谁能不肃然起敬啊！！以此为记。

　　　　　　　　　　嘉靖十七年（1538年）戊戌冬十二月十五日
　　　　　　　　　　河南卫辉府同知、前通政司右参议，晋城　裴骞撰

福平山志

何齐远　明（1607年）

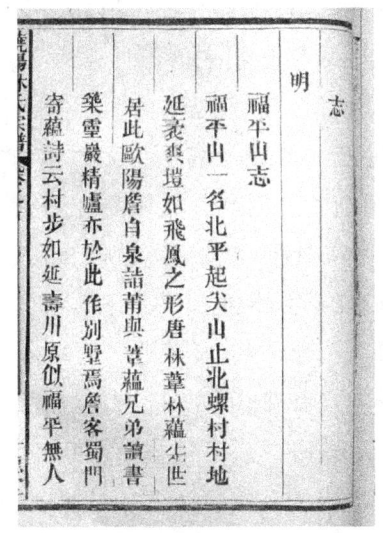

福平山，一名北平。起尖山，止北螺村。村地延袤爽垲，如飞凤之形。唐，林苇、林蕴先世居此。欧阳詹自泉诣莆，与苇、蕴弟兄读书，筑灵岩精庐亦于此，作别墅焉。

詹客蜀门，寄蕴诗云：村步如延寿，川原似福平。无人相与识，独自故乡情。自注：延寿、蕴别墅，福平、予别墅也。其后，詹卒葬灵岩浮屠之阴。其裔错居莆，中：曰仲、曰盻、曰直卿、清卿，俱登科。而蕴兄弟九人并仕州牧，其卒也，并葬是山之下。予尝至其处，见九坟齐列，作龟体。莆人谓之"九龟"。

皇明，苇孙：邺守、鸣盛，造凤林寺焉，而亦预藏其下。寺前有大木，输囷蔽亏，参汉连牛，东西望不相见，乃甘棠、赤榕、槭朴三木合为一干者。盖其初，鸟食二树之实遗矢一树中，若寄生，然久之合为一树矣。邺守标名曰"三寿作朋"。

予指而语座客曰："此同气连枝之应也。世人葬其父母，常有公位、房属之争，尺寸至不相假，或有添坟旁葬至猖猖交讼。孰有兄弟之子合葬其亲，不计中边，并列一垅？此古人孝友之意千百年后徵祥此树矣。"客以为然。

万历三十五年丁未
工部侍郎，温陵　何乔远撰

福平山志

（译文）

　　福平山又名北平山，起于尖山，止于北螺村。北螺村的地势绵延开阔，形如一只飞舞的凤凰。唐朝时，林苇、林蕴的祖先居住在这里。欧阳詹从泉州来莆田，与林苇、林蕴兄弟一起读书，在灵岩上建筑精庐作为别墅，也在这里。

　　欧阳詹客居蜀门时，作诗寄于林蕴，诗曰：村步如延寿，川原似福平。无人相与识，独自故乡情。自注：延寿是林蕴的别墅，福平是我的别墅。后来，欧阳詹死了就葬在灵岩塔的北面。欧阳詹的后代子孙散居于莆田，其中：欧阳仲、欧阳昤、欧阳直卿、欧阳清卿都考中进士。而林蕴兄弟九人都做了州牧，他们死后并葬在福平山下。我曾到过那里，看见九坟齐列，状如龟体。莆田人称为"九龟"。

　　明朝，林苇的后代子孙：林邶守、林鸣盛建造凤林寺亦在福平山。寺前有棵大树，树干比米囤还粗大，树冠把天空都遮蔽的半隐半现，参天蔽日，东西相望而不相见。这是一棵由甘棠、赤榕、棫朴三棵树合为一干的大树。大概当初是鸟食了二树的果实，遗矢于另一树中，像是寄生。然而，时间久远就合为一棵树了。林邶守给它题名为"三寿作朋"。

　　我指着那棵树对座上宾客说："这是同气连枝的兆应啊。世人葬其父母，常有公位、房属之争，尺寸互不相让，如有添坟葬在旁边，甚至闹到衙门、付之诉讼。哪里有兄弟之子合葬其父亲，不计较中间还是旁边，并列为一坵的？这就是古人（九牧兄弟）孝顺友爱之意，千百年后表现在这棵树上了。"客人都认为正是这个道理。

万历三十五年（1607年）丁未
工部侍郎，温陵　何乔远撰

凤林寺记

林尧俞　明（1622年）

灵山福洞，奇绝固在。标旌亨运，贞期焕尔。亦由符数。

紫霄岩者，距城十里许，都邑之神区、灵胜之别馆，乔峰迥峭、擘汉分星。

岩之麓，曰"凤林"，延袤爽垲，宛成凤形，盖古北螺村也。唐武德贞观间，吾林自中州入闽始居也。已复徙澄渚，则梯云遗迹至今存焉。以故高平、睦州封茔在其先，后而九牧列祖堂斧俨然。

宋末，仳离因割墓前地给沙门为启精庐，俾永福寺僧主香火。颜曰："积翠兵氛不靖，麒麟沦于樵牧，龙象卧于烟云。"

明兴，襄敏、贞肃二祖相继奏葺祠。而邺守、丹山诸父甫遂初衣，遍寻洞壑、缅怀列祖。乐哉斯邱，厥有佳城长卜真隐。壶公五侯面其南，洪度古曩环其后，九华巘崿以屏立，三山绵亘而戟排。巍乎！悠乎！与九侯相焕矣。

于是捐田若干亩，畀凤山僧慧性主香火如旧，复于封之左建凤林寺：中为绀殿，前为招隐阁，为放生池。池畔有大树数十围，赤榕、甘棠、椴朴连理合抱，离披蓊荟，殆几千年物。叔氏颜之曰："三寿元老"。叶公有《薄晚过林仪部新阡记》。旁为禅栖。后为玉皇阁，署邑合肥杨君志新捐俸购田所助建也。幽径松篁，广廷钟鼓。

时日多暇，杖履相从。孤云无心，万籁俱寂。信山林之经济，而浊世之清都者。与骚人韵士蜡屐辎轩，或陟紫霄之巅，或览浮山之胜，莫不叹惜纵游，徘徊靡舍。先后令兹土者：蔡（伯达）善继、何（许卿）南金、暨佘（宗汉）翔、方（子及）沆诸君子，今大宗伯陈公昭览赓咏皆得续和焉。

夫居无十年之期，人有千金之赏。向微兹构，则墓门之宿草谁酬。刹那之昙华已蚀，即有探奇吊古亦荆榛莫辨矣。是今日之功宁第为紫霄、积翠增概。耸观固视，襄敏、贞肃为烈者也。

            天启壬戌岁秋月
          礼部尚书兼翰林学士，裔孙　尧俞记

凤林寺记

（译文）

　　（一个地方）能称为灵山福洞，景色固然要神奇绝妙，也要独树一帜、声名远播，还要遇上政治清明的太平盛世。亦由天意，要有各种机缘的巧合。

　　紫霄岩，距城十里许，是都市神奇的地方，是具有灵气和风景优美的别墅区。山峰高耸峻峭，直插云霄，擘开银河，分开星斗。

　　紫霄岩的山脚下叫"凤林"，绵延伸展，地势开阔，形状像一只凤凰，这就是古时的北螺村。

　　唐朝武德贞观年间，我们自中原迁入福建的林氏宗族开始移居北螺村。之后又移居澄渚，而梯云斋的遗迹至今还在。因此，先是高平太守林万宠、睦州刺史林披的坟墓安葬在这里，后是九牧列祖的坟墓也整齐地排列在这里。

　　宋朝末年，一个被丈夫遗弃的妇女把九牧墓前的土地割让给佛门建寺庙，请永福寺僧人主持香火。颜说："积翠兵氛不靖，麒麟沦于樵牧，龙象卧于烟云。"（"积翠庵一直不太平，兵匪不断，墓前的石兽：麒麟淹没在草木之中，龙象倒卧在烟云之处。"）

　　明朝兴盛之时，林文（字恒简，谥"襄敏"）、林俊（字侍用，号见素，谥"贞肃"）二位祖先相继奏请朝廷维修林氏祖先的祠墓。而林邺守、林丹山诸位叔伯刚辞官回家就在山里的洞壑中到处寻找，缅怀列祖。好在这山里确实有墓地隐藏在其中，墓地的南面是壶公五侯山，后面环抱着墓地的是洪度古囊山，高峻的九华山在墓地前面像屏风一样耸立着，三山绵延而整齐排列。多么高大啊！多么悠远啊！与九牧墓相互辉映。

　　于是他们便捐田若干亩，仍旧请凤山僧人慧性主持香火，再在九牧墓的东边建凤林寺：中间是红黑色的佛殿，前面为接待读书人的招隐阁，还有放生池。池畔有一棵树干粗达数十围的大树，是赤榕、甘棠、械朴连理合抱，合干而生，枝叶繁茂，大概是几千年的古树。叔氏颜之称之为："三寿元老"。叶公（叶向高）在其《薄晚过林仪部新阡记》中也有记载。旁边是僧人居住的房间，后面是玉皇阁，是署邑（地方官）合肥籍人杨志新捐俸银购田助建的。还有松竹茂盛的幽径，摆放钟鼓的宽阔庭院。

我有闲暇，便陪伴客人来到这里。天高云淡、万籁俱寂，深信这里山林的优美，真是浊世之清都、世外之桃源。与文人雅士一起，轻车木屐，或登上紫霄岩之顶峰，或游览浮山之胜景，无不叹惜这里景色之优美，纵游徘徊，流连忘返。先后来过此地的官员有蔡善继（字伯达）、何南金（字许卿）、佘翔（字宗汉）、方沆（字子及）诸位正人君子。当今的大宗伯（礼部尚书）陈经邦，阅览了所题诗词，都得到续和。

他们在这里的时间都不太长，但对凤林寺的建设都做出了很大的贡献。如果没有凤林寺这些建筑和墓田，那么林氏祖先墓祠的维修和祭祀的资金由谁来出？那样，要不了多久，繁华的景象就会消失。即使后人再有吊祭祖宗的愿望，但是坟墓已被荆棘淹没、无从辨认了。所以，今天所做的这些功业，就不只是为紫霄岩和积翠庵增添色彩而已。认真看来，林文、林俊二位祖先的贡献最为突出了。

　　　　　　　　　　　　　　　天启壬戌岁（1622年）秋月
　　　　　　　　　　　　　　　礼部尚书兼翰林学士，裔孙　林尧俞记

重修始祖晋安郡王墓记

林齐圣　明（1627年）

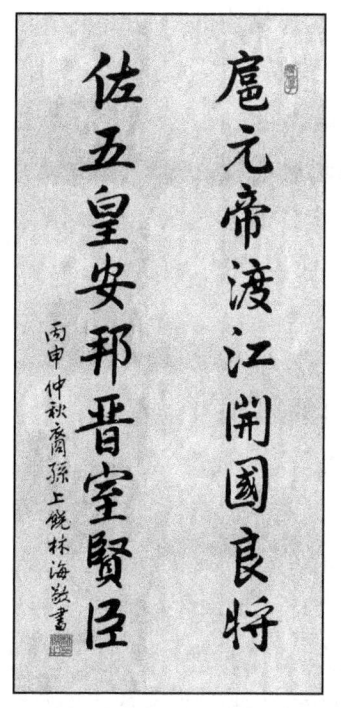

　　出惠安北郭三十里为涂岭，又北五里许为陈同关，南北冲道由是出。关之右有山焉，名"九龙冈"，群峰竞秀、怪石错峙，奇杰之状过于他山。齐圣司铎惠安，每往来关上，瞻望是山，则故吾林始祖晋安郡王禄公墓也。按：吾林得姓自殷少师，而入闽则自晋安郡王始。晋安当"永嘉之乱"，尽瘁王家，《史》称："为时忠荩"，可谓无忝少师之裔者矣。今少师墓在鄘城之北，左林右泉，后冈前道，铜盘之铭固可考而识也。而晋安之茔域历数百祀沧桑物改，翁仲明器犹有存者，岂非神明凭依以表忠贞者也。

　　夫，过墟墓则生哀，瞻名贤之封鬣者，或立焉徘徊而不忍去，况水木渊源所从出哉！齐圣既捐赀召工，扫除墓道，芟而茀之，筑而培之，翁仲明器之偃卧者扶而竖之。乃告惠之族绅、文学，择日拜墓。酾酒割牲，展谒既毕，同陟山巅，盘桓石上。落日西照，隐隐凿记存于其间，以手摹之，有"林始祖讳禄公九龙穴墓"十字，真堪与铜盘铭并垂不刊者也。

　　齐圣薄游兹土，获时瞻谒，修家人礼。今以公车行矣，东西南北之人，未知重来何日？而吾族姓之在莆田者，虽隔道里之遥，谁无松楸之思。春露秋霜，不以只鸡斗酒过相沃酹忍乎哉？！墓前园九坵，向为潘家开垦，今既追还、谨以付诸惠族姓之贤者，立簿收贮，存留祭扫之资。爰拜手而为之记。

　　　　　　　　　　　　　　　　　　　　天启丁卯仲秋榖旦
　　　　　　　　　　　　　　　端州廿七世孙，惠安教谕　齐圣识

重修始祖晋安郡王墓记

(译文)

出惠安城北三十里为涂岭,再向北五里许为陈同关,南北通道由这里进出。在陈同关的右边有座山、名为"九龙冈",群峰竞秀、怪石错峙,奇特的形状超过其他山。我(林齐圣)在惠安掌管文教,每次往来于陈同关上,都要瞻望"九龙冈"。因为在"九龙冈"上有我们林氏入闽始祖晋安郡王林禄的坟墓。按:我们林氏得姓是缘自殷少师比干,而入闽则是始自晋安郡王林禄。晋安郡王林禄在西晋末"永嘉之乱"时,随东晋元帝司马睿南渡,为元帝竭忠尽智,《史》称:"为时忠荩"(当代的忠诚之臣)。可谓无愧于少师比干的子孙了。

现在,少师比干的坟墓在鄘城之北,左林右泉,后冈前道。有铜盘铭文可以考查辨识。而晋安郡王林禄的坟墓历经几百年的沧海桑田、时移物改,墓前的石人、石兽和祭祀的器物还能保存下来,难道不是神明用这个来表彰晋安郡王林禄的忠贞啊?!

过墓地时人会产生悲哀之情,瞻谒名贤坟墓的人就会徘徊而不忍离去。何况晋安郡王林禄是我的祖宗呢!我(林齐圣)就捐资招工,扫除墓道,除去杂草,培土筑坟。墓前的石人、石兽和祭祀的器物,凡倒卧的就扶起来竖立好。并通告惠安的林氏乡绅、文人学士,选择吉日拜祭晋安郡王林禄的坟墓。斟好酒,摆好祭品,进行祭祀。祭祀完毕,便一同登上山顶,在石上逗留徘徊。落日西照,隐隐约约觉得石头上似有刻字,用手去摹划,石上有"林始祖讳禄公九龙穴墓"十个字,真可与铜盘铭一同名垂千古,永不磨灭。

我(林齐圣)在惠安工作,因此有时间来此瞻仰,尽子孙的礼节。现在,因为进京应试我要离开这里了。我未来的工作地点不定,不知何日才能重来此地?但是,我们林姓在莆田的人,虽然相隔有些路程,谁无思念祖先之心?春秋两季能忍心不拿些祭品来祭祀吗?!

晋安郡王林禄的墓前有田园九坵,以前一直由潘家人耕种。现在既然已经追还,我郑重地把它交付给惠安林氏族人中的贤者,设立账簿,妥善收贮,用作祭扫之资。

重修始祖晋安郡王墓记 | 文记类

于是拜手而为此作记。

天启丁卯（1627年）仲秋（八月）吉日

端州刺史林苇廿七世孙，惠安教谕　林齐圣识

闽林始祖晋安郡王禄公墓图

晋安郡王墓考

林齐圣　明（1627年）

或曰："子修晋安郡王墓有据乎？"曰："据诸道旁之断碑与石顶之凿记。""记有据乎？"曰："据诸谱。""谱有据乎？"曰："唐重氏族，定天下大姓百九十有八家，许通婚姻，以林姓为晋安郡之首。自少师而下：名字、爵世、茔陇、封域，乃贞观六年中书令温彦博所修，藏诸秘阁。邵州公从史馆得其副本，更作图以系之。邵州公兄弟九刺史为晋安之十七代裔，相去未远，考核较真。今谱载：晋安郡王墓在九龙冈、穴名"龙马毓奇"，其顶有怪石嵯峨，如羊如马等状。按图而考之，无不吻合，而九龙则实应九刺史之兆。云："然《惠安志》何以未载？"曰："《志》出最后，当晋置郡时尚未有泉州，何有惠安？惠安县治设于宋太平兴国年间，去晋已远。而《志》修于国朝嘉靖年间，去宋又远，中所缺甚多。据《张衮惠公志》亦曰："九龙冈，旧传有赵将军坟。近莆林见素贻书道其家谱载始祖晋安郡王禄公墓，未知是否？"此则史家阙疑之意，诚慎之也。乃讹为赵将军坟何也？土人指翁仲为将军。百年前此地常显翁仲神形，樵牧过之，相戒不敢犯。其曰："将军墓、苾神之也。"及考谱，称晋安夙授招远将军，即谓之将军墓亦宜。总之：谱先而志后、谱详而志略。天下事有国史之所未及备，不得不取徵于家乘者，此类是也。谨表而出之，以俟后之续订惠志者。

齐圣谨识

晋安郡王墓考

(译文)

或许有人问："你修晋安郡王墓有依据吗？"答曰："依据于道旁的断碑和石顶之碑记。"再问："碑记有依据吗？"答曰："依据于《林氏宗谱》。"再问："《林氏宗谱》有依据吗？"答曰："唐朝注重氏族、定天下大姓为一百九十八家，允许通婚，以林姓为晋安郡第一大姓。《林氏源流总序》详细记载了自少师比干而下各代林氏的名字、官职、世系、坟墓、封地，是贞观六年由中书令温彦博所撰修，保存在史馆中。邵州刺史林蕴从史馆得到其副本，再作图加以联系。林蕴兄弟九人均为刺史，是晋安郡王林禄第十七代孙，时间相隔不远，考核较为真实。现在林氏宗谱记载有：晋安郡王墓在九龙冈，墓穴名为"龙马毓奇"，其顶有怪石嵯峨，如羊如马等状。"按图考核，无不吻合。而"九龙冈"之九龙其实是应验了林蕴兄弟九刺史之征兆。如再说："那么《惠安志》中为什么没有记载呢？"答曰："《惠安志》是后来出的，设置晋安郡的时候还没有泉州，哪有惠安？惠安设县于宋太平兴国年间，离晋朝已年代久远，而《惠安志》修撰于明朝嘉靖年间，离宋朝又年代久远，《惠安志》中所缺略东西很多。据《张衮惠公志》中亦说："九龙冈以前传说有赵将军坟。近代莆田林见素（林俊）在书信中说他的家谱中载有始祖晋安郡王禄公墓。不知是否？"这是史学家对其疑惑之事予以保留，不作主观臆断，是他谨慎的表现。至于为什么会讹传为赵将军坟？因为当地人称墓前的石人石马为将军。百年前此地经常传说将军显灵，樵夫和牧人从此地经过时都会相互劝诫，不敢有所冒犯。他们说："将军墓神灵的很呢！"及考查《林氏宗谱》，称晋安郡王林禄曾经被授予招远将军之职，即便称之为将军墓也是合适的。总之：有《林氏宗谱》在先，而有《惠安志》在后。在《林氏宗谱》中对晋安郡王林禄坟墓的记载较为详细，而在《惠安志》中缺略未载。天下事有国史所未记载而不得不取证于家谱者，这类事就是了。特此谨慎表述并记载下来，以待后来续订《惠安志》的人予以补记。

林齐圣谨识

展谒晋安郡王墓记

林嵋　明（1646年）

　　余丙戌春奉命于役温陵道，过九龙冈，始得展谒晋安郡王墓。因王事驰驱，仓促未遑具牲醴，惟以香蜡之仪瞻拜墓下。

　　毕，召土人而询之。老者尚能述天启年间肩吾公司铎惠邑，修复墓地，取赎潘家侵占祭园事甚悉。及问："吾族姓之在惠者岁时祭扫何如？"则曰："今不过因循故事，或间岁一举行，或数年不经见。"又问："附近有人盗墓否？墓前九坵之园尚有存否？"曰："旧租至今收取无异。郡王龙穴系孔道，且惠、莆接壤，尚无敢萌是心。"余因叹：郡王为入闽鼻祖。凡子姓之在闽者，虽异派，实同源。既不忍恝然如陌路，又不可不谋所以联属之。

　　惜曩者从兄修复之时，未尝创立定规，劝惠、莆族中之好义者薄置圭田，以附益之。举惠之公正一人收管是租，递年派定一日谒墓。先期传单告莆之族绅，推一人到山展诣。盖莆与惠一日之程可至，非若别府、州、县，道里云遥，往复动须旬日也。此规一定，上可以敦尊祖收族之谊，下可以消他姓觊觎之心。

　　愧余羁牵薄宦，未能尽绵力以襄厥事。所望后之子孙：仕宦各捐其养廉、素封少割其馀羡，相与佽助有成。则同源者不至于疏而不亲，异派者不至于涣而漠视。追远报本，岂非绵绵勿替之盛举哉！

明隆武丙戌三月望日
裔孙，礼部精膳司员外郎　嵋谨识

展谒晋安郡王墓记

（译文）

我于丙戌年（1646年）春奉命到温陵道（今泉州）出差，路过九龙冈，始得展谒晋安郡王墓。因为公事匆忙，仓促之间未及准备牲口美酒等祭品，只好以香烛之礼瞻拜于墓下。

祭礼毕，找来当地人询问，老年人还能详述天启年间肩吾公（林齐圣）在惠安管理文教，修复晋安郡王墓地，赎回被潘家侵占的墓前田园等事。等我问道："我们住在惠安的林氏族人逢年过节来祭扫的情况如何？"则答道："如今不过是因循故事、应付而已，或者间隔一年祭扫一次，或者几年也不见祭扫。"我又问："附近有人盗墓吗？墓前九坵田园还在吗？"答道："旧租至今还在收取。晋安郡王墓在交通要道上，而且惠安和莆田接壤，还没有人敢生盗晋安郡王墓的念头。"我因此感叹：晋安郡王林禄为林姓入闽始祖。凡在闽的林氏子孙，虽然有不同的派系，其实都是出自晋安郡王。既不忍相互间漠不关心、形同陌路，也不能不设法把族人联属起来。

可惜从前堂兄（林齐圣）在修复晋安郡王墓的时候，没有立下一定的规矩。劝说在惠安和莆田的林氏族人中热心宗族事业的人，捐款购置一些供祭祀用的墓田，以增加收益。推举一位在惠安林氏族人中办事公正的人来收管墓田的租金，每年指定一日拜谒晋安郡王墓。事先通知莆田林氏族中的绅士，推举一人到九龙冈来拜谒。因为莆田到惠安就一日的路程，不像别的府、州、县，路途遥远，往来动辄须十来日。此规一定，上可以加深尊敬祖宗，团结族人之情谊，下可以打消他姓妄图侵占晋安郡王墓田的念头。

非常惭愧，我因为公事缠身，未能为这件事尽绵薄之力。希望后来的子孙中：当官的能各自捐出其部分养廉银子，富人能捐出其收入的部分盈余，资助把祭祀晋安郡王墓这件事情办好。这样，就可使家族中同一支的人不至于至亲而不觉亲近，不同一支的人不至于疏远到漠不关心。缅怀祖先，祭祀祖先，岂不就能成为延续不断的盛举了吗！

明隆武丙戌（1646年）三月十五日
裔孙，礼部精膳司员外郎　林峨谨识

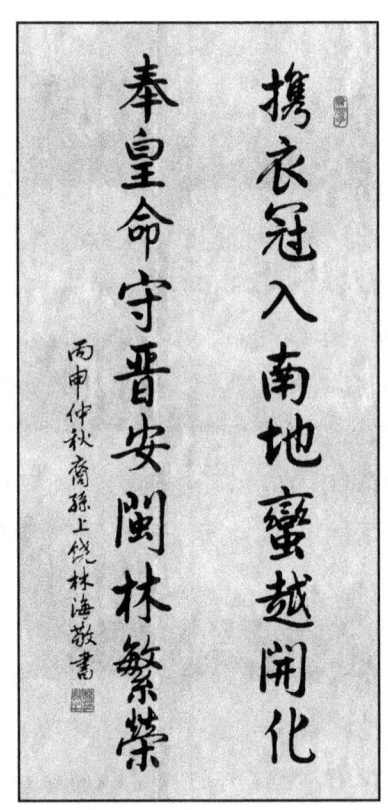

携衣冠入南地蛮越开化
奉皇命守晋安闽林繁荣
丙申仲秋裔孙上饶林海敬书

天妃灵异记

林元之　清

天妃，林姓莆田人，父愿公，宋乾德初官都巡检。理宗景定三年以妃灵封积庆侯。系出晋晋安郡王禄公后，十七传至唐平乐主簿恕公次子逿公为四世孙，别业在湄洲屿。屿峙大海中，有平畴广陌可耕可种，遂家焉。母王氏以妃灵封显庆夫人，生三子，长名邕、次名同、幼名囩，六女，妃最少。初生时室有异香弥月不散，湄洲之土三日前皆晔然变紫色。望气者指其门曰："是必有奇徵。"乃仅产女儿，尽异之。

妃在褓褓不轻言笑，稍长与女伴行井旁，戏以簪划涧中水，分裂为两。俄而，海云翕集，空中降一神人，云衣月帔，手捧符篆数纸授妃，字皆蝌蚪文，乃《至真微妙玄通秘法》。偕行者不见，妃一览即悟其旨，故于人事得丧、福祸休咎皆逆知之。居恒神变莫测，有外亲居隔海，妃不俟舟楫，浮席坐水面以济，一时称为"龙女"。远近以疾病来告者，施以符药立效。水旱疠疫，吁者多征应。及笄，父母欲为议婚，坚辞不许。既而，往往见灵异。年岁三十，在室而没。没之夕，海水暴涨，鱼龙出现，居人闻海上有钟磬声。厥后，常衣朱衣飞翻海面，以护行舟。

里人因立祠湄洲，祖庙号"通贤神女"。于是，南北海艘无大小，必至庙卜吉乃发。凡苦于风涛者，呼妃自救。有蜻蜓蛱蝶或火如流星，见则安，故人倾动信响之。

宣和癸卯，给事中路允迪使高丽。中流飓风，八舟七溺，妃降允迪所乘舟樯，须臾获济。使还奏闻，赐额"顺济"。

绍兴己卯，江口海寇猖獗，妃驾风扇舟，一扫而去。其年，兴属大疫，妃降白湖，命去湖尺许掘坑，涌泉，饮者立愈。有司上闻，荐封"昭应崇福"。

乾道己丑，都巡检使姜特立上其默相捕盗功，加封"善利"。

淳熙间，加封"灵惠"。

庆元戊午，朝廷调舟师征大奚寇，妃障以雾，此明彼暗，奸贼党几尽。

开禧丙寅，北兵迫淮甸，妃现云端拥旗帜、一战解围。莆民艰食，朔风弥旬，商舶不至，祷于妃反风，不日辐辏。海寇啸聚入境，妃为胶舟，悉就擒。

景定辛酉，寇大队泊庙下，祷卜不吉，谩骂肆暴，据座群饮，醉卧廊庑间。妃纵火焚之，贼骇遁，风沙昼晦，各跨浅被诛。累封"助顺显卫英烈协正善庆天妃"。

元以海漕有功，赐额"灵济"。

明成祖差内官甘泉郑和下暹罗、西洋诸国，拥护显赫，屡著灵迹。奏请修庙宇。

己丑加封"护国庇民宏仁普济明著天妃"。

崇祯戊辰，族孙齐圣知澄迈县量移，海上暴风晦冥，舟人失色，俄而天日清朗，微飙送帆。人咸谓："妃出林家，殆默佑之。"先仪部讳岷公曾作诗文记事。

国朝康熙三年，加封"昭灵显应仁慈天后"，春秋遣官致祭。

二十二年癸亥，总督姚启圣会剿台湾，疏请褒封。朝廷下礼臣议，如所请。特遣内阁学士、兵部侍郎李光地赍诏谕平阳镇总兵朱天贵祭天妃宫。粤日会战，妃助神风，挥舟直进，连夺澎湖、虎井二屿。澎湖为全台门户，敌伏炮丛苇中，火热炮炸，一哄逃窜。楼船衔尾入鹿耳门，皆妃协助之力居多。

甲子，族孙中书舍人麟焻副翰林检讨汪楫册封琉球。先至湄洲建醮，自三山启行，出五虎门、梅花所，解缆于广石。始掀五帆，风平浪静，瞬息如飞，既仗御书，又资神力，三日夜即抵中山。使事毕，候东南风掛帆归。离那灞一日程，忽天昏浪黑，狂风暴雨，柂牙连折数十。众请祷舟中天妃，前风不息。舟人勒腹索为一，船总要大如斗断而复续者再。麟焻望空呼救，倏见一翠羽飞鸣集樯杪，船遂平稳。督造、诸弁、柂公、水手欢声如雷。曰："大海中鸟飞不到，安得有此祥禽？盖神护也。"汪公谓麟焻兄曰："非藉君祖姑之灵，则满船鱼鳖矣。"归达于朝，复膺异数之封。

妃庙祀遍天下，而江浙粤东为盛。至于琉球、日本诸国亦建祠，崇奉恐后。潮使波臣，靡不畏服。巨寇慑服战栗，非告卜无敢张一帆。故庙中住持僧洋船可通卧内，虽夜门不闭、无虞焉。

本朝声教四讫，台湾荒远，且隶版图。环海内外日出日入之邦，莫不来享。王奉正朔修职贡，频年泛一叶万顷中，惟奉天妃为指南。

云：妃生于宋太平兴国四年三月二十三日，昇化于景德四年二月十九日，年二十有八。姐二三皆习道术，封慈惠夫人。今侨俗贵贱呼妃为"妈祖"，不知何取

"天妃"二字。则唐宋公主所谓帝妃者,以崇神号亦无不可。若"天后"之封又未知制词云何也?

江宁吴介兹《晋送汪检讨使琉球诗》误以天妃姓蔡,梅花所人,故城尚在马齿山,父渡海身亡,遂从死。不知田汝成《西湖圣妃庙记》称:"妃,莆田林氏女。"敕词具在。及检讨回舟濒危,见中书从兄呼妃救护其应如响。始叹曰:"介兹曾从周栎园、方伯入闽,何不留心考究历朝制词及林氏家谱,而自逞臆见,道听途说如是?!"

清

族孙　元之谨撰

天妃(妈祖)塑像

天妃灵异记

（译文）

　　天妃，姓林，莆田人。其父林愿，北宋乾德初年（963年）官职为都巡检。南宋理宗景定三年（1262年），因天妃灵验被加封为积庆侯。林愿是东晋晋安郡王林禄的后裔，林禄传十七代至唐朝平乐主簿林恕，林愿是林恕次子林遹的四世孙，有别墅在湄洲岛。湄洲岛耸立在大海中，有广阔平坦的田野可以耕种，林愿就在岛上安家了。天妃的母亲王氏因为天妃灵验封为显庆夫人。王氏生了三个儿子（长子名林邕、次子名林同、幼子名林圉，）和六个女儿，天妃最小。天妃初生时，室有异香一个多月都不散去。湄洲岛上的土地在天妃出生前三日都突然变成紫色，风水先生指着林愿家门说："这家一定会有奇异的事情发生。"结果，竟然只是生了个女儿，大家都感到惊异。

　　天妃在襁褓中就不轻易言笑。稍长时与女伴一起行至井边，戏以发簪划涧中水，涧水即分裂为二。不一会儿，海云盛集，空中降下一个神仙，以云霞为衣裳，明月为帔肩，手捧几页天书授予天妃。天书的字都是蝌蚪文，乃是《至真微妙玄通秘法》。同伴们都看不见字，天妃一看就明白天书的要旨。因此，对于人事生死，福祸吉凶都能预先知道。日常行为神变莫测，天妃有外亲住在隔海的地方，她不须舟船，将苇席浮于水面，坐在上面就能到达，一时被人称为"龙女"。远近来求医的病人，天妃施以符药就立即见效。遇到水灾、旱灾和瘟疫，来祈求她保佑的人多能得到应验。到了该出嫁的年龄（十五岁），父母欲为她提亲事，她坚决推辞不许。不久，就经常出现灵异的事情，年近三十岁时死在家中。临死那天的傍晚，海水暴涨，鱼龙出现，当地居民听到海上有钟磬声。

　　从此以后，天妃经常穿着红色的衣裳翻飞于海面之上，以保护行船。当地居民因此在湄洲岛为天妃建立祠庙，庙号"通贤神女"。于是，南来北往的海船无论大小，一定先要到庙里来祈祷，占得吉卜才会出发。凡是在海上遭遇狂风大浪的人，只要呼求天妃自然得救。凡是看见有蜻蜓、蝴蝶或火如流星，就能平安。因此，大家都纷纷信仰天妃。

　　宣和癸卯年（1123年），给事中路允迪出使高丽。途中遭遇飓风，八艘船沉没了七艘，天妃降落在路允迪所乘船的桅杆上，立刻就能安全航行。路允迪回朝之后，奏明圣上，赐予"顺济"匾额。

绍兴己卯年（1159年），江口海盗猖獗，天妃驾驭大风把海盗的船一扫而去。这年，发生大瘟疫，天妃降临白湖，命人在离湖尺许的地方掘坑，坑中涌出泉水，喝了泉水的人立刻就痊愈了。地方官上奏朝廷，荐封"昭应崇福"。

乾道己丑年（1169年），都巡检使姜特立上奏天妃暗助捕盗的功绩，加封"善利"。

淳熙年间（1174至1189年），加封"灵惠"。

庆元戊午年（1198年），朝廷调水军征讨大奚的海寇，天妃以雾气遮挡海寇，我们这边明亮，海寇那边昏暗，海寇几乎被全歼。

开禧丙寅年（1206年），元兵直逼淮甸，天妃手持旗帜现于云端，一战解淮甸之围。这年莆田民众缺少粮食，凛冽的北风刮了十多日，商船不能来。民众祈祷于天妃，便刮起了南风。不几日，运粮的车船便齐集莆田。同年，海寇啸聚侵入我国境内，天妃让海寇的船陷入污泥中，海寇全部就擒。

景定辛酉年（1261年），大队海寇停泊于天妃庙下，祈祷占卜不吉。海寇谩骂肆暴，聚集酗酒，醉了就倒卧在堂前的房间和走廊里。天妃纵火焚烧海寇，海寇惊骇逃窜，风沙骤起，白昼顿时昏暗，海寇的船只纷纷搁浅被诛。加封天妃为"助顺显卫英烈协正善庆天妃"。

元朝时，因为天妃保护海运有功，赐匾额"灵济"。

明成祖派三宝太监郑和下西洋，天妃尽力保护，屡显神灵，郑和奏请朝廷为天妃维修庙宇。永乐己丑年（1409年）加封天妃为"护国庇民宏仁普济明著天妃"。

崇祯戊辰年（1628年），天妃的族孙，被贬谪为海南澄迈县知县的林齐圣遇圣上恩敕回朝迁职途中，在海上遭遇暴风，天色昏暗，船上的人都大惊失色。不一会儿，天日清朗，微风送帆。船上的人都说："天妃出自林家，就在暗中保佑。"先祖礼部侍郎林峣曾作诗文记载此事。

国朝康熙三年（1664年），加封天妃"昭灵显应仁慈天后"，春秋二季派遣官员进行祭祀。

二十二年（1683年）癸亥年，总督姚启圣会剿台湾，奏请朝廷褒封天妃。朝廷让礼部审批，同意姚启圣的奏请。特遣内阁学士、兵部侍郎李光地捧持诏书晓谕平阳镇总兵朱天贵祭祀天妃宫。次日会战，天妃助神风，挥舟直进，连夺澎湖、虎井二屿。澎湖为全台湾的门户，敌军把炮埋伏在芦苇丛中，炮管被烧热爆炸，敌军一哄逃窜。我军楼船首尾衔接，攻入鹿耳门。这都是天妃协助的力量居多。

甲子年（1684年），天妃的族孙中书舍人林麟焻随翰林院检讨汪楫去册封琉球。他们先到湄洲天妃庙设法坛做法事祭祀天妃，然后自三山出发，出五虎门、梅花所，在广石起航。开始张开五片船帆，海上风平浪静，帆船如飞。既是依仗圣旨的天威，又是借助天妃的神力，三日三夜便到达琉球中山。册封事毕，等到东南风起便挂帆归航。在离开那灞一日航程的海上，忽然天昏浪黑，狂风暴雨，船上的柁板连续折断数十块。众人祈祷舟中的天妃，狂风不息。船夫把腹索勒在一起，船的总要粗大如斗也一再断而复续。林麟焻望空呼救，忽然看见一翠鸟飞鸣而来站立在桅杆顶上，船即平稳。船长、随从士兵、舵手和水手们欢声如雷。说："大海中鸟飞不到，怎么会有此祥瑞之鸟？肯定是天妃在保护我们了。"汪楫对林麟焻说："如不借助你的祖姑天妃的神灵保佑，我们满船人都喂了鱼鳖了。"回朝之后把此事上奏朝廷，天妃再次得到特殊的封赏。

天妃的庙祀遍天下，而在江浙、闽粤最多。至于琉球、日本诸国亦建天妃祠庙虔诚奉祀，唯恐落于人后。在海上航行的使臣，没有不畏服天妃的。巨寇也慑服于天妃，不祷告占卜无人敢张一帆。因此，天妃庙中的住持僧、洋船可以通到卧室，虽然夜不闭户也无忧虑。

本朝声教达于四海，台湾虽然荒远也隶属本朝版图。环海内外日出日入之邦，没有不来进贡朝拜的。各国臣服于本朝，来进贡的使臣连年驾船航行在碧波万顷的大海中，惟有奉天妃为指南。

天妃生于宋太平兴国四年（979年）三月二十三日，昇天于景德四年（1007年）二月十九日，享年二十八岁。两三个姐姐都学习道术，封为慈惠夫人。现在，世俗之人不分贵贱都称呼天妃为"妈祖"，不知为何取名"天妃"二字？因为在唐宋时期，公主称为"帝妃"，所以用"天妃"作为神号亦无不可。而像"天后"这样的封号又不知在圣旨中应该怎样说了。

江宁人吴介兹在《晋送汪检讨使琉球诗》中，误以为天妃姓蔡，是梅花所人，坟墓尚在马齿山，因为父亲渡海身亡，就随父亲一起去死。吴介兹不知田汝成在《西湖圣妃庙记》中称："妃，莆田林氏女。"敕词具在。直到汪检讨在出使琉球返回途中遇险时，看见中书舍人我的从兄林麟焻呼求天妃救护，天妃立即施救的情况。始感叹说："吴介兹曾随周栎园（字方伯）入闽，为什么不留心考究历朝诏书及林氏家谱，而凭自己的主观臆断和道听途说以致出现这样的错误呢？！"

清

族孙　林元之谨撰

谒太始祖比干公墓记

林修　民国（1917年）

　　河南卫辉府城西北十五里，吾太始祖殷太师比干公墓在焉。吾林族得姓，本于始祖坚公，太师公之嫡嗣也，故当以太师公为太始祖。民国六年三月廿九日，修自西安抵郑州，乃乘京汉火车赴卫辉。翌早，肃衣冠，备仪从，敬谨趋谒。由眺竹门，出西关，遁西北大道，约一时许抵庙。道士出迎，款以香茶。修盥洗毕，乃令引至大殿及墓宅，簿陈祭品，鞠躬顶礼，且摄影资留念焉。因得周览内外规制，至详且悉。

　　考墓址座北朝南，左滨卫水，右枕太行。自北魏孝文帝建庙墓前，至今凡十修矣。庙大门横额曰：殷太师比干墓。照壁前亘，石狮对峙，气象肃然。入大门数武，左列唐太宗诏碑，为薛纯陀书；右列魏孝文帝祭比干文碑，传为崔浩书，书法遒劲，为诸碑冠。进此，则为仪门，门额书官讳如大门，入仪门甬道，左列乾隆御制碑，笔力秀整。再进则殿门矣。殿门外及内庑历代谒者碑记骈列，将及百数。殿门内外匾额各二，曰：取义成仁，曰：丹心千古，又曰：大节孤忠，曰：殷仁第一。殿之中有龛，供太师公塑像，神仪森肃，望之俨然。主持道士配以神将四，塑侍两旁。盖用彼教法，依托先哲，以张大其宗派者也。龛匾额曰：纯忠极谏。旁列楹联三。

　　由大殿出庙后门，则为墓道矣。石坊巍然，题曰：殷太师比干墓。坊联曰：孤忠心不死；故社柏犹存。周围古柏数十株，撑天蔽日。视少陵所咏孔明庙柏：霜皮溜雨，黛色参天者。以此类彼，不啻高曾之俯视云礽矣！过石坊升阶，则为墓门。周武王所封墓之铜盘铭新旧各一，列门左右。碑文之右，当与峋嵝碑、石鼓文鼎足而三。循阶而进，咫尺间为墓宅，如覆屋，为马鬣封。大河南北，坟林虽多，殆无有类此堂皇者。墓门横立篆碑，为殷太师比干墓，如石坊额。摄影仅有"太师比"三字，余为墓门所蔽。墓旁有无心菜，惜方发芽不能摘取。道士谓俟滋长后邮寄数斤与修，且以饷我宗人也。

　　碑记又载太师公殉节之怀山产紫斑石，皆他处所无。此与孔子之墓生蓍，岳墓之枝不北，湘妃斑竹，信国卦竹何异？盖血诚天地，乃产此异品以表彰贤圣，扶植人伦，此则我中国之真国粹也！墓庙四址绕以朱垣，延袤约七八十丈，宽半丈。碑文、匾、联、款识均详集中。历代相传，原墓碑篆四字，为宣圣亲笔。

循墓西偏出墓之右为道士院，宣圣篆碑崁于院壁。碑横、直约一尺四寸，篆文"墓"字已损失大半，"干"字、"殷"字微损，完整者，"比"字尔。石面已成凹形，光泽如镜，三复摩挲，不觉钟鸣五句，日暮薄崦嵫矣！

归寓颇甚困惫，回溯日间所历景象，宛然在目，复气爽神旺焉。因念昔苏子由《上韩枢密书》谓：于山见泰、华，于水见江、海，于宫阙见京师，于人物见欧公云，谓：足尽天下之大观也。庸知其孤忠苦节，贯澈幽明；精感诚乎，被及草木。伦常模范之极则；日月河岳之昭垂。帝王将相之褒崇；文人墨客之景仰。郁积磅礴，光焰万丈。所谓弥天地，贯古今。不待生而存，不随死而灭。如吾太师公藏魄之坟者，子由固一代文豪，其识力殆犹未能及此乎？

庙道士颇识大体，以修不远数千里专程来谒，临行出一册，备载墓庙所有，举以授予，如获拱璧。既资吾族之观感，又扬先代之清芬，以压归装，壮行色。此行所得为不少矣！

民国六年四月一日
东粤裔孙　修谨记

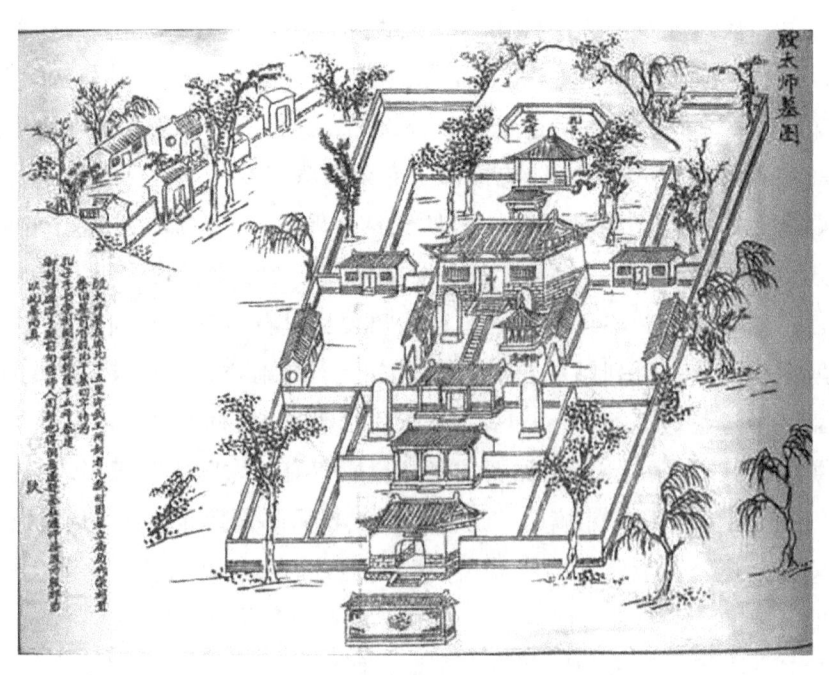

谒太始祖比干公墓记

（译文）

　　河南卫辉府城西北十五里，是我们太始祖殷太师比干公墓所在地。我们林族得姓本始于始祖坚公，坚公是太师公的嫡子，所以应当以太师公为太始祖。民国六年（1917年）三月廿九日，我（修）自西安到达郑州，才乘京汉铁路火车赴卫辉。次日早晨，整肃衣冠，备齐仪仗，带着随从，恭恭敬敬地去拜谒比干公墓。由眺竹门，出西关，沿着西北大道前行，约一时许到达比干庙。庙里的道士出来迎接，并以香茶款待。我（修）盥洗完毕，才叫道士引领我们到大殿及墓宅，簿陈祭品，鞠躬跪拜，且摄影以资留念。因此，能够完整地参观比干庙墓内外的规模和形制，至为详尽。

　　据考查：墓址座北朝南，左面滨临卫水，右面枕着太行山。自北魏孝文帝建庙于墓前，至今已进行过十次修葺了。庙大门横额题为：殷太师比干墓。照壁横亘于庙前，两只石狮对峙于庙门两侧，景象威严，令人肃然起敬。入大门数步，左边列有《唐太宗追赠殷太师比干谥诏并祭文》碑，为薛纯陀书；右边列有《魏孝文帝祭比干墓文》碑，传说是崔浩所书，书法遒劲，为诸碑之冠。由此前进，就是仪门，门额题书和庙大门横额相同。进入仪门甬道，左边列有乾隆御制碑，笔力秀整。再进，就是殿门了。殿门外及殿内走廊并列着历代拜谒者的碑记，将近百数。殿门内外有匾额各二，曰：取义成仁，曰：丹心千古；又曰：大节孤忠，曰：殷仁第一。大殿之中，有神龛，供着太师公比干塑像，神态严肃，看着就感觉非常庄严。主持道士又塑了四个神将，侍立在太师公比干塑像两旁。这是根据其教法，借助先哲，以张大其宗派的声望。神龛匾额题为：纯忠极谏。旁边列有三幅楹联。

　　由大殿出庙后门，就是墓道。高大的石坊巍然耸立，横额题曰：殷太师比干墓。石柱上坊联题曰：孤忠心不死；故社柏犹存。周围有古柏数十株，撑天蔽日。视少陵（杜甫）在《古柏行》一诗中咏孔明庙柏：霜皮溜雨四十围，黛色参天二千尺。以比干庙的柏树和孔明庙的柏树相比，无疑于祖宗在俯视子孙了！过石坊上台阶，就是墓门。周武王为比干公封墓之铜盘铭新旧各一，列于墓门左右。比干墓碑文的珍稀等级，当与岣嵝碑（禹王碑，坐落于长沙市岳麓山北峰，最早发现于衡山岣嵝峰，又称岣嵝碑）、石鼓文（先秦刻石文字，因其刻石外形似鼓而得名）鼎足而三。沿着台阶前进，咫尺间就是墓宅，像是覆盖着房屋，是马鬣形封土墓。大河南北，坟林虽多，绝对没有像比干墓这样堂皇的。墓门横立篆碑，题为：殷太师比干墓，和石坊横额相同。摄影仅有"太师比"三字，其余被墓门遮挡住了。墓旁有无心菜，可惜刚刚发芽不能摘取。道士说等滋长后再邮寄数斤给我（修），而且可以分享给我的宗人。

碑记又载太师公殉节之伾山产紫斑石，是其他地方所没有的。这与孔子之墓生蓍草，岳飞墓之树枝不向北，湘妃墓长斑竹，信国公（文天祥）墓长卦竹有何不同？都是因为他们的赤诚之心感动天地，所以产此异品以表彰贤圣，扶植人伦，这就是我们中国之真国粹呀！墓庙四周围绕着红墙，周长约七八十丈，高半丈。碑文、匾、联、款识均详细记载于图册中。历代相传，原墓碑篆有四个字，为宣圣孔子亲笔。

沿着墓偏西方向走出去，在墓的右面是道士院。宣圣孔子篆刻的墓碑崁在院壁上，墓碑横、直约一尺四寸，篆文中"墓"字已损失大半，"干"字、"殷"字微损，完整的只有"比"字了。墓碑石面已成凹形，光泽如镜。我（修）反复抚摸，不觉钟鸣五响，已到傍晚，太阳快要下山了！

回归寓所，颇感困乏，回忆日间所历景象，仿佛就在眼前，又复气爽神旺了。因此想起从前子由（苏辙）在《上韩枢密书》中说：看山就要看泰山、华山，看水就要看江水、海水，看宫阙就要看京师的宫阙，看人物就要看欧公（欧阳修，谥"文忠公"）。并说：这就足已看尽天下之大观了。岂知论其持忠守节，贯澈人神；真心诚意，感动草木；人伦模范之最高准则，日月山河之昭明垂示；帝王将相之褒奖推崇，文人墨客之尊敬仰慕；正直之气郁积磅礴，道德精神光芒万丈；所谓充满天地，贯彻古今；不待生而存，不随死而灭；如我们太师公比干埋藏魂魄的坟墓，子由（苏辙）是一代文豪，他怎么好像没有看到呢？

庙中道士颇识大体，以我（修）不远数千里专程来拜谒，临行时拿出一本图册，详备地记载了墓庙的所有，举着送给我，我如获至宝，此图册既可帮助我们族人加深对比干墓庙的观感，又可宣扬祖先崇高的德行，并可以增加我归途行装的分量，增加此行的意义。此行所得真不少啊！

民国六年（1917年）四月一日
广东裔孙 林修谨记

宋仁宗嘉佑六年八月十五日
赐林悦二首辨正

林海（2018年）

宋仁宗嘉佑六年八月十五日赐林悦二首。

诗一：长林派出下邳先，移入闽邦远更延。忠孝有声天地老，古今无数子孙贤。故家乔木蟠根大，深谷猗兰奕叶鲜。上下相承同纪载，二千年后万千年。

诗二：莆郡卿家名望族，三仁而下爵王公。存孤实抗回天义，报国常撼贯日忠。德润丰姿人有异，光增谱牒世无同。古今记载难穷尽，一代强如一代隆。

这二首诗在大多数林氏宗谱中都有记载，由于林氏宗谱经长期的传抄和翻印，因此在不同地方、不同宗支、不同年代的林氏宗谱中记载有所不同。例如，"移入闽邦远更延"有记为"移入闽邦远更绵"；"故家乔木蟠根大"有记为"故家乔木盘根大"；"深谷猗兰奕鲜叶"有记为"新出猗兰奕叶鲜"；"二千年后万千年"有记为"三千年后万千年"；"莆郡卿家名望族"有记为"郡莆卿家名望族"；"报国常撼贯日忠"有记为"报国常怀贯日忠"；等等。

《全宋诗》（作者：傅璇琮等，出版社：北京大学出版社，出版时间：1998年）所载嘉佑六年八月十五日赐林悦二首，其一：长林派出下邳先，移入闽邦远更延。忠孝有声天地老，古今无数子孙贤。故家乔木盘根大，新出猗兰奕叶鲜。上下相承同纪载，三千年后万千年。其二：郡莆卿家名望族，三仁而下爵王公。存孤实抗回天义，报国常撼贯日忠。德润丰姿人有异，光增谱牒世同无。疑当作无同古今记载难穷尽，一代强如一代隆。民国《林氏宗谱》卷一亦注明是录自林氏宗谱，除对个别词如"同无"加注"疑当作无同"外，未做任何评议，这是学者的严谨。

但是，我作为林氏后裔，又在《林氏宗谱文献选集及译文》一书中录用了这二首诗，鉴于这二首诗在林氏宗谱中的重要性，且为绝大多数林氏宗谱所记载。考虑到同为林氏宗谱记载相同的二首御诗却又有所不同，会对其严谨性和可信度造成不良影响。因此，我不揣浅陋，欲对上述不同之处谈谈我的意见。

如："移入闽邦远更延"有记为"移入闽邦远更绵"，"延"和"绵"是近义字，意为延长、延展，用于此句均无不可，但鉴于多数林氏宗谱使用"延"字，望此句今后都采用"移入闽邦远更延"。

如"故家乔木蟠根大"有记为"故家乔木盘根大"。"蟠"意为盘曲，"盘"在此亦意为盘曲，用于此句均无不可。但本人陋见，"蟠"意较专而有动感，更具诗意，且多数林氏宗谱使用"蟠"字，望此句今后都采用"故家乔木蟠根大"。

如"深谷猗兰奕叶鲜"有记为"新出猗兰奕叶鲜"。"深谷"和上句"故家"词性相同，更符合古诗要求。而"新出"和"故家"词性不同，不大符合古诗要求。且"深谷猗兰"和"故家乔木"对应性更好。因此，这句更宜采用"深谷猗兰奕叶鲜"。

如"二千年后万千年"有记为"三千年后万千年"。因为周武王在（公元前1046年）灭纣之后才赐比干之子坚"林"姓，林坚为林氏始祖，至宋仁宗嘉祐六年（公元1061年）赐林悦二首。其间，林氏宗族繁衍了约二千年。因此，这句用"二千年后万千年"更合适。

而如"莆郡卿家名望族"有记为"郡莆卿家名望族"。"莆郡"是林悦家乡"莆田郡"的简称，故这句宜用"莆郡卿家名望族"。

如"报国常摅贯日忠"有记为"报国常怀贯日忠"。"摅"意为抒发，表达。"怀"意为心里存有。用于此句均无不可。因大多数林氏宗谱采用"摅"字，希望这句今后均采用"报国常摅贯日忠"。

综上所叙，我的意见是：今后，林氏宗谱在记载宋仁宗嘉祐六年八月十五日赐林悦二首均采用：

诗一：
长林派出下邳先，移入闽邦远更延。
忠孝有声天地老，古今无数子孙贤。
故家乔木蟠根大，深谷猗兰奕叶鲜。
上下相承同纪载，二千年后万千年。

诗二：
莆郡卿家名望族，三仁而下爵王公。
存孤实抗回天义，报国常摅贯日忠。
德润丰姿人有异，光增谱牒世无同。
古今记载难穷尽，一代强如一代隆。

以上意见望林氏宗亲今后在纂修宗谱时考虑采用。若《全宋诗》编著学者能加以指正并录用在《全宋诗》中，其影响面和权威性何止千倍万倍。自是本文之幸，更是后之《林氏宗谱》纂修者之幸。

         戊戌（2018年）仲秋
         九牧蕙公三十九世孙，高级工程师　林海撰

谱序

林氏源流总序

温彦博　唐（632年）

　　林氏之先出自黄帝、高辛氏之后。黄帝乃有熊国君少典之子，姓公孙，名轩辕。母曰附宝，视大电绕北斗枢星，感而孕二十五月而生帝于寿邱，长于姬水。有圣德，受国于有熊氏。纳四妃，生二十五子，得姓者十四人为十二姓：姬、酉、祁、己、滕、葴、任、荀、僖、姞、儇、依。其元妃，西陵氏之女曰螺祖，生二子，长，玄嚣。玄嚣生蟜极，蟜极生帝喾，为高辛氏。娶有绒氏女名简狄，从祀于禖，沐于玄邱之水，见玄鸟堕卵，取而吞之，遂孕而生契。《诗》云："天命玄鸟降而生商"是也。及长，贤而舜登庸之。荐于尧，为司徒。佐禹治水有功，乃封国于商，赐姓子氏。契生昭明，昭明生相土，相土生昌若，昌若生曹圉，曹圉生冥，冥生振，振生微，微生报丁，报丁生报乙，报乙生报丙，报丙生主壬，主壬生主癸，主癸生天乙，谥曰"成汤"。伐夏桀得天位，为殷国。传太丁（未立而卒）、外丙、仲壬、太甲、沃丁、太庚、小甲、雍己、太戊、仲丁、外壬、河亶甲、祖乙、祖辛、沃甲、祖丁、南庚、阳甲、盘庚、小辛、小乙、武丁、祖庚、祖甲、廪辛、康丁、武乙、太丁、帝乙而生帝辛，为商纣。暴虐无道，杀害生民。

　　比干，纣诸父，帝乙庶弟也。位为少师，与微子、箕子同佐纣。见纣无道，饰非拒谏，微子去，箕子囚，乃叹曰："主过不谏非忠也，畏死不言非勇也，即谏而不从且死，忠之至也。"乃陈先王创业之艰难，天命之不易，国家将亡之明征，请王洗心易行，伏于象魏之门，不去者三日。纣问："何以自持？"比干曰："善行仁义，所以自持。"纣大怒曰："比干自以为圣人，吾闻圣人心有七窍，信有之乎？"遂杀比干，剖视其心。

下令曰："宗少师说妖言惑众，故诛之。"又剖比干次妃胎而观之。时，正妃夫人陈氏甫孕三月，恐祸及，即将侍婢四人奔于牧野，避纣之难于长林石室之中，已而生男，名坚，字长恩。

至周武王伐纣，天下平定，夫人乃将男坚归周。武王以其居长林而生，遂因林而命氏，赐姓为林氏。又以其殷汤之后，先王之胄，且能远害避纣之难以不绝其世，其智足以任政，遂以坚为大夫，食邑博陵，受封爵焉。

夫，人受姓各有所因：或因生而得姓，或因官而命氏。有功则有官，族邑亦如之，是其义也。如黄帝生于姬水姓姬，尧长伊耆姓伊，舜诞姚墟姓姚，此因生而得姓者也。因官而命氏，若司马、司徒之类是也。官族者若孟孙、叔孙之类是也。从食邑而姓，取地而姓者，各因其所封之地，若管、蔡、宋、楚、齐、魏、韩、梁是也。

林之受姓者实从坚始。坚之后世居博陵，子孙遂成阀阅。历周、秦及汉，玉钮金绳，枝党繁兴，荣荫当世。战国以来遇秦始皇焚书坑儒，谱牒散落。后汉之末遭董卓迁都长安，坟籍亡失。卓言："林氏宗党，强于河北。"汉主受卓谮，收林氏宗族七百四十四人同时流窜，昭穆失序。降及三国鼎立，天下咸为战争，生民唯习武功，莫知文艺。爰自晋氏失驭，五马浮江。戎狄乱于北土，衣冠避于南地，并以枝分叶散，前后谱牒为所阙漏。自非建盛节，立奇功，可以著美一时，垂名千载，鲜有不堕者矣。

以故，大族帝王之苗，世家诸侯之裔，忠臣孝子，文德武功，各擅兰芳，俱传桂馥，著司马迁之《史记》，传叙殊名。见篇目之繁文，虽君臣异式，莫不世序相承，昭穆不紊。及观受姓得封之因，原委可究。桑梓卜居，邱陵兆域，适时迁而南渡，遇世乱而北移，或受爵而西分，亦因居而东徙。虽复三江殊流，同出岷山；九河分埏，终归沧海。缀集条贯，举纲宏目。派系虽别于九州，星罗还同于五纬。上自博陵受封，下及贵贱无殊，具提缄封，名曰"宗谱"。

惟夫，盖代奇绩，旧载茂陵之书；冠世高勋，先记邱明之史。各随事实，欲其信传。庶几来代哲人尚有所考云。

时
贞观六年四月朔
中书令、西河公，并州　温彦博撰

林氏源流总序

（译文）

　　林氏的祖先是黄帝、高辛氏的后代。黄帝是有熊国君少典的儿子，姓公孙，名轩辕。黄帝的母亲名附宝，因为看到闪电环绕北斗枢星，受感应而怀孕二十五个月在寿邱（轩辕之邱）生下黄帝。黄帝在姬水边长大，因为有圣德，继承了有熊国君。

　　黄帝娶了四个妃子，生了二十五个儿子，得到姓氏的有十四个儿子共得十二个姓：姬、酉、祁、己、滕、葴、任、苟、僖、姞、儇、依。其正妃是西陵氏之女名螺祖，生了两个儿子，长子名玄嚣。玄嚣生蟜极、蟜极生帝喾。帝喾就是高辛氏。

　　帝喾娶有娀氏女子简狄为妻，简狄为求子到郊外去祭祀，在玄邱河里沐浴，看见黑色的燕子产下鸟蛋，拿来吞食了，就怀孕而生下契。《诗经．商颂．玄鸟》说："天命玄鸟降而生商。"说的便是这件事。等到契长大了，因为贤明而被舜选用，后来舜又把契推荐给尧，任命为司徒。

　　由于契辅佐大禹治水有功，被封为商国国君，赐姓子氏。契生昭明、昭明生相土、相土生昌若、昌若生曹圉、曹圉生冥、冥生振（又名王亥）、振生微（又名上甲微）、微生报丁、报丁生报乙、报乙生报丙、报丙生主壬、主壬生主癸、主癸生天乙。天乙死后，谥曰"成汤"。

　　天乙因为讨伐无道的夏国国君桀而得到王位，成了殷国国君。传位太丁（未即位就死了）、外丙、仲壬、太甲、沃丁、太庚、小甲、雍己、太戊、仲丁、外壬、河亶甲、祖乙、祖辛、沃甲、祖丁、南庚、阳甲、盘庚、小辛、小乙、武丁、祖庚、祖甲、廪辛、康丁、武乙、太丁、帝乙而生帝辛。（帝乙生了三个儿子：长子微子启、次子仲衍都不是皇后所生。三子受，又名辛，即纣也，因其是皇后所生，故继承皇位。）帝辛就是商纣王，暴虐无道，滥杀无辜。

　　比干是商纣王的叔父，是帝乙的异母弟弟。因为贤德，位为少师，与微子、箕子共同辅佐纣王。看到纣王无道，饰非拒谏，微子逃走了，箕子被囚禁了。于是便叹道："君主有过错而不劝谏是不忠，怕死而不敢劝谏是不勇，即使是因为劝谏，君主不听从，而被君主杀害,那是至高的忠。"于是便向纣王陈述先王创业之艰难,遵循天命治国之不易,国家即将灭亡之征兆,请求纣王洗心革面,改正错误,伏于宫门三日不肯离开。纣王便问比干:"你凭什么敢坚持这样做?"比干说:"凭我这是仁义之举,所以敢于坚持。"纣王大怒说:"比干自以为是圣人,我听说圣人的心有七个孔,相信会有吗?"便杀了比干,剖出他的心来看。并下令说:"我的叔叔少师比干妖言惑众,因此我杀了他。"又残忍地剖开比干次妃的肚子,看她腹中的胎儿。

当时,比干正妃夫人陈氏刚刚怀孕三个月,恐怕被纣王杀害,便带了四个侍婢逃到京城朝歌的郊外,藏在山上长满树林的石洞之中,不久,生下一个男孩,取名坚,字长恩。

等到周武王讨伐商纣王,天下平定之后,夫人才带着男孩坚归周。武王因坚是在长满树林的山中出生的,便以树林的"林"而赐坚林姓。又因为坚是殷朝开国君王"成汤"的后代,是先王帝乙的子孙,而且能够逃过纣王的杀害,使比干没有绝后,因此认为坚的智力足以从政,便封坚为大夫,封地在博陵郡。林坚便得到封地和爵位了。

每个人得到姓氏都有不同的原因:或者是生下来就有姓,或者是因为当官而以官名为姓,因为有功就有官,宗族聚居的城邑也随之得到姓氏,这就是得到姓氏的道理。如黄帝生于姬水就姓姬、尧长于伊耆就姓伊、舜诞于姚墟就姓姚,这就是因为生长在什么地方因而得姓的例子。以官名为姓的如司马、司徒等等。以官族为姓的如孟孙、叔孙等等。以封地的地名为姓的如管、蔡、宋、楚、齐、魏、韩、梁等都是。

因此、林氏宗族得到"林"姓,实在是从林坚开始的。林坚的后代世居博陵,子孙便成了当地有名望的世家。经历了周、秦、汉几个朝代,当官的连续不断,宗族繁衍兴旺,荣荫当世。战国以来,遭遇了秦始皇焚书坑儒,宗族的谱牒散失。后汉末年,又遭遇权臣董卓强行将国都从洛阳迁往长安,祖宗坟籍全部失去。尤其是董卓又向汉献帝进谮言,说:"林氏宗族党羽的势力在河北过于强大,对皇权是个威胁。"汉献帝听信了董卓的谮言,便把林氏宗族中的七百四十四人同时流放,致使林氏宗族谱牒遗失,辈分失序。之后,魏、蜀、吴三国鼎立,天下战乱不断,百姓只练武功,不重文艺,当然更不会关注谱牒。待到西晋末年,晋皇朝对局势失去控制,晋皇室司马氏的五位王爷为躲避战乱南渡长江。北方几个少数民族乘乱纷纷建立国家,西晋的官员和文人绅士也相继逃避到南方。因此,宗族分散,宗谱文牒也随之缺漏。除非建立了高尚的节操和建立了奇功的人,可以名扬当代,名垂千古之外,便很少有人不被遗漏的了。

所以、帝王的后代,诸侯的子孙,忠臣孝子,有德行的文臣,有功勋的武将,贤人美事,都在司马迁的《史记》中得到传述。篇目繁多,文章精彩。虽然君臣记叙的

林氏源流总序 | 谱 序

形式不同,但都能做到世序相承,辈分不乱。再看得到姓氏和赐封官爵的原因,事情的始末都能考究。家乡居处的选择,祖宗墓地的安置,或随当时大迁徙而南渡,或遇乱世而北移,或受封爵而西分,或因家居而东徙。虽宗族分散像三江殊流,但水源同出岷山;像九河分道,但水流终归大海。经过编辑和系统化,虽派系不同且分散在全国各地,但源流是可以追寻的。上自坚公受封于博陵,下到全体族人,不分贵贱,都同样列有名字,密封上报,名叫"宗谱"。只有做出盖世成绩的人,名字才记载在《史记》中。只有做出冠世功勋的人,名字才记载在《左传》中。各按事实,代代相传。或者后代有智慧的人还会有所考究。

贞观六年(632年)四月初一
中书令、西河公,并州　温彦博撰

林氏谱系序

林蕴　唐（800年）

昔，商王子比干遭纣无道，累贡直言，剖心而死。夫人陈氏娠方三月，逃于长林石室中，生男泉。周武王伐纣，封比干墓。召其夫人，赐所生子姓林名坚，以其林中石上所产也。封清河郡，今贝州也。命为三监，次拜大夫，移封博林郡，食邑二千户。

其后林放问礼之本，在七十二子之列。《左传》有林雍、林楚、林不狃。《庄子》有林回弃千金之璧。赵有宰相林皋，生九子，国人称之曰："九德之父"，"十德之门"。汉有太子太傅林尊。吴有将军林恂。晋有林伯昇与释道安为友。齐有皇后林氏。继后，颖公居于徐州下邳郡，生二子：懋、禄。

禄公仕晋，"永嘉之乱"，元帝南巡，禄公扈从。公初为招远将军，次迁合浦郡太守，考满，任晋安、温陵二郡，又敕守温陵而终。温陵即闽泉州也。后追封"晋安郡王"，子孙相继，遂居于闽。

按：《史记》汉武帝时，越王馀善叛。诏楼船将军杨仆、韩安国共围闽。闽人恐惧，杀馀善，送首降。武帝以闽越数叛，命迁其民于江淮，久空其地。今诸姓入闽，自永嘉始也。

时
贞元十六年庚辰九月望后三日
裔孙，水部员外郎、邵州刺史　蕴序

林氏谱系序

（译文）

　　从前，商朝王子比干，因纣王无道，累次直言劝谏，被纣王剖心而死。比干的夫人陈氏怀孕刚三个月，便逃难到长林石室之中，生下一个男孩名泉。

　　周武王消灭了纣王，即为比干封墓。召来比干的夫人，赐其子姓林名坚，因为他是在长林石室中出生的。封地在清河郡，今之贝州，任命为三监。其后又任命为大夫，封地改在博陵郡，封地为二千户人家的田赋。

　　林坚的后代林放，是孔子著名的七十二弟子之一，曾问孔子："礼的本质是什么？"《左传》记载有：林雍、林楚、林不狃。《庄子》记载有林回抛弃价值千金的玉璧而背着幼子逃难的事。赵国有宰相林皋，生了九个儿子，国人称之为："九德之父"，"十德之门"。汉朝有太子太傅林尊。吴国有将军林恂。晋朝有林伯昇与著名高僧释道安是好友。齐国有皇后林氏。再后来，有林颖居于徐州下邳郡，两个儿子：林懋、林禄。

　　林禄在晋朝为官，"永嘉之乱"林禄随琅琊王司马睿（后来的东晋元帝）南渡长江。当时，林禄是招远将军，后改封为合浦郡太守。政绩考核合格后，任命为晋安、温陵二郡太守，又奉旨镇守温陵到终老。温陵就是闽之泉州。林禄后来被追封为"晋安郡王"，子孙相继，便居于闽。

　　按：《史记》载，汉武帝时，越王馀善叛乱，汉武帝下旨命令楼船将军杨仆、大司农韩安国共同围剿。闽人感到害怕，便杀了馀善，献其首级投降汉军。

　　汉武帝因闽越数次叛乱，便下令把当地百姓迁到江淮，长期空置该地。到永嘉年间，百姓才开始入闽。

贞元十六年（800年）庚辰九月十八日
裔孙，水部员外郎、邵州刺史　林蕴序

元和姓纂·林氏篇

林宝　唐（812年）

　　林，殷太丁之子比干之后。比干为纣所灭，其子坚逃难长林之山，遂姓林氏。
　　鲁有林放，仲尼弟子。《左传》：林雍、林不狃、林楚，代仕季氏。《左传》云："林楚之先，皆季氏之良也。"
　　齐有林阮，见《说苑》。林类，见《列子》。林回，见《庄子》。
　　济南邹县《风俗通》云：林放之后至林玉为赵相，有九子，号"十德之门"，居于九门，见《戚苑》。子孙秦末居齐郡邹县，汉分齐郡置济南，遂为郡人。玉玄孙挚仕汉，封平棘侯，传封四代，见《功臣表》。曾孙林遵，字长宾，受《尚书》於同郡欧阳高，官至少府太子太傅，见《汉书·儒林传》。遵六代孙邈，后汉徐州刺史、清泉侯，五代孙乔，字伯升，与释道安为友，见《高僧传》。伯升玄孙道明后魏清河太守，生胜北齐散骑侍郎。魏分清泉为临清，今兖州临清人也。胜生昙，昙生通，通生登，唐清苑、博野二令，以二子官居高陆，入关居三原县。生游楚、游艺、游道、游真。游楚自万泉令应燮理阴阳科第二等，擢夏官郎中，出为凤、陈、鄜三州刺史，生希邱、希望、希礼。希邱定平丞，生肃、琨。肃延安主簿，生少良、伯成、季随、贾。伯成偃师尉。琨司驾员外知制诰，生礼，膳部右司郎中、谏议大夫、中都男，赠兵部侍郎、工部尚书，生贲、贽、贵、宝。贲左神武冑曹；贽崇文校书，并举进士；贵定平丞，三代进士；宝太常博士。希礼生璠、玒。璠京兆法曹，生伸、偃。伸白水令；偃司仪郎。游道高平令，生希业、涛、洋。业河南法曹，生弼、赏。弼王屋令；赏监察御史。涛渭南尉，孙清越郏令。洋密、衢、常、润、苏……九州刺史。生晔、益、实、毕。晔万年尉；益河阳丞。游真孙明大理司直，榆次县令。
　　平凉：后魏平凉太守林逌，称遵后，晋永嘉后，平凉女为魏孝文帝后，生废太子恂。
　　广陵：监察御史林衮，状称遵后。后汉末，恂仕吴，因居焉。恂盖衮之先也。
　　魏郡：林放之后，状称本居广平任县，隋末徙魏州。唐率更令林庭珉女为元宗昭仪，生万春、宜春二公主，其子实，为湖城令。

晋安：林放之后，晋永嘉渡江，居泉州。东晋通直郎林景十代孙宝昱，泉州刺史。今领判官、监察林藻，江州判官兼监察林蕴，皆其后也。

成都：汉有林间，善古学，杨雄师之，见《雄集》。

河南：《官氏志》邱林氏改为林氏。

宪宗元和七年

太常博士　宝撰

元和姓纂·林氏篇

（译文）

　　林氏是殷朝国君太丁之子比干的后代。比干被殷纣王杀害，其子坚逃难到长林山中，因此便姓林氏。

　　鲁国有林放，是孔子的弟子。《左传》记载有：林雍、林不狃、林楚，几代都在鲁国执政者季孙氏家族为官。《左传》说："林楚的祖先都是季孙氏家族的良臣。"

　　齐国有林沉，见《说苑》；林类，见《列子》；林回，见《庄子》。

　　济南邹县《风俗通》说："林放的后代至林玉（又名林皋）为赵国宰相，生了九个儿子，都很贤明，号称"十德之门"，住在九门，见《戚苑》。林玉的子孙于秦朝末年居住在齐郡邹县，汉朝析分齐郡为济南郡，便成了济南郡人。林玉的元孙林挚在汉朝为官，被封为平棘侯，爵位传袭四代，见《功臣表》。林挚的曾孙林遵（古遵通尊），字长宾，师从同郡人欧阳高钻研《尚书》，官至少府太子太傅，见《汉书.儒林传》。林遵六代孙林邈为后汉（东汉）徐州刺史、清泉侯。林邈五代孙林乔、字伯昇，与高僧释道安是好友，见《高僧传》。林乔的元孙林道明是后魏（北魏）清河太守。林道明的儿子林胜是北齐散骑侍郎。后魏（北魏）析分清泉为临清，即今兖州临清县人。林胜生林昰、林昰生林通、林通生林登，林登是唐朝清苑、博野二县县令，因为二子官居高位，便入（潼）关居于（陕西关中）三原县。林登生林游楚、林游艺、林游道、林游真四子。林游楚原是万泉县令，后应试"燮理阴阳科"，考中二等，晋升为夏官郎中，出任凤、陈、鄘三州刺史。林游楚生林希邱、林希望、林希礼三子。林希邱是定平县丞，生林肃、林琨二子。林肃是延安县主簿，生林少良、林伯成、林季随、林贾四子。林伯成是偃师县尉。林琨是司驾员外、知诰事，其子林礼是膳部右司郎中、谏议大夫、中都郎，赠兵部侍郎、工部尚书。林礼生林贲、林赟、林贵、林宝四子：林贲是左神武胄曹；林赟是崇文校书，并举进士；林贵是定平县丞，三代进士；林宝是太常博士。林希礼生林璠、林玘二子。林璠是京兆法曹，生林伸、林偃二子：林伸是白水县令；林偃是司议郎。林游道是高平县令，生林希业、林涛、林洋三子。林希业是河南法曹，生林弼、林赏二子：林弼是王屋县令；林赏是监察御史。林涛是淮南县尉，其孙子林清越是邺县令。林洋是密、衢、常、润、苏……九州刺史，生林晔、林益、林实、林毕四子：林晔是万年县尉；林益是河阳县丞。林游真的孙子林明是大理寺司直、榆次县令。

平凉林氏：后魏（北魏）平凉太守林遁，称是林遵的后代。西晋永嘉后，林遁的女儿是魏孝文帝的皇后，儿子是废太子恂。

广陵林氏：监察御史林衮，传纪称是林遵的后代。后汉（东汉）末年，林恂在吴国为官，故居于广陵。林恂是林衮的祖先。

魏郡林氏：魏郡林氏是林放的后代。传纪称魏郡林氏原来居住在广平郡任县，隋朝末年迁至魏州。唐朝率更令林庭岷的女儿是唐玄宗的昭仪（嫔妃），生了万春、宜春二位公主。林庭岷的儿子林实是湖城令。

晋安林氏：晋安林氏也是林放的后代。西晋永嘉渡江后，居于泉州。东晋通直郎林景的十代孙林宝昱（谱为林孝宝）是泉州刺史。今领判官、监察林藻，江州判官兼监察林蕴都是林宝昱的后代。

成都林氏：西汉学者林间、善于古学，辞赋家杨雄师从林间。见《雄集》。

河南林氏：据《官氏志》，河南的邱林氏改为林氏。

宪宗元和七年（812年）
太常博士　林宝撰

重广邵州续庆图序

林瑜　北宋（1097年）

　　林氏得姓，其来尚矣。比干为纣少师，伤宗室之危，累贡直言，剖心而死。时，夫人陈氏有遗腹，逃于长林石室之中，生男泉。周武王克商，命闳夭封比干墓，赐泉林姓坚名，以林中石室产也。食采于清河，移封博陵郡公，至今二郡为林氏之望。厥后有雍、楚、不狃见于《春秋》。放、回、既、类见于《传》。

　　放，鲁人也，为孔门弟子，望称鲁国者始此。尊，济南人，以尚书仕汉至太傅，望称济南者始此。赵有宰相皋，子九人皆贤，时号"九龙之父"、"十德之门"。历国仕宦，曾无旷世；间有贤人，班班可纪。

　　四十五代祖颖公居下邳，子：曰懋、曰禄。懋为下邳太守，子孙婚宦不离桑梓，至唐亦为甲姓。禄为晋招远将军，随晋元帝南渡后，除晋安太守，因家焉。自汉武帝灭粤之后，以闽粤数叛徙其民于江淮，遂空其地。至是，诸姓始入闽。

　　禄公十四世而生瀛州刺史玄泰，瀛州生饶阳太守万宠，饶阳生睦州刺史披。饶阳以上并居北螺村，至睦州始卜于澄渚居焉。睦州九子，联影穿杨，各剖符竹；衣冠之盛，光映闾里。初，闽人未知学。睦州次子江陵府使藻、六子邵州刺史蕴与欧阳四门詹继登科第，声振闽中。号为："欧阳独步，藻、蕴横行。"今澄渚一宗皆出睦州之胤，犹宦学不替。

　　其他分布山泽，苗裔滋析亦为茂族。今纪其在吾邑者：涵江有天章侍讲瑀、都官郎中谘；长城有学士英、太常少卿茂；洗马洋有国子博士仲舒；上溪有太常博士读。其在他邑者：闽县有辨，五子皆列仕路；福唐有高，父子甲科；长乐有休复，兄弟三人擢第。皆系出澄渚。

　　自饶阳四世而生欑，以孝感甘露三降，白乌再翔；诏旌门闾，子孙绵盛。谓之"阙下林家"，又自北螺而迁焉。

　　自是而后，居莆田北螺者尤盛。往往福、泉诸林皆系莆田北螺之裔。士宏建国豫章称"大楚皇帝"，《唐史》记谓："本莆田北螺人"，则其宗种散落远矣。今其地遂墟，犹号"林埔"。

林氏之在福泉最为著姓。莆田于晋安为支邑。唐定天下氏族百九十有八家，许通婚姻，而林为晋安郡姓之首。所谓：林、黄、陈、郑、詹、邱、何、胡是也。

自比干而下，名字、爵世乃贞观六年，中书令温彦博所定，藏在秘阁。邵州蕴在史馆得其副本，更自诠叙为《续庆图》。今所传，文字讹舛、世次不完。但自禄公以下，子孙所藏刊本世代最详。遂加刊改、演为成书，号《重广邵州续庆图》。

余每念家世，自得姓以来，忠、孝、儒、学，光荣一时。丕缵前烈，遗芳后嗣。而近代肯构，殊愧前人，其可不勉哉！

       时

       绍圣四年丁丑孟秋

       裔孙，从政郎、永明县令　瑜序

重广邵州续庆图序

(译文)

我们林氏宗族得到"林"姓,已经很久远了。比干为商纣王少师,因忧伤商朝宗室之危难,多次直言进谏,被纣王剖心而死。当时,其夫人陈氏已怀孕,便逃到长林石室之中,生下一个男孩,取名为泉。

周武王推翻了商朝,命令大臣闳夭为比干封墓。因为泉生于长林石室之中,故赐泉林姓坚名。赐封地于清河郡,后又改封博陵郡公。至今林姓还是这二郡的名门望族。其后有:林雍、林楚、林不狙,见于《春秋》。林放、林回、林既、林类,见于《左传》。

林放是鲁国人,是孔子的学生。林氏宗族成为鲁国的名门望族,开始于林放。

林尊是济南人,是西汉的经学博士,官至太傅。林氏成为济南的名门望族,开始于林尊。

赵国宰相林皋,有九个儿子,都是贤人。当时号称"九龙之父""十德之门"。

历朝历国都有林氏族人做官,都有林氏族人成为贤人,史料上记载得清清楚楚。

第四十五世祖林颖居于下邳,他有两个儿子:一个名林懋、一个名林禄。林懋是下邳太守,其子孙结婚和做官,都不离开家乡,至唐朝亦成为下邳的第一大姓。林禄为晋朝招远将军,随晋元帝南渡后,任晋安太守,便在晋安安家了。

自汉武帝消灭粤国之后,因为闽粤多次反叛,便把闽粤的百姓迁徙到江淮一带,使闽粤成为空地。到晋元帝南渡之后,百姓才入闽。

林禄第十四世而生瀛州刺史林玄泰,林玄泰生饶阳太守林万宠,林万宠生睦州刺史林披。饶阳太守林万宠以上,都居于北螺村。至睦州刺史林披,始迁居于澄渚。林披九个儿子接连考中进士或明经擢第,个个得到任命为官。盛况空前,光映乡里。当初,闽人不知科举新学。林披的次子江陵府使林藻、六子邵州刺史林蕴与欧阳詹相继考取进士,声振闽中。号称"欧阳独步,藻、蕴横行"。今澄渚林氏宗族,都是林披的子孙,还是做官员和做学者的从未间断。

其他分布于山泽之间的林氏宗族,子孙繁衍,亦都发展成为昌盛的宗族。今在我县有记载者：涵江有天章侍讲林瑀、都官郎中林谘；长城有学士林英、太常少卿林茂；洗马洋有国子博士林仲舒；上溪有太常博士林读。其在他县者：闽县有林辨，五个儿子都当官；福唐县有林高，父子都考中进士；长乐县有林休复，兄弟三人都考中进士。他们都是出自澄渚一系。

饶阳太守林万宠第四世而生林欑，以孝道感动上天而甘甜的雨露三次降落，白羽的乌鸦再次来翔。皇帝下诏，旌表林欑的家族乡里。子孙绵延昌盛，称谓"阙下林家"。也是出自北螺村的。

自晋朝以后，林氏宗族居于莆田北螺村的尤为昌盛。往往福州、泉州的林氏宗族，都是莆田北螺村的后代。隋朝末年，林士宏在豫章建立国家，称为"大楚皇帝"，《唐史》记载说："林士宏本是莆田北螺村人。"那么北螺村的宗种传播就远了。现在，北螺村已经成为墟集，还是称为"林埔"。

林氏在福建泉州是最大的姓氏，莆田是晋安下属之县。唐朝定天下氏族为一百九十八家，允许通婚，而林姓是晋安郡之首姓，所谓：林、黄、陈、郑、詹、邱、何、胡是也。

自比干而下，名字、爵位和世系，（林氏源流总序）是唐朝贞观六年由中书令温彦博所撰并藏在秘阁中。邵州刺史林蕴在史馆得到其副本，便自己加以诠叙而成《续庆图》。现在所传的版本，文字错误，世次不全。但自林禄以下，在子孙所藏的刊本中，世次最为详细。我便加以刊改成书，名为《重广邵州续庆图》。

我每每想到家世：我们宗族自得姓以来，忠、孝、儒、学，非常荣耀。他们继承了祖先的辉煌业绩，给子孙后代留下盛德美名。而近代子孙未能将祖先的事业发扬光大，真是愧对前人，怎么能不加倍勤勉呢？

绍圣四年（1097年）丁丑年孟秋（七月）
裔孙，从政郎、永明县令　林瑜序

重广邵州续庆图跋

林大鼐　南宋（1147年）

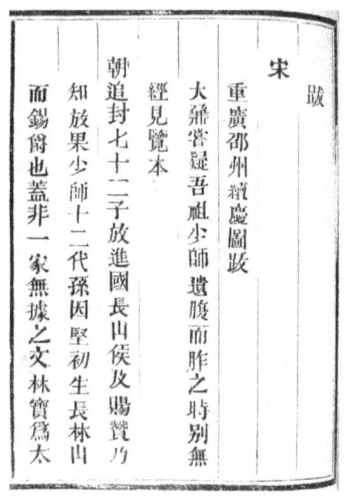

大鼐常疑，吾祖少师遗腹而胙之氏别无经见，及览本朝追封七十二子放为长山候及赐赞，乃知放果少师十二代孙，因坚初生长林山而锡爵也，盖非一家无据之文。

宝为太常博士，作《元和姓纂》，叙林氏得姓自比干，正合之。且云藻、蕴、欑实长山之后，晋安之裔也。

邵州蕴作《续庆图》，元和十四年书到家云：代宗大历中，惟谏议一房为近，今国子博士及京兆兵曹兄弟即吾伯仲也。亦足以荣宗族乡间，可叙列姓字继之于后。

《元和姓纂》所载：希旦为谏议大夫，宝为太常博士，藩为京兆兵曹，此一门衣冠赫奕，居济南，亦长山之后。当时世系蝉联，可以按昭穆而知谏议之远近。

今《续庆图》文字讹舛，尚失本胄，况其枝叶乎！

邵州作《睦州府君神道碑》云：瀛州生饶阳，饶阳生睦州，茔陇祭扫灼然犹在。而《闽中名士传》以林放为少师之后是矣。又言：其祖为温陵牧，至十六代孙披生子九人，次子藻戒其弟蕴曰："吾忠烈之后，今为遐服农人，诚可耻也。"遂负笈西上，连登科第。按：南平景公而下，瀛州玄泰公而上，无一世不簪缨。

永明瑜公《重广邵州续庆图》之作，比旧本最为详备，容有征考未尽处。万一他日得异书秘记及遇吾宗显于他乡者有能藏前代当时谱牒全书，庶增续其后矣。

时
绍兴十六年丙寅
裔孙，右谏议大夫兼侍讲、权吏部尚书　大鼐谨跋

重广邵州续庆图跋

（译文）

　　大鼐曾经怀疑：我们的祖先殷少师比干的遗腹子得到周武王赐予林姓之事，为什么在别的史书中没有见到过。待看了本朝追封孔子七十二弟子之一林放为长山候及赐予林放的赞词，才知道林放果然是少师比干的十二代孙。因比干的遗腹子坚当初生于长林山中而赐爵位为长山候。因此，周武王赐比干之子坚林姓之事，当然不是一家没有依据之文。

　　林宝为太常博士，在其著作《元和姓纂》中说："林氏宗族得到"林"姓是缘自比干。"与我们的祖先比干之子坚得到周武王赐予林姓之事正好符合。而且说："林藻、林蕴、林攒，是长山候林放的后代，晋安郡王林禄的子孙"。

　　邵州刺史林蕴作《续庆图》，元和十四年（819 年）寄书信到家中说：唐代宗大历年间（766—780 年），只知谏议大夫林希旦一房是我们的近亲，现在国子博士林宝及京兆兵曹林藩兄弟就是我的兄弟了。这也足以荣宗耀祖，光映乡间，可以把他们列入《续庆图》了。

　　《元和姓纂》所载：林希旦为谏议大夫，林宝为太常博士，林藩为京兆兵曹，这一家族衣冠显耀，都是大官，居于济南，也是长山候林放的后代。当时家谱世系蝉联，可以按昭穆世次而知谏议大夫林希旦和我们家族亲缘之远近。

　　现在所传的《续庆图》，文字错误，连本枝的子孙都有缺失，何况是其他分枝的后代。

　　邵州刺史林蕴在《睦州府君神道碑》中说：瀛州刺史林玄泰生饶阳太守林万宠，饶阳太守林万宠生睦州刺史林披。他们的坟墓都还在，时节的祭扫也在进行。而《闽中名士传》认定林放是殷少师比干的后代。又说睦州刺史林披的祖先是晋安郡王林禄。至第十六代孙林披生了九个儿子，次子林藻告诫其弟林蕴说："我们是忠烈的后代，现在在家务农，真是愧对祖先呵。"便背了书籍，赴京赶考，并相继考中进士。

按：南平侯林景以下，瀛州刺史林玄泰以上，没有一代无人当官。永明县令林瑜的《重广邵州续庆图》比旧的版本更为详尽，或者还有未收集和考证到的地方。如果以后万一有幸得到异书秘记以及我们林姓宗族显贵于他乡的人中有人收藏有前代当时的谱牒全书，希望能增续在《重广邵州续庆图》之后。

　　　　　　　绍兴十六年（1147年）丙寅
　　　　　　　裔孙，右谏议大夫兼侍讲、权吏部尚书　林大鼐谨跋

林氏得姓源流

林稃　南宋（1156年）

林氏出自子姓。王子比干，纣之诸父，位为少师，以直谏死。夫人陈氏有遗腹方三月，惧而遁于长林石室之间，已而生男。周武王克商，未及下车、封比干墓。征其夫人、爵所生男，以其诞于长林石上、故名之曰坚、赐姓林氏。食采于清河郡，今之冀州。改博陵爵公，封户二千，世为大夫。出膺牧伯之寄，入陪卿士之列。间世杰出，代不乏人：回则负赤子，重义而弃璧之珍；放则从圣人学，伤时而问礼之本；以至"炊鼻之战"，雍奋不顾身，怀报主之心；"蒲圃之役"，楚义不辞难，发一怒之勇；"稷曲之师"，不狃誓不却战，尽必死之忠；咸见名于《春秋传》。

自时厥后，世远支分。因居著姓，各以其人：尊在西汉，占籍于济南，以《尚书》论石渠，官至太子太傅。故林氏之望以济南称者，实自尊始。礼在西晋，徙于下邳。礼生颖，颖生二子：曰懋、曰禄。懋为下邳太守，子孙婚宦皆出于下邳，遂为徐之冠族。禄当"永嘉之乱"，从元帝南渡，充招远将军，领合浦郡牧，其后遂家于晋安之温陵而为其县人。温陵郡、今泉州府，隋曰温陵。

初，汉武帝诛东越王馀善。以闽粤数叛，移其民于江淮，久空其地。至是，禄公才入闽。故林氏之族在晋安者，自禄公始。禄生景，景生缓，其封国仍居于南平。自南平公九世而生孝宝，为泉州刺史。自泉州四世而生玄泰，为瀛州刺史。玄泰生长男曰万宠，为饶阳太守。万宠生三子：曰韬、曰披、曰昌。韬生尊、尊生欑，居母丧、庐墓有白乌、甘露之祥瑞。德宗诏立双阙，旌表门闾，时号"阙下林家"。今之居阙下者，皆欑之后也。昌之子曰萍，澧州司马，未老投簪、归休于游洋之莒村。今莒村之原，茔域犹存焉。披自北螺村迁于澄渚，有子九人，曰：苇、藻、著、荐、晔、蕴、蒙、迈、蔇。贞元间，同时为九州刺史，时号"九牧林家"。今之居澄渚者，皆披之子九牧之后也。

猗欤！林氏始祖，商之仁人。起于周之博陵，继于济南，绵于下邳，大于晋安。其源深蓄厚，故能发大流长。唐太宗命高士廉等刊正族氏，得一百九十八姓。退新门、进旧望。而林乃晋安郡姓之首，所谓：林、黄、陈、郑、邱、何、詹、胡是也。

莆间于泉、福，旧亦属泉。故其族上蕃衍于泉之外邑：如游洋，如仙游，所在诜诜，而莆田为尤盛。由东晋禄公以迄于今，凡七百余年，中遭兵火，衣冠裘绪流散于深山僻野，不一再传，相逢且如路人。况地之相去，世之相后，如此久且远乎哉！

考之《唐史》：藻以词学显，蕴以忠烈著，攒以孝友称，皆莆田人也。尝怪当时已自异不为伯仲。及蕴于秘阁得贞观六年温彦博所纂谱牒，因自叙其世，及于萍之行，则为从兄弟。于攒之行，则为从叔侄。然后知其本之所自出，未始不同于一宗也。

年代寖远，不可不谨世系，以示所承。使我子子孙孙，恢祖宗积累之业，不堕于前；振忠孝儒雅之风，以贻厥后。庶几世世聿修，无忝尔祖云。

　　　　　　　　　　绍兴丙子五月五日
　　　　　　　　　　嗣孙，赐进士出身、迪功郎、福州长乐尉　秤述

> 林氏得姓源流
>
> 林氏出自子姓王子比干紂之诸父位為少師以直諫死夫人陳氏有遺腹方三月懼而遯於長林石室之間已而生男周武王克商未及下車封比干墓徵其夫人寵所生男以其誕於長林石上故名之曰堅賜姓林氏食采於清河郡今之冀州政博陵爵公封戶二千世爲大夫出膺牧伯之

林氏得姓源流

（译文）

　　林姓出自子姓，子姓商朝的王子比干是纣王的叔父，位为少师。因以直言劝谏无道的纣王，被纣王剖心而死。比干的夫人陈氏当时已有三个月的遗腹子，恐被纣王加害而逃避到树林里的石洞中，不久生下一个男孩。

　　周武王推翻了商朝，未及登王位就为比干封墓。征召比干的夫人，并为比干的儿子封爵。因其出生于树林石洞之中，故取名为坚，赐姓为林。封地在清河郡，即现在的冀州。后改封在博陵郡，封地为二千户人家的田赋，世袭为大夫。出外则享受州郡长官的待遇，回朝便归入卿大夫的行列。

　　其后，林氏宗族，世代都有杰出的人才出现：林回抛弃价值千金的玉璧而背负幼子逃难。林放是孔子的弟子，有感于时弊而请问孔子："礼的本质是什么"？以至"炊鼻之战"，林雍奋不顾身，效忠国主。"蒲圃之役"，林楚义不容辞，勇于赴难。"稷曲之师"，林不狃誓不却战，尽必死之忠。以上都名见于《春秋传》。

　　自此之后，世代久远，林氏宗族支系分散。林氏在所居之地成为著名大姓便各以其人：林尊在西汉时居于济南，因与多位儒生在石渠阁讲论新旧《尚书》的异同，受到汉宣帝的重用，官至太子太傅。所以，林氏在济南成为有名望的宗族，是从林尊开始的。林礼在西晋时迁移到下邳。林礼生林颖，林颖生了两个儿子：林懋、林禄。林懋是下邳太守，子孙婚配和做官都在下邳，便成了徐州最有名望的宗族。林禄在"永嘉之乱"时随晋元帝南渡长江，担任招远将军，后任合浦郡太守。他的后代便居于晋安之温陵，成了温陵人。温陵郡就是现在的泉州府，隋朝时名为温陵。

　　当初，汉武帝杀了东越王馀善。因为闽粤数次叛乱，便把当地百姓迁移到江淮一带，长期空置该地。到永嘉时，林禄才入闽。所以，林氏宗族居于晋安是从林禄开始的。林禄生林景，林景生林缓。林缓被封为南平侯才移居于南平。林缓第九代而生林孝宝，为泉州刺史。林孝宝第四代而生林玄泰，为瀛州刺史。林玄泰的长子林万宠，为饶阳太守。林万宠生了三个儿子：林韬、林披、林昌。林韬生林尊，林尊生林欑。林欑在母丧期间为母亲守墓，出现白羽的乌鸦、甘甜的雨露之祥瑞景象。唐德宗下旨建立双阙，旌表林攒的家族乡里，当时称为"阙下林家"。现在居住在"阙下"的林氏宗族，都是林攒的后代。林昌之子名林萍，为澧州司马，未到退休年龄便提前辞官回归游洋之莒村休养。现在在莒村的原野上还保存有他的坟墓。林披从北螺村迁移到澄渚，他有九个儿子，名曰：林苇、林藻、林著、林荐、林晔、林蕴、林蒙、林迈、林既。同在贞元年间出任九个州的刺史，当时号称为"九牧林家"。现在居住在澄渚的林氏宗族，都是林披之子"九牧"的后代。

　　妙啊！林氏的始祖是商朝的仁人。林氏宗族起源于周朝的博陵郡，继续于济南，绵延于下邳，发大于晋安。因其根深源远，所以枝繁叶茂，子孙绵长。

　　唐太宗命大臣高士廉等人刊正全国氏族，退除本朝新立的门户，划入有名望的旧族，共得一百九十八个姓氏。林氏宗族是晋安郡第一大姓，所谓："林、黄、陈、郑、邱、何、詹、胡"是也。

　　莆田在泉州和福州之间，过去也隶属泉州。所以林氏宗族繁衍于泉州以外的县城：如游洋、如仙游等许多地方，而莆田尤为繁盛。

　　自东晋林禄到现在已有七百多年，中间遭遇兵火，谱牒流散于深山僻野之中，不能正常传承，同族的人相逢如同陌路。况且，居住的地方相隔越来越远，分开的时间越来越久，这样，同族的人就会越来越疏远了。

　　考查《唐史》：林藻以词学造诣而显赫、林蕴以忠烈义举而闻名、林攒以孝友之道而著称，他们都是莆田人。当时他们也曾经怀疑过，他们三人为什么不是兄弟？等到林蕴在宫廷藏书秘阁中得到贞观六年温彦博所编撰的谱牒，因此，各自叙述世系，方知，到林萍这一辈，和林藻、林蕴是堂兄弟，到林攒这一辈，和林藻、林蕴则是堂叔侄了。然后知道他们原本是出自同一个祖宗。

　　年代逐渐远去，对世系不可不严谨，以表明各自的传承。使我们林氏宗族的子子孙孙，前能发扬祖宗积累的功业，永不堕落。后能振奋忠孝儒雅的家风，传承子孙。这样才能世世代代继承和发扬祖先的德业，才能无愧于我们的祖先。

　　　　　　　　　　　　　　　绍兴丙子（1156年）五月五日
　　　　　　　　　　　　　　　嗣孙，赐进士出身、迪功郎、福州长乐县尉　林稆述

林氏宗谱序

程大昌　南宋（1169年）

粤稽林氏之先，始自比干之子逃难于长林山，因以林为氏，子孙遂氏焉。则自三代以来，其为名世也远矣，皎然翘然天下知有林氏。秦、汉之时，裂而复合，合而复涣，其间四布而不可计矣。传至唐太宗诏修天下谱牒，退新门，进旧望，左膏粱，右寒畯，合一百九十三姓，千六百五十一家。而林氏实与首称焉。

今孔门弟子放公为奕世之祖，子孙游宦不一，散处四方：有居于燕山、上谷、中山、天中、蜀郡、维扬、淮阴者；有迁于三山、清源、清漳、长溪、平海者；有居于豫章、楚黄、建武、彭城、大梁、晋阳、东鲁、广东、番禺者；有徙于金陵、姑苏、宣城、昆陵、云间、新安、歙州、婺州者。皆出闽中、济阳之派也。历传至我皇宋，父子德业显赫，世为名宦而遂为天下右族氏也，而又有谱牒以贻休后人，世臣乔木之家咸莫与之京焉。

嗟夫！士之为名士有二：人品与家世而已。人品不足而家世尤足以振之，人品与家世俱足而无忝于所生。林氏子孙并皆有之，此其所以名世也，此林氏之谱所由作也。谨序。

乾道五年岁在己丑中秋日
吏部尚书、龙图阁学士，休宁　程大昌撰

林氏宗谱序

（译文）

据考查，林氏的祖先始自比干的儿子，因其逃难到长林山中，因此以林为姓，子孙便以林为姓氏了。这样，从夏、商、周三代以来，林氏成为名门望族已经很久远了，卓越超群，天下闻名。秦汉时期，天下分而复合，合而复分。林氏在此期间分散于各地而不可统计。到唐太宗下旨撰修天下谱牒，清退本朝新立的门户，划归有名望的旧族，左列出身富贵的人家，右列出身寒微而才能杰出的人家，共得一百九十三姓，一千六百五十一个家族。而林氏实得首称了。

现在，孔子的弟子林放是林氏累世的祖先。子孙在各地做官，便散处于各地：有的居于燕山、上谷、中山、天中、蜀郡、维扬、淮阴；有的迁移到三山、清源、清漳、长溪、平海；有的居于豫章、楚黄、建武、彭城、大梁、晋阳、东鲁、广东、番禺；有的迁移到金陵、姑苏、宣城、昆陵、云间、新安、歙州、婺州。都是出自闽中、济南的派系。传到宋朝，父子德业显赫，世代都做大官，而成为天下大族氏了。且又有谱牒留下美名传给后人，历代有功勋的大家族都不能与之相比。

啊！士人成为名门世族有二个条件：人品与家世。人品不足而家世特别显赫的足以弥补，人品与家世都好便无愧于所生了。林氏子孙人品与家世都好，这就是林氏成为名门世族的原因，这就是撰修林氏宗谱的原因。谨以此为序。

乾道五年（1169年）岁在己丑中秋日
吏部尚书、龙图阁学士，休宁　程大昌撰

林氏世系总纪

朱熹　南宋（1179年）

　　林氏出自子姓，黄帝之裔。历虞、夏、商，三十三代而生比干，为纣少师。因直谏，纣剖其心而死。夫人有妫氏娠三月而逃于长林石室之间，已而生男。周武王克商，未下车而封比干之墓，征所生男，赐姓林氏，命名为坚。仍诞育地食采于博陵，世为大夫。

　　自周迄东晋以至今，豪生杰出，代不乏人。春秋时有林回、林放、林雍、林楚、林不狃，或以忠孝，或以文德。

　　秦末，子孙居齐郡，后改济南郡，林尊为郡人，以尚书论石渠，官至太傅。林氏之望于济南者，自尊公始也。

　　阅西汉、新室、东汉、曹魏至西晋，有林礼者徙于下邳。礼生颖、显。颖生二子：曰懋、曰禄。懋为下邳太守，子孙婚宦皆下邳，遂为徐之冠族。其弟禄晋永嘉五年诏同陶侃讨杜弢之乱，屡建奇勋，除招远将军，迁合浦太守。后奉敕守晋安，未几卒于官，葬于郡之涂岭。林姓入闽居晋安，自禄公始。禄之夫人孔氏生二子：曰景、曰暹。斯时中州板荡，衣冠、卿相、士族徙居闽者：林、黄、陈、郑、詹、邱、何、胡八族是也。

　　唐定天下氏族，推晋安之林为甲姓。景生二子，长曰缓，封南平侯。至七世而生孝宝，孝宝为泉州刺史，由晋安温陵迁居莆阳北螺村。又三世而生玄泰，为号南北二村。万宠生三子：曰韬、曰披、曰昌。韬生尊，尊生三子，季子欑居丧，庐墓有白乌、甘露之祥。唐德宗立双阙以旌其孝，时号："阙下林"。披生九子：曰苇、曰藻、曰著、曰荐、曰晔、曰蕴、曰蒙、曰迈、曰蔇。藻廷试赋《合浦还珠》称，擢进士及第，为闽中破天荒。蕴辟蜀推官，值刘辟之乱，捐躯不屈，忠义凛然。兄弟九人俱拜官州牧，此"九牧"之所由名也。

　　举闽州凡称林氏，皆禄公后也。世远支分，播满海内。北自玉融、长乐，以通吴夏；南自晋安以至梁化、潮阳，无不聚斯。今十三代沣走谒，请记于余，因谱其右以归之。

宋淳熙六年己亥岁吉日
知建康，新安　朱熹题

林氏世系总纪

（译文）

　　林氏出自子姓，是黄帝的后裔。历经虞、夏、商，三十三代而生比干，商纣王时任少师，因直谏，被商纣王剖心而死。比干的夫人有妫氏当时已怀孕三月，便逃难至长林石室之中，不久生了一个男孩。周武王推翻了商纣王，未及登王位便封崇比干之墓，征召比干的儿子，赐姓林氏，命名为坚。仍把林坚诞生之地博陵作为其封地，世代为大夫。

　　自周朝到东晋以至今，林氏豪杰涌现，人才不断。春秋时有林回、林放、林雍、林楚、林不狃，或以忠孝显耀，或以文德著称。

　　秦朝末年，林氏子孙居齐郡，后齐郡改济南郡，林尊为济南郡人。（公元前51年）汉宣帝诏林尊等诸儒生在石渠阁讲论《古文尚书》和《今文尚书》的异同，受到汉宣帝重视，官至太傅。林氏在济南成为望族，是自林尊开始。

　　经历西汉、新室、东汉、曹魏至西晋，林礼从济南迁到下邳。林礼生林颖、林显。林颖生了两个儿子：林懋、林禄。林懋为下邳太守，其子孙婚配和做官都在下邳，因此便成为徐州的首族。其弟林禄在晋朝永嘉五年（311年）奉旨和陶侃一起讨伐杜弢的叛乱，屡建奇勋，被任命为招远将军，升迁为合浦太守。后奉旨任晋安太守，没有多久便死于任上，葬在晋安郡的涂岭。林姓入闽居于晋安，是自林禄开始的。林禄的夫人孔氏生了两个儿子：林景、林暹。那时中原地区动乱，有名望的世族和官吏迁居闽地的有：林、黄、陈、郑、詹、邱、何、胡等八大家族。

　　唐朝规定天下氏族，推举晋安的林姓为第一大姓。林景生了两个儿子，长子林缓被封为南平侯。到第七世生林孝宝，任泉州刺史，就由晋安温陵迁居莆阳北螺村。又经三世生林玄泰，时号"南北二村"。林玄泰之子林万宠生了三个儿子：林韬、林披、林昌。林韬生林尊，林尊生了三个儿子，第三子林欑为母亲守丧时，庐墓有白乌、甘露之祥瑞。唐德宗命立双阙以旌表其孝道，时号"阙下林"。林披生了九个儿子：林苇、林藻、林著、林荐、林晔、林蕴、林蒙、林迈、林蔇。林藻在廷试时以《合浦还珠赋》

著称，考中进士，为闽中破天荒第一人。林蕴被四川节度使韦皋荐辟为推官，适值刘辟叛乱，林蕴遭刘辟胁迫，宁肯为国捐躯也不屈服，忠义凛然。林藻兄弟九人俱官至州牧，这就是"九牧"这个名称的来源。

在闽州凡是称为林氏的人，都是林禄的后代。世代久远，支分叶散，林禄后裔，布满海内。北自玉融、长乐以通吴夏；南自晋安以至梁化、潮阳，无不聚集林禄的后裔。今九牧十三代孙林沣前来拜见，请我为其宗谱作纪，因此我便撰写本文给他，以附谱后。

宋淳熙六年（1179年）己亥岁吉日
建康知州，新安　朱熹题

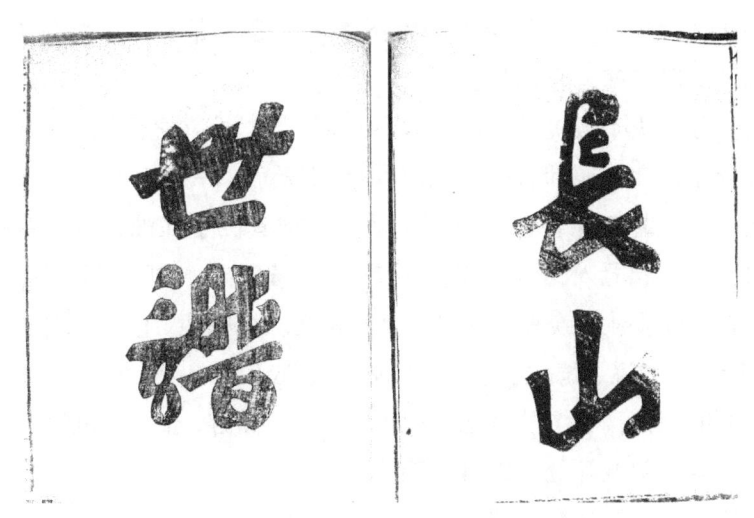

林氏族谱序（一）

林文迪　元（1342年）

　　林氏出自子姓，殷太丁王子比干于纣为臣，以直谏而死。夫人惧有遗腹子，遂逃，生于长林石室中。至周武王克商，封比干墓，即名其子曰：坚，赐姓林。食采于博陵，世为大夫，或出为牧伯，或入为卿士。

　　自周迄东晋，仕无旷世。雍、楚、不狃，在春秋时皆著名于《传》。放从孔子学，问礼之本。回弃千金之璧，保其赤子。皋为赵宰相，有子九人，号曰："十德之门"。

　　秦末子孙居齐郡邹县。西汉分齐郡置济南，以尊为郡人，自尚书博士官至九卿太子太傅。林氏之望以济南，自尊始。

　　礼在西晋居于下邳，至唐亦名为郡之甲姓。当"永嘉之乱"，元帝东渡，以禄公为招远将军，合浦太守，还即晋安之温陵，因家焉。

　　盖自汉武帝诛东越王馀善，而以闽越数叛，徙其民于江淮，其地遂虚。至西晋永嘉二年，中州板荡，衣冠入闽者八族，所谓：林、黄、陈、郑、邱、何、詹、胡是也。然泉州有晋江者，乃晋时八族来分江侧，因以名之。今福唐、侯官、闽县、长乐、连江、温陵、南安、同安、清溪、德化、惠安、漳州、龙溪、漳浦、长城、南房、澄渚、乌石、龙井、县前、西州、南门、后街、壶公、垅上、桃枝、仙游、金沙、风湖、大观洋、鳌溪、游洋、岸头、东亭、阳城等处，即其苗裔也。

　　禄公初为招远将军，合浦太守，终于晋安之温陵，卒六十有八，即葬郡之九龙冈，墓田乃惠安之涂岭。

　　唐定天下氏族，林氏于晋安最为甲姓。禄下生景，而景生缓，封南平县开国候。至八世而生茂，茂生孝宝，为泉州刺史。又四世而生玄泰，为瀛州刺史。而生万宠，为饶阳太守，殁而葬乌齐山。其子孙散居南北螺村，号："南北二林"。上邱山下即其别埜也。万宠生长子韬，韬而生尊，尊而生欑，字会道，为福唐尉，庐墓行孝，感动上天，甘露三降，白乌再翔。廉使李若初谨录具奏，唐德宗皇帝降敕褒异，命立双阙，以旌其闾，蠲其徭役。次子披，字茂则，目所览必记于心，年十五自写六经、百家子史约千余卷，以经业擢第，授临汀郡曹椽。郡多山鬼，披曾著《无鬼论》。廉使李承昭器之，奏授临汀郡别驾，知州事十年。御史李栖筠奏授太子詹事兼苏州别驾。子九人：曰苇、曰藻、曰著、曰荐、曰晔、曰蕴、曰蒙、曰迈、曰蔇。披以蕴守邵州刺史，诏内外长吏追显前门，赠披为睦州刺史。藻以进士登科，官至侍御史；苇端州刺史；著贞元六年明经及第，横州刺史；荐贞元十二年明经及第，韶州司马，终刺史。晔景州司马，终通州刺史；蒙金吾长史，终循州刺史；迈同州长史，终本州刺史；蔇福唐刺史；时号："九牧"，皆为唐朝名卿。而蕴、藻尤其显著者。

昔之族谱，尝存于秘阁。乃贞观中，尚书温彦博将以示蕴，得其副本，因而相传迨至于今。藻，字纬乾，初过梨岭有誓词。后与蕴、荐登第，再经梨岭题诗云："曾向岭头题姓字，不穿杨叶不言归。弟兄各折一枝桂，同向岭头联影飞。"

自藻之后，世代久远，枝叶繁多。或在祖居，或徙外邑，或移山林，或去乡村。苟非族谱之其存，岂识根源之所在。写兹族谱，皎若月明。吾宗世代知书，振作子孙，善思念之，保而惜之。虽在遗佚厄穷，慎毋废于先业，克承世绪，不堕斯文。俾百千万世续庆源之无穷也。故设族谱，开写世系，传流万代，永为明鉴也。

至正二年三月望后二日
裔孙，汀州府宁化县教谕　文迪序

林氏族谱序（一）

（译文）

　　林姓是由子姓衍生出来的。子姓商朝国王太丁的王子比干是商纣王的大臣，因为直谏被纣王杀害。比干的夫人当时已经怀孕，恐又遭纣王加害，便逃难到长林石室之中，生下一个男孩。

　　到周武王推翻了商朝，为比干封墓，即赐比干之子姓林名坚，封地于博陵，世代为大夫。出外享受州郡长官的待遇，回朝归入卿大夫的行列。

　　自周朝到东晋，林氏没有一世无人做官：林雍、林楚、林不狃在"春秋"时皆著名于《左传》。林放是孔子的弟子，曾问孔子"礼的本质是什么？"林回抛弃价值千金的玉璧，而背负其小儿子逃难。林皋为赵国宰相，他有九个儿子，号称"十德之门"。

　　秦朝末年，林氏子孙居于齐郡邹县。西汉时分齐郡置济南郡，林尊为济南郡人，自尚书博士官至九卿太子太傅。林氏在济南成为有名望的宗族，是自林尊开始的。

　　林礼在西晋时居于下邳，到唐朝亦成为下邳郡的首姓。当"永嘉之乱"，晋元帝东渡，林禄为招远将军，合浦太守。不久，任职晋安之温陵，便在温陵安家了。

　　由于自汉武帝消灭东越王馀善之后，因为闽越已数次叛乱，便把当地人民迁移到江淮一带，闽越地区便成了空地。到西晋永嘉二年，中原出现战乱，有名望的宗族士绅纷纷避难入闽，其中最著名的有八个氏族，所谓："林、黄、陈、郑、邱、何、詹、胡是也。"

　　然而泉州之开始有晋江是因为东晋时这八个氏族来到泉州，分散居于江的两侧，便把此江名为晋江。现在的福唐、侯官、闽县、长乐、连江、温陵、南安、同安、清溪、德化、惠安、漳州、龙溪、漳浦、长城、南房、澄渚、乌石、龙井、县前、西州、南门、后街、壶公、坑上、桃枝、仙游、金沙、风湖、大观洋、别溪、游洋、岸头、东亭、阳城等处，就是其子孙散处之地。

　　林禄当初为招远将军，合浦太守，终于晋安之温陵，终年六十八岁，埋葬在温陵郡之九龙冈，墓田在惠安之涂岭。

　　唐太宗划定天下氏族，林氏在晋安是第一大姓。林禄生林景，林景生林缓，林缓被封为南平县开国侯。到第八世而生林茂，林茂生林孝宝，为泉州刺史。又过四世而生林

林氏族谱序（一） | 谱 序

玄泰，为瀛州刺史。林玄泰生林万宠，为饶阳太守，死后葬在乌齐山。其子孙散居在南北螺村，号称"南北二林"。上邱山下就是他们的墓园。林万宠生长子林韬，林韬生林尊，林尊生林欑，字会道，为福唐县尉。他在母亲的墓边搭篷守孝的行为感动了上天，致使三次降下甘甜的露水，白羽的乌鸦一再在墓边飞翔。廉使李若初将此情景严谨地记录下来上奏朝廷，唐德宗下旨褒奖这种异常祥瑞的事情，命令建立双阙，以旌表其家族乡里，并免除他们的徭役。林万宠的次子林披、字茂则，有过目不忘的能力。十五岁便手抄六经、百家子史约千余卷。以明经擢第，被任命为临汀郡曹椽。临汀郡传说多山鬼，林披曾经著《无鬼论》教化郡民。廉使李承昭非常器重他，便上奏朝廷任命林披为临汀郡别驾，知州事十年。御史李栖筠上奏朝廷，任命林披为太子詹事兼苏州别驾。林披有九个儿子，名为：林苇、林藻、林著、林荐、林晔、林蕴、林蒙、林迈、林蔇。林披因儿子林蕴时任邵州刺史，皇帝下旨表彰朝廷内外高级长官的前辈，所以恩赐林披为睦州刺史。林藻考中进士，官至侍御史。林苇是端州刺史。林著在贞元六年以明经科考及第，任横州刺史。林荐在贞元十二年以明经科考及第，任韶州司马，终任韶州刺史。林晔是景州司马，终任通州刺史。林蒙是金吾长史，终任循州刺史。林迈是同州长史，终任同州刺史。林蔇是福唐刺史。当时号称"九牧"。都是唐朝的名臣。而林蕴、林藻尤其著名。

以前的族谱，曾经存放在皇宫藏书的秘阁中。贞观年间，尚书温彦博拿给林蕴看，林蕴得到了林氏族谱的副本，因而相传到现在。

林藻，字纬乾，当初经过梨岭时曾有誓词。后来与林蕴、林荐相继科考及第。再次经过梨岭时，题诗云："曾向岭头题姓字，不穿杨叶不言归。弟兄各折一枝桂，还向岭头联影飞。"（曾经在梨岭上题过姓名，发誓不考中功名就不回家。现在弟兄都考中了功名，一齐衣锦还乡经过梨岭。）

自林藻之后，至今已五百余年，宗族繁衍，分支众多：有的居住在祖籍，有的迁徙到外地，有的迁居到山林，有的移居于乡村。如果不是保存有族谱，怎么能知道自己的根源在哪里？因此，要写此族谱，就明白的像天上的皎月。

我们林氏宗族，世世代代知书达理，激励子孙奋发向上。希望子孙认真思考，保持和珍惜宗族的优良传统。纵使在自己被当局遗弃不用因而穷困窘迫的时候，也决不废弃祖先的功业，努力传承先人的功业，不堕斯文，使其能百千万代子孙繁衍，福泽绵延。因此，我们要设立族谱，写明世系，传承万代，永远作为我们宗族的明鉴。

至正二年（1342年）三月十七日
裔孙，汀州府宁化县教谕 林文迪序

校正林氏族谱序

林志　明（1420年）

　　林氏出自子姓。殷少师比干谏受而死，其子坚（原名泉，武王赐名坚）逃于长林。周武王克殷，封比干墓，爵坚郡公，命为三监，赐姓林氏，食采博陵。坚生载，继为监牧。载生瑳，始失封邑，居博陵。瑳生虎，为成王卿士。虎生光，康王再命为大夫。光生相，昭王时复为三监，监诸侯国。相生元士，元士生凤，凤生诩，诩生袭，世掌夏官。平王东迁，袭之后材总六师以从。

　　自是，林氏或在周；或在鲁；或在齐；或在卫。其在周者：贞为卿士，英为太保，隽为畿内令，宏为内史，繇为司寇。其在鲁者：雍、不狃、楚代仕季氏，《传》称季氏之良者。而放问礼孔子，名列七十二子，以长山候从祀阙里。其在齐者：回见《庄子》，既见《说苑》。其在卫者：类年百岁，与孔子同时，见《列子》。

　　战国之世，或在周，或在秦。而相赵者，皋始居九门，有九子，时称"九龙之父"，"十德之门"。秦并赵，徙齐郡邹县。始皇时，喆为河东郡守，文度为朝歌令，治为治粟内史，亮为侍中。

　　汉高祖定三秦，皋四世孙挚从起亢父，有功，封平棘候，食邑千户。传子辟疆、国除。景帝分邹县置济南郡，遂为济南人。元康中，辟疆曾孙常骦为项圉大夫。盖自平棘懿侯四世而太傅尊，始由儒术显，以《今文尚书》授丞相平当，传为欧阳氏学，故济南之望独盛。

　　而秦侍中亮之后则有：御史大夫别、少府述、御史中丞公。历仕文、景、武帝三朝。其出守广陵者告，后汉御史衮，吴将军恂实后之。

　　哀帝时鉴为北平太守。后居平凉者，为后魏太守遁。而间居成都抱道隐，元成间，杨雄师之，其始末无闻焉。

　　新室更始之际，或仕或隐。建武中兴，时为徐州刺史。而尊之六代孙，清泉候邈亦徐州刺史，下邳林氏，其后也。

　　永平中，吉为少府卿。三传为大将军，万户候恂。

校正林氏族谱序 | 谱 序

汉末，农为司隶校尉，录尚书事；祗为尚书仆射；此其尤著者。而礼为鲁王相，历山阳、平原太守，以治行称。

魏受禅，潭为尚书郎；豫为河东、河南太守；道固为吏部尚书。

晋泰始初，玉为侍中兼司隶校尉；显历安定、博陵、山阳三郡太守。而清泉之五世孙乔，与释道安为友。《世说新语》记之。元孙道明，后魏清河太守。清河子胜，北齐散骑常侍，后徙贝之临清，唐太常博士宝祖焉。

其居广平者，隋太子率更令庭珉，自任县徙魏郡。庭珉生实，为湖城令。广平、魏郡盖同出也。

晋安林氏出自徐之下邳。晋黄门侍郎颖随元帝南迁，初寓江左。颖生懋、禄。懋为下邳太守，生六子：鉴之、宣之、庆之、侃之、旭之、敬之，时号"六龙"，是为下邳之祖。禄由散骑常侍迁晋安太守，卒于官，追封晋安郡王。生二子：通直郎景，威武将军暹。葬散骑于温陵之九龙冈。始居侯官都西里，是为晋安之祖。通直生散骑常侍，开国侯缓。散骑事独祥，暹之后不见于谱。而开国五子：汉、群、格、熙、鄫。子孙始居莆田。历宋、齐、梁、陈、隋，仕者甚众。

开国七世孙英之后自莆田迁洪都，隋末士宏称帝鄱阳是也。十二世孙，唐饶州刺史万宠生三子：韬、披、昌。韬生尊，尊生福唐尉欑，以孝致白乌甘露。贞元中，诏立双阙以旌之。故世称"阙下林家"。昌居漳浦。而披为太子詹事，生九子：苇，端州刺史；藻，殿中侍御史，岭南节度使，与欧阳詹同登龙虎榜；著，横州刺史；荐，韶州刺史；晔，通州刺史；蕴，尚书员外郎，邵州刺史；蒙，循州刺史；迈，雷州刺史；蔇，福唐刺史。惟藻、蕴成进士，苇、著、晔、荐、迈、蔇皆明经及第，蒙由荐辟。而蕴以忠义拒刘辟，事载《唐史》。儒学最知名，世称"莆田九牧"是也。端州生平乐主簿恕、余姚令应、寿州司户惠。邵州生国子祭酒愿，其后蔓衍于莆。循州生余杭令慜，其后皆居闽县。雷州生录事参军愈，其后分居长乐、长溪。福唐生晋江令恩，其后居仙游。

盖自永嘉南迁，散骑族姓闽中推为第一。其散处侯官、福唐、长乐、连江、温陵、南安、清溪、德化、惠安、龙溪、漳浦、莆田者，皆其苗裔，而莆田最盛。故唐、宋称为"昌宗"。

盖林氏为长林赐姓，自晋、魏以来，言氏族者相承如此。故唐李翱作比干庙碑亦据以云。而《列子》林类、《庄子》林回，注家相传皆云："亡殷之遗民"。林宝著《元和姓纂》时，官簿家状，固足征不诬矣。独夹漈郑志云："以字为氏，周平王庶子林开之后。开生林英，英生林茂、林庆。"且讥宝以不知其姓所自出。

予窃疑之，按《春秋传》：林雍、林不狃、林楚代仕季氏。故曰："林氏之先皆季氏之良也。"而放为鲁人；回、既皆齐人；类为卫人。在春秋之时，宜非一世矣。夫，林开为平王之子，其子孙必以王父字为氏，何得入春秋未百年间，其子孙离宗为庶，反仕陪臣者？若是之，众且遽哉！且唐人尚谱系之学，家藏谱系之书，非若后世之泮涣无考也。宝之为博士，尚论其世，而乃昧其所自出乎？无是理矣。

然宝之所独详者，直济南而下，徐州清泉派耳。他如平凉、广陵、魏郡、晋安、成都，仅附见焉。而黄门下邳之后，述于林蕴者，源流本末最为详备。岂非永嘉之乱，文献以南，当时衣冠世俗之旧，犹有存者。郑氏盖偶未见之耳。

至于晋安之林，唐、宋号为"昌宗"。实由黄门入闽，族姓推为第一。又有"九牧"，"阙下"以彰大之。而寥寥清泉之裔，无或论著者。郑氏以是讥宝何也？然郑氏所据乃《邹县风俗通》所云。而邓名世《姓氏辨误》亦以为然。

余观恒王之孙有林茂、林英者，为王子克之子，则又一族而名氏同者两人。是郑志疑信已相半矣。否则，林开之林又自为姓，亦犹虞姚、虞仲之为虞也。钦！故今既据旧谱为定，而复疏其异同，以备参考云。

　　　　　　　　　　永乐十八年庚子十月良旦
　　　　　　　　　　裔孙，右春坊右谕德兼翰林院侍讲，闽县　志谨譔

校正林氏世谱序

林氏出自子姓殷少师比干谏受而死其子坚娶西泉武王胜殷逃於长林周武王克殷封比干墓爵坚郡公命为三监赐姓林氏食采博陵坚生载继为监校载生瑳始失封邑君瑳生虎为监校虎生光康王再命为大夫光生相昭王时复为三监诸侯国州生元士元士生凤凤生翊翊生袠

校正林氏世谱序

（译文）

　　林氏出自子姓。殷少师比干因直言劝谏殷纣王子受而惨遭杀害，比干的儿子坚（原名泉，武王赐名坚）逃难到高大茂密的树林中。周武王推翻殷朝，为比干封墓，并封坚爵位为郡公，命为三监，赐姓林氏，封地在博陵。

　　林坚生林载，继为监牧。林载生林瑳，始失封地，居住在博陵。林瑳生林虎，为周成王的卿士。林虎生林光，周康王再命为大夫。林光生林相，周昭王时复为三监，监督诸侯国。林相生林元士，林元士生林凤，林凤生林诩，林诩生林苌，世代为夏官。周平王东迁，林苌的后代林材总领六师随从。

　　从此之后，林氏或在东周，或在鲁国，或在齐国，或在卫国。其在东周者：林贞为卿士，林英为太保，林隽为畿内令，林宏为内史，林繇为司寇。其在鲁国者：林雍、林不狃、林楚几代都在鲁国执政者季孙氏门下为官，《左传》称其为"季氏之良"（季孙氏的良臣）。而林放曾问孔子："礼的本质是什么？"名列孔子有名的七十二弟子之列，以长山候的爵位从祀在孔庙里。其在齐国者：林回，记载于《庄子》，林既，记载于《说苑》。其在卫国者：林类年逾百岁，与孔子同时代，记载于"列子"。

　　战国时期，林氏或在东周，或在秦国。而在赵国为宰相的林皋，开始居于九门，他有九个儿子，时称"九龙之父"，"十德之门"。秦国兼并赵国之后，林皋一族迁移到齐郡邹县。

　　秦始皇时，林喆为河东郡太守，林文度为朝歌令，林治为治粟内史，林亮为侍中。汉高祖平定三秦地区时，林皋四世孙林挚随从刘邦起兵于亢父城，因为有功，封为平棘候，封地为一千户人家的田赋。林挚传爵位于儿子林辟疆、林国除。汉景帝析分邹县置济南郡，林挚的后代便成了济南人。汉宣帝元康年间，林辟疆的曾孙林常骥为项圈大夫。而自平棘懿候林挚第四世太傅林尊，始由儒术著名，以《今文尚书》传授丞相平当，所传为欧阳氏学派。因此，济南林氏的名望最高。

　　而秦国侍中林亮的后代则有：御史大夫林别、少府林述、御史中丞林公，在汉文帝、汉景帝、汉武帝三朝为官。而广陵太守林告、后汉御史林袞、吴将军林恂实是他们的后代。汉哀帝时，林鉴为北平太守。后来居住在平凉郡的，是后魏太守林遁。而林间隐居于成都，汉元帝、汉成帝期间，西汉著名文学家杨雄拜林间为师，林间的其他情况就没有听说了。

汉朝"新室更始"之际，林氏或做官，或隐居。汉光帝"建武中兴"之时，林时为徐州刺史。而林尊的六代孙，清泉侯林邈亦是徐州刺史。下邳林氏是其后代。

晋惠帝永平年中，林吉为少府卿。传三代而为大将军、万户侯林恂。

汉末，林农为司隶校尉、录尚书事。林祗为尚书仆射。他们是林氏中特别著名的。而林礼为鲁国的宰相，历任山阳、平原太守，以治理能力著称。

魏国曹丕称帝时，林潭为尚书郎。林豫为河东、河南太守。林道固为吏部尚书。

晋泰始初年，林玉为侍中兼司隶校尉。林显历任安定、博陵、山阳三郡太守。而清泉侯林邈的五世孙林乔，与著名高僧、佛学家释道安为友，载于《世说新语》。林乔的元孙林道明为后魏清河太守。林道明的儿子林胜任北齐的散骑常侍，后来迁移到贝州的临清县，是唐朝太常博士林宝的祖先。

居住在广平郡的，是隋朝太子率更令林庭珉，隋末自广平郡任县迁移到魏郡。林庭珉生林实，为湖城令。广平、魏郡都同出于林庭珉一系。

晋安林氏出自徐州之下邳。晋朝黄门侍郎林颖随晋元帝南迁，开始居于徐州下邳。林颖生林懋、林禄。林懋为下邳太守，生了六个儿子：林鉴之、林宣之、林庆之、林侃之、林旭之、林敬之。时号"六龙"，是下邳林氏的祖先。林禄由散骑常侍升任晋安太守，老死在任上，追封为晋安郡王。林禄生了两个儿子：通直郎林景，威武将军林暹。林禄葬于温陵的九龙冈。林禄开始居住在晋安郡侯官县都西里，是晋安林氏的祖先。

通直郎林景生散骑常侍、开国侯林缓。有关散骑常侍林缓的事，族谱上记载的特别详细，而有关林暹后代的事，族谱上却不见记载。林缓有五个儿子：林汉、林群、林格、林熙、林鄱。子孙开始居住在莆田。经历了宋、齐、梁、陈、隋几个朝代，做官的很多。

林缓七世孙林英的后代从莆田迁移到洪都。隋末林士宏在鄱阳称帝，林士宏就是林英的后代。

林缓十二世孙是唐饶州刺史林万宠，他有三个儿子：林韬、林披、林昌。林韬生林尊，林尊生福唐尉林攒，以孝道感动上天，以致三次降下甘甜的雨露，白羽的乌鸦在其母亲的墓边一再飞翔。贞元年间，皇帝下旨建立双阙，以旌表林攒的家族。故世称"阙下林家"。林昌居于漳浦。而林披为太子詹事，生了九个儿子：林苇是端州刺史；林藻是殿中侍御史，岭南节度使，与欧阳詹同登龙虎榜；林著是横州刺史；林荐是韶州刺史；

校正林氏世谱序 | 谱 序

林晔是通州刺史；林蕴是尚书员外郎，邵州刺史；林蒙是循州刺史；林迈是雷州刺史；林蔇是福唐刺史。只有林藻、林蕴是考中进士；林苇、林著、林晔、林荐、林迈、林蔇都是明经及第；林蒙是由人推荐征召入仕。而林蕴以忠义之气抗拒刘辟的反叛，此事记载于《唐史》。弟兄九人以儒学造诣而闻名，世称"莆田九牧"是也。

端州刺史林苇生平乐主簿林恕、余姚令林应、寿州司户林惠。邵州刺史林蕴生国子祭酒林愿，其后代繁衍于莆田。循州刺史林蒙生余杭令林懋，其后代都居于闽县。雷州刺史林迈生录事参军林愈，其后代分居于长乐、长溪。福唐刺史林蔇生晋江令林恩，其后代居于仙游。盖自"永嘉南迁"，散骑常侍林禄的族姓在闽中推为第一大姓。其他散居于侯官、福唐、长乐、连江、温陵、南安、清溪、德化、惠安、龙溪、漳浦、莆田的林氏宗族，都是他的后代，而以莆田最昌盛。故唐、宋时期称其为"昌宗"。

林氏因为长林赐姓，自晋、魏以来，凡谈论氏族的人都是这样说的。因此，唐朝李翱作《比干庙碑记》也是依据这个来说的。而《列子》中记载的林类、《庄子》中记载的林回，注释家相传都说是殷朝王族的遗民。林宝著《元和姓纂》时，官方保存有档案，宗族保存有族谱，当然是足以引证而不至发生错误的了。唯独夹漈先生郑樵（字志）说："周平王姬宜臼的庶子名开（字林），以字为姓氏，林氏是周平王庶子林开的后代。林开生林英，林英生林茂、林庆。"且以此讥讽林宝不知自己的姓氏出自何处。

我暗自怀疑郑樵的说法，按《春秋传》：林雍、林不狃、林楚几代都在鲁国执政者季孙氏门下为官，因此说"林氏的祖先是季孙氏的良臣"；而林放为鲁国人；林回、林既都是齐国人；林类是卫国人。在"春秋"之时，应该不是同一世的人吧！而林开是周平王的儿子，其子孙当然应以其父周平王的字为姓氏，怎么会进入"春秋"未到百年的时间，其子孙就不用周平王的字为姓，反而用其庶子林开的字为姓了呢？如果真是这样，大家都要吃惊了！而且唐朝人崇尚谱系之学，家族都藏有谱系之书。不像后世宗族观念涣散，以至无据可考。林宝作为博士，在论述自己的世系时，会不清楚自己姓氏的出处吗？没有这样的道理啊！

然而，林宝在《元和姓纂》中记述特别详细的是其所属济南林氏之后徐州清泉候林邈这一派系。其他如平凉、广陵、魏郡、晋安、成都的林氏只是附带记述了一下而已。而对黄门侍郎林颖之下邳林氏的后代，论述到林蕴的源流本末最为详细。莫非"永嘉之乱"，宗谱文献随世家士绅的南迁而转移到南方，当时的世家士绅和家族还保存有旧谱，郑樵只是偶然没有看到而已。

至于晋安的林氏宗族，在唐、宋时期号为"昌宗"。实在是由于黄门侍郎林禄入闽之后，林姓被推为闽中第一大姓。又有"九牧林氏""阙下林家"的事迹加以发扬光大。而相对寂静的清泉候林邈的后代，此时就很少论著了。郑樵能以此讥讽林宝什么呢？

然而，郑樵所依据的是《邹县风俗通》所说。而邓名世的《姓氏辨误》也以为是这样。我认为：周恒王姬林的孙子林茂、林英，是其王子姬克的儿子。则他们又是一支林氏宗族，是名姓相同的两个人。这样，郑樵的论据已疑信参半了。否则，林开之林又自为姓。就好像虞姚、虞仲都是虞一样。因此，现在既然以旧谱作为依据，而又详细说明其异同，备做参考。

      永乐十八年（1420年）庚子十月良旦
      裔孙，右春坊右谕德兼翰林院侍讲，闽县 林志谨撰

元和姓纂辨

林春泽　明（1534年）

　　《元和姓纂》唐太常博士林宝著于宪宗元和间，故以"元和"称。而夹漈郑氏讥之谓宝自昧其姓之所自出。近读蔀斋先生《世谱校正》，其辨夹漈之非、详《姓纂》之实。于是始释然矣。夫吾林出自比干长林受姓。以后，历周、汉、魏、晋而林氏多见于《史》《传》。黄门南迁以后，历晋、宋、隋、唐下逮宋、元，而林氏盛著于吾闽，氏族相承固已久矣。况唐人重氏族，国有所司，家有所传。宝所职者国史修撰，岂至昧其所自出哉！

　　尝考唐林蕴对策于德宗之朝，其言曰："臣远祖比干忠谏而死，天不厌直，复生微臣。"是蕴已言于其君矣。李翱作《比干庙碑》亦据以云，则长林氏族唐人承传习熟者也。宝著《姓纂》在蕴之后而与翱相去不远，何得谓昧其所自出者耶？夹漈所称周平王庶子林开之林，蔀斋谓其又自为姓者是也，安得以是而讥宝哉！

　　然则《姓纂》著于唐，而吾林之本始，宝识其所自；蔀斋正于今，而吾林流衍实赖以不疑。余生也晚，非敢剿说。独以原始之所系，不避僭烦以附申明之意云。

嘉靖十三年岁次甲午孟秋月
裔孙，贵州程番府知府，侯官　春泽谨书

元和姓纂辨

（译文）

　　《元和姓纂》是唐朝太常博士林宝著于唐宪宗元和年间的姓氏学专著，因此名为《元和姓纂》。而郑樵（世称夹漈先生）却讥讽林宝，说林宝不知自己的姓氏出自何处。近来读了林志（字蔀斋）的《世谱校正》一文，他辨明了郑樵的错讹，详叙了《元和姓纂》的事实，于是便完全明白了。我们林氏出自比干，因比干之子坚生于长林山中而得林姓之后，经历了周、汉、魏、西晋，而林氏名人在《史记》、《左传》中经常看到。

　　黄门侍郎林禄随晋元帝南渡以后，经历了东晋、宋（南朝）、隋、唐以及宋、元各个朝代，林氏在闽非常著名，氏族相承已经很久远了。况且唐朝人很重视氏族，国家有专门管理氏族的官员，家族有传世的谱牒。林宝的职务就是国史修撰，怎么会不知自己的姓氏出自何处呢？

　　我曾经考查过林蕴在唐朝德宗年间参加《贤良方正科》考试时，在对策中说："我的远祖比干因尽忠直谏而被杀害，上天不会厌弃忠直的人，所以又生下了我。"表明林蕴已把自己是比干的后代这个事实告诉了皇帝。唐朝李翱在作《比干庙碑》时也是根据林氏出自比干来说的。因此长林氏族在唐朝已是承传习熟、众人皆知的事了。林宝著《元和姓纂》是在林蕴参试之后而和李翱作《比干庙碑》的时间离得不远，怎么能说林宝不知自己姓氏的出处呢？其实郑樵所说的周平王庶子林开的林姓，林志认为那又是一个林姓的来源，怎么能因为有林开的林姓就讥讽林宝呢？

　　但是《元和姓纂》著于唐朝，因而对我们林氏的原始本源讲得比较清楚。林志的《世谱校正》写于现在，因而对我们林氏的繁衍发展说得明白无疑。我是晚辈，不敢因袭别人的言论，唯有依据原始的资料，不回避超越自己的身份对前辈妄加评论的嫌疑，表示申明的意思。

嘉靖十三年（1534年）岁次甲午七月
裔孙，贵州程番府知府，候官　林春泽谨书

莆田林氏宗谱序

叶向高　明（1621年）

不佞纳禄有年，迩圣上龙飞首元，蒙恩起迫上道。司成咨伯君旧叨同籍同官，在告留别间以家谱见叙，义不容辞。

窃谓谱之为言布也，胪于家族，载于文献，百世足征。

今宇内世家首称闽，闽首称莆，莆首称林。奕世载德，篇帙浩瀚。其源初由李唐文皇帝命二三词臣逊稽远遡，藏于王府。盖忠臣遗腹，天不绝其孤，产于长林石室之中。推而上之自殷宗迄进轩辕，非为凿空。李唐实首开之。

其纪虽林林总总，不离谓古者近是。以故，世系世纪、继绳流胤，灼有实据；科第出处，宦绩履历，确有定在；诰命特典，昭如日星；遗像坟庙，巍如穹岳。以至艺文有载，传序有记；迁徙有稽，支派有别；圭田春秋之时享，祀典宗器之陈列，靡不具载。其文约，其事详，其词确而其所关极远。谓林氏世家，讵不信夫？

余阅而叹曰："林氏于是乎有礼矣！"礼以严家教，式后嗣，崇德象贤，睦宗和族，骎骎乎与天地同始终。羹墙对越，祖宗如见；骏奔荐芷，洋洋临之；如在其上，如在左右。著存致悫，肃然秩秩，非礼之周流沦洽则血脉葭莩几乎蚀矣。

余于是知林族之炽也，谱之存也，经百劫而不晦者，以其有礼也。非礼则宗何能称最也。故考世者考其礼而已。

鲁圣人曰："百世可知也。"司成之贤，其先贞肃、端简二司寇名臣勋业彪炳，风雷浩荡。而殿魁絧斋环公、澹轩文公以宫僚宗伯，文章经纶，华藻词命，播在前朝。谓林氏之有礼其亦有所从来乎！

    天启元年辛酉端阳之吉
    柱国、少师兼太子太师、吏部尚书、中极殿大学士，福唐　叶向高撰

莆田林氏宗谱序

（译文）

我已辞官多年，近来新皇帝登基，蒙皇上隆恩重新起用，我匆忙要赶去京城。司成咨伯（林尧俞）是我的故交，又是同朝为官的同乡。在我告别的时候，要我给他的家谱作序，我义不容辞。

我认为家谱的主要作用就是布列宗族之事，在宗族内世代传述。是宗族的珍贵文献，是宗族永久的证据。

现在国内有名望的家族首称闽，闽首称莆田，莆田首称林氏宗族，奕世载德，篇帙浩瀚。开始是由唐太宗李世民命令两三个文臣深入调查取证，撰修成谱，藏于宫内秘阁之中。因林氏始祖林坚，是忠臣比干的遗腹子，天不绝忠臣遗孤，出生在长林石室之中。由林坚推而上之，自殷商上至轩辕黄帝，都是有根有据的。唐朝则是开始撰修成谱而已。

林氏宗谱的记载虽然非常繁多，不外乎是对古代的情况，古代的事物，做出接近现在的肯定的判断。因此：世系世纪，上继祖宗，下延子孙，都有明确的根据；科第出处，宦绩履历，都有确凿的地方；诰命特典，明白的如天上的太阳和星星；遗像坟庙，像高山一样雄伟；以至艺文有载，传序有记；迁徙有稽，支派有别；供祭祀的田地和春秋时节的祭祀，祀典时祭器的陈列，谱上均有记载。其文简约，其事详细，其词准确，而其所涉内容又极其深远。说林氏是有名望的宗族，还能不相信吗？

我阅览《林氏宗谱》后不禁感叹地说："林氏宗族真是有礼教的宗族啊！"用礼教进行严格的宗族教育和规范后代子孙的行为方式。效法祖宗的贤德，使宗族和睦团结，蓬勃发展可以与天地一样长远。

林氏宗族怀念祖宗是那么真诚，祭祀祖宗是那么庄重，好像祖宗就在上面，就在身边，充满了对祖宗的敬爱之情，祭祀之礼严肃而有秩序。如果不是用礼教进行长期不断的教育和浸润，那么，宗族的亲情就会逐渐疏远和淡薄，最后，宗族就会涣散。

我于是知道了林氏宗族为什么能如此蓬勃发展，能保存有宗谱，经过很多劫难而不消隐的原因，就是因为林氏宗族坚持礼教。如果不坚持礼教，林氏宗族怎么能推为宗族之最呢？因此，研究宗族只要研究宗族是否重视礼教。鲁圣人说："百世可知也"。①

　　司成咨伯（林尧俞）很贤德，他的祖先：贞肃（林俊）、端简（林云同）两位司寇，是前朝名臣，丰功伟绩，彪炳史册；高风亮节，浩浩荡荡。而状元絅斋（林环）、探花澹轩（林文）两兄弟，都曾在翰林院为官，才高八斗，辞藻华丽，在前朝名声远播。所以说林氏宗族之有礼教，那是有传承的啊！

　　　　天启元年（1621年）辛酉端阳之吉
　　　　柱国、少师兼太子太师、吏部尚书、中极殿大学士，福唐　叶向高撰

---

① "百世可知也"。——因往推来，虽百世之远亦可予知。此处借孔圣人的这句话，指出林氏宗族因为有礼教，因此可以予知林氏宗族百世之后亦能像现在一样，蓬勃发展。

林氏族谱序（二）

林尧化　清（1690年）

吾宗自受氏以来，族姓绳绳蛰蛰。聚居散处，世地各殊。非有谱以综之，何以会源流而序昭穆。斯则谱之重也，斯则历修谱者之意也。

粤自邵州录秘阁藏本一通，厥后沿修家乘，代有异同。合而观之，从其同者：则必追少师而博陵，溯渡江于今日。在周成王时司马大夫瑳公则袭封博陵，载公之子，坚公之孙，少师之曾孙也。嗣是而任卿士虎公，再命为大夫光公，以至于黄门侍郎颖公，右殿中侍卫将军懋公。自周成、康，逮晋怀、愍。历仕者若而人，具载《长林世纪》。或居济南，或徙下邳。中遭兵燹，谱帙由是而散落。

元帝南渡，晋安禄从，奉敕守郡，因家焉。传南平候景公，子孙居侯官都西里：或居大义村、沥浔村；或迁潮州、温台；或在石埠头、大家村；或在莫子、石鼓、百丈、桃枝、肥湖、市口、辜村，散居不一。

七传而宋给事遁民公一支，为四忠义朱紫北阁房祖，与吾九牧分派始此。其苗裔亦存在福州、长乐、连江、龙溪、潮州、永嘉诸处。

遁民公之孙，隋建安令元次公一支，又为长城、定庄、甜山、梨岭、刺桐、银青、光禄房祖，光禄诸房与九牧分派始此。

建安之冢子既公，其后有移莒溪者、南田者，亦有龙溪者。仲子隋右丞茂公，则由温陵而迁北螺村，为吾九牧与阙下祖。阙下唐谏议大夫、礼部侍郎韬公，孝子攒公之祖，太子詹事，睦州披公之兄。

披公长子，端州刺史苇公是为前埭大宗初祖。九传而为三房：长，宋将作监簿矩公；次，司户伯材公；季，两举贡元国华公。监簿派下；今分为上林、舍林、耕滨、县巷。司户派下：中衰前，一支嗣县巷者，今并祀户曹。贡元派下：分为赤柱、西湖、社前、河滨、下厅、七步、后棠、腮仔、沟头。三房派系，蠡斯靡艾，而监簿、贡元为最。聚居上林、赤柱、仓林、耕滨、河滨尤盛。大宗公之次弟，江陵府使藻公，为江陵房祖。三弟，横州刺史著公，以田园舍人，栖隐寺。四弟，韶州刺史荐公，为石亭祖。五弟，通州刺史晔公,为前街、双石、坑边、深巷祖。六弟,邵州刺史,谥"忠烈"蕴公,为材行、竹涧、南门、棠村、留桥、霞井祖。七弟,循州刺史蒙公,亦为闽县祖。八弟,雷州刺史迈公,为兴泰、济坑祖,闽邑、长乐皆有后。九弟,福唐刺史蔇公,为仙游祖。

  诸祖各有支系,谱编藏于箧笥。其同者则上世,其异者则后昆。综各乘而修之,竹简难尽取其序。通前为服属大宗者,并垂剞劂。俾在内者,知一本而敦爱敬;在外者,晰分流而遡渊源,则不至视葛藟如荆棘,置弓裘于草莽矣。斯则谱之重也,斯则今日镌谱之意也。是为序。

           康熙庚午年孟春
          端州二十五世孙,礼部进士　尧化顿首百拜谨譔

林氏族谱序（二）

（译文）

  我们林氏宗族自林坚接受周武王赐姓以来，子孙繁衍非常迅速。或聚居或散处，世次和住地各不相同。如果没有族谱加以综述，怎么能会合宗族的源流，排列辈分的次序呢？这就是族谱的重要性，这就是历来续修族谱者的用心。

  自从唐朝邵州刺史林蕴从皇宫藏书密阁中抄录《林氏源流》之后，从此不断续修族谱，每代都有异同。综合来看：其相同的地方就是一定要追溯到殷少师比干、博陵郡公林坚、随晋元帝南渡入闽的林禄直到现在。

  在周成王时，司马大夫林瑳袭封博陵郡公。林瑳是林载之子，林坚之孙，比干之曾孙。此后任卿士的林虎，再袭封为大夫的林光，以至于黄门侍郎林颖，右殿中侍卫将军林懋。从周成王，周康王，直到晋怀帝，晋愍帝。历朝做官的那些人，都记载在《长林世纪》中。他们或居住在济南，或移居在下邳。其间，遭遇兵火、族谱因此而散落。

  晋元帝南渡，晋安郡王林禄随从。奉旨镇守晋安郡，便在晋安安家了。传爵位至南平候林景，子孙居住在侯官县都西里：或居住在大义村、沥浔村；或迁移潮州，温台；或在石埠头、大家村；或在莫子、石鼓、百丈、桃枝、肥湖、市口、辜村。散居于各处。

  林禄传七代而至南北朝时宋给事中林遁民一支，为"四忠义"朱紫北阁房始祖，北阁房与我们"九牧"分派开始于此。其后代亦有在福州、长乐、连江、龙溪、潮州、永嘉各地。林遁民之孙，隋建安令林元次一支，又为长城、定庄、甜山、梨岭、刺桐、银青光禄房始祖，光禄各房与"九牧"分派开始于此。建安令林原次的长子林既，其后代有移居莒溪、南田，亦有龙溪。次子隋右丞林茂，则由温陵迁移到北螺村，为我们"九牧"与"阙下"的始祖。"阙下"唐谏议大夫、礼部侍郎林韬是孝子林欑之祖，太子詹事，睦州刺史林披之兄。

  林披的长子，端州刺史林苇是为前埭大宗始祖。传九代而分为三房：长房，宋将作监簿林矩；二房，司户伯林材；三房，两举贡元林国华。监簿林矩派下，现在分为上林、仓林、耕滨、县巷。司户林材派下，在中途衰落之前，一支过继给林矩派下县巷的，现在同时祭祀林材。贡元林国华派下，分为赤柱、西湖、社前、河滨、下厅、七步、后棠、牕仔、沟头。三房派系，子孙繁多，而监簿林矩、贡元林国华两房最盛。而聚居上林、赤柱、仓林、耕滨、河滨的尤盛。大宗林苇的次弟，江陵府使林藻，为江陵房初祖。三弟，横州刺史林著，捐舍了田地房屋而隐居于寺庙。四弟，韶州刺史林荐，为石亭初祖。五弟，通州刺史林晔，为前街、双石、坑边、深巷初祖。六弟，邵州刺史林蕴，谥号"忠烈"，为材行、竹涧、南门、棠村、留桥、霞井初祖。七弟，循州刺史林蒙，亦为闽县初祖。八弟，雷州刺史林迈，为兴泰、济坑初祖，闽邑、长乐皆有其后代。九弟，福唐刺史林蔇，为仙游初祖。

　　诸位初祖各有支系，都修撰和保存有族谱。这些族谱，其相同之处是祖先，其不同之处是后代。如果要综合各系族谱而修撰，则族谱很难收入各系族谱的序言。只得把服属大宗的通用部分，刻板印刷。使在家乡的人，知道自己同根同源而加深彼此的敬爱。在外面的人，明白自己是分流而能追寻到根源。这样就不至于视亲人如陌路，置亲情于不顾了。这就是族谱的重要性，这就是现在刻印族谱的用意。以此为序。

　　　　　　　　　康熙庚午年（1690年）孟春（一月）
　　　　　　　　　端州刺史林苇二十五世孙，礼部进士　林尧化顿首百拜谨撰

诗山族谱引

林时赏　清（1693年）

　　曩适江浙自仙游归，过访故园宗亲家，长老为赏言：吾宗乃莆阳披公之后也。赏视其谱，良然。公字茂则，官于唐，为太子詹事。生九子而藻、蕴尤知名。藻字纬乾，少负奇志，刻意文章，擢进士第。蕴字梦复，官于西川节度使。兄弟九人先后俱各为刺史，世称九牧林云。数传分派仙游大圳，仙游数十传至我始祖讳治、字开先、号知觉、别号金山，来泉之南邑诗山，卜居溪东之坂。举有伯仲叔季，历世载传，其系盖可考也。然必推及其始之所自出者，犹鲁人虽始于周公元子，而閟宫之篇必追述姜嫄、后稷亦此意也。爰因书之并以示不忘，俾后人得览焉。

康熙三十二年岁在癸酉秋九月
十一世孙　时赏敬述

诗山族谱引

（译文）

以前我去江浙自仙游回来，访问过故乡（仙游）宗亲家，长辈对我说：我们这一宗支是莆田披公的后代。我看了他们的宗谱，确实如此。披公字茂则，在唐朝为官，官职为太子詹事。披公生了九个儿子，而藻、蕴尤其知名。藻字纬乾，年少时就负有奇志，刻意专研文章，考中进士。蕴字梦复，在西川节度使府为官。兄弟九人先后都官为刺史，世称九牧林。数传分派仙游大圳，仙游数十传至我们始祖讳治、字开先、号知觉、别号金山，来到泉州南安诗山，居于溪东之坂。（金山公）生了四个儿子，经历的世代载于宗谱，其世系都可以考查。然而一定要推及其始之所自出之祖，犹如鲁国人虽然知道其始祖是周公的嫡长子，而閟宫之篇一定要追述到姜嫄、后稷，亦是此意。于是我记述下来以示不忘，使后人可得阅读。

康熙三十二年（1693年）岁在癸酉秋九月
金山公十一世孙　林时赏敬述

诗山林氏续修宗谱序

林士元　清（1753年）

　　夫宗谱者，原为敦本明伦，列远近昭穆而序前后之世系也。其事顾不重哉！我族先公，受姓林氏，爵享天家，济南、下邳，历几朝矣。禄公入闽，科第绵联，公侯济美，代有其人。至一门德望勋名，则唯九牧公为尤著，照耀史册古今所稀。及蕴公子恩公授晋江令，遂家仙游。而吾祖金山公讳治者，乃福唐刺史蕴公之子恩公之后裔也。公访先贤遗迹，因迁泉南诗山之溪东。子孙世居，繁盛于今十三传矣。绵绵延延，联其属而敦其谊者，惟谱牒为要。在昔，有樽公创修宗谱，自禄公始皆有图系。迨其后耿变，已经兵荒，世次失秩。入国朝康熙癸酉，时赏公又复重修。拾遗补阙，纂辑彙订。然止详其亲近本支，而凡移外郡外邑者，并未会修。其于收族之谊，得无缺陷乎？

　　元生百余年后，虽未获于世次之委原，洞彻靡道。而返诸尊祖敬宗之心，实怦然心动。爰于乾隆癸酉年，与溪东其蕴兄、祖笃侄四处会修，旁搜远访，辑录成编。尊金山公迁溪东为一世祖，以上世系未详；以下则析为四房，挨次而序，胪其人之行次于先，注其人之履历于后。有则书，无则阙。所以征信阙疑，不敢眩后人也。家谱之大略如斯，后有鉴者，一寓目而知水源木本所由来，孝弟之心油然而生矣。若夫先世之源流及诏诰状铭与夫往来诗赞之类未及详稽採入，犹待后贤者博访而广辑之。也是为序。

时
皇清乾隆十八年岁在癸酉春正月
十三世孙　士元敬识

诗山林氏续修宗谱序

（译文）

　　宗谱的意义，原本是为崇尚根本、昭明人伦，列远近之昭穆而序前后之世系的。此事还不重要吗？我族始祖，受姓林氏，享君王爵禄，历济南、下邳，已经很多朝代了。禄公入闽之后，子孙科第绵联，高官厚禄，发扬光大，代有其人。至于一门德行声望，功名宦绩，则唯九牧公为尤著。照耀史册，古今所稀。至葴公之子恩公授晋江令，遂家仙游。而我祖金山公名治，乃福唐刺史葴公之子恩公之后裔。治公访先贤遗迹，因而迁居泉州南安诗山之溪东。子孙世居，繁盛于今已十三代了。绵绵延延，要联系亲属加深亲情，唯有依靠宗谱。从前，有樽公创修宗谱，自禄公始皆有图系。其后因耿精忠、郑经联合抗清之变，历经兵荒，世次失秩。至清朝康熙癸酉年（1693年），时赏公又重修宗谱。拾遗补阙，编辑汇订。然而只是详细记载其亲近本支，而凡移居外地的，并未会修。其于收族之宗旨，难道没有缺陷吗？

　　我（士元）生于百余年后，虽未获得世次之委原，无法彻底明了失秩的世次。而回到尊祖敬宗会修宗谱之心，确实怦然心动。便于乾隆癸酉年（1753年），与溪东其蕴兄、祖笃侄四处联系会修宗谱，旁搜远访，辑录成编。尊金山公迁溪东为一世祖，（金山公）以上世系未详；（金山公）以下则析为四房，挨次而序。先陈叙其人的行次，后注明其人之履历。有则书，无则阙。所以征信阙疑，是不敢蒙骗后人。宗谱的大致情况就是这样。愿后来读者，一过目而知水源木本所由来，孝弟之心油然而生矣。先世之源流及诏诰状铭及往来诗赞之类未及详稽采入，犹待后代贤者博访而广辑之。也是为序。

皇清乾隆十八年（1753年）岁在癸酉春正月
金山公十三世孙　林士元敬识

诗山林氏宗谱序（一）

徐伟清（1830年）

缘姓有氏，缘氏有族，而有别子，有继别继祢，自是而降以禅于无穷。凡皆合而分者也，分者难合。是故昭穆既远，已为路人。

渊明叹之："同四世祖，六十始相识。"培翁耻之："君子惧其散而难收也。"于是，班序统纪，举支与流，而上溯之以反所自生。使知注川为溪，注溪为谷，而总发源于岷山。庶几念始之者以敬宗而收族，此谱之所由分而合者也。

林姓自比干公忠谏而死，夫人陈氏避难于长林石室之中生子坚，仕周武王，食采博陵，以其生长林赐姓林氏。《春秋传》所谓因生以赐姓是也。自时厥后，历周、秦、汉、魏，因仕而居：尊居济南、礼居下邳，代有达人。其相传世系，书缺有间。

"永嘉之乱"禄从元帝渡江，居晋安。此林姓入闽之始也。禄公十五世孙万宠，生子三人：曰韬、曰披、曰昌。韬为阙下之祖。昌为游洋之祖。披自北螺村迁澄渚，生子九人皆为刺史，世号"九牧林家"。其季曰蔇，生子恩自澄渚徙仙游夏顿。传二十世孙治又自夏顿徙居泉州南安之溪东。又历十一传，当明季之末，国家多难，族多散处。其在江西者，或居饶州，或居广信，有二十族：其居德兴者，则有张家坂一支；其在上饶者，则有尊公桥、佘家后、姚家坂、柏村、黄塘、詹村、下山、毛山头、厫墩、玉坑、槽尖十一支；在铅邑者，则有彭家桥、八十脑、漆公圳、西源、石壁、麻蓬六支；在玉邑者，则有怀玉山一支；在广邑者，则有南墩头一支。皆九牧蔇公之裔也。

以宗法衷之，则坚公受姓之始，起于博陵，继于济南，绵于下邳，大于晋安，盛于九牧。而仙游一支，则蔇公实所自出之牧。故兹谱之修以蔇公为别子之祖，以居溪东之金山公为继别之宗，以居江西者为继祢之小宗。始则由合而分，今则由分而合。世系既明，昭穆不紊。虽千里，若同堂。譬如棋布星罗，各占分野。而珠联璧合，统系薇垣。他日萍水相逢而一言世次，若为伯叔，若为兄弟，爱敬之心油然而生，岂视至亲如路人，同高曾而不相识，如渊明、培翁之所讥者乎？此固仁人孝子之心所藉以敬宗而收族者在是也。

余幼喜学古，谬窃时誉。成均贡后，曾设帐于其里徐姓之家。素知林姓之族，累世簪缨，不乏文学之彦。己丑会试，北上南还之时，林族合修宗谱。丕德、丕钟、丕寿实司其事，延余为牛耳之执。余因得悉林姓之源流，而喜其继起之有人，必有继"九牧"而兴者，固不在远而在目前也。是为序。

道光十年岁在庚寅秋月之吉
乡进士、候选县正堂，丰溪莲麓　徐伟拜撰

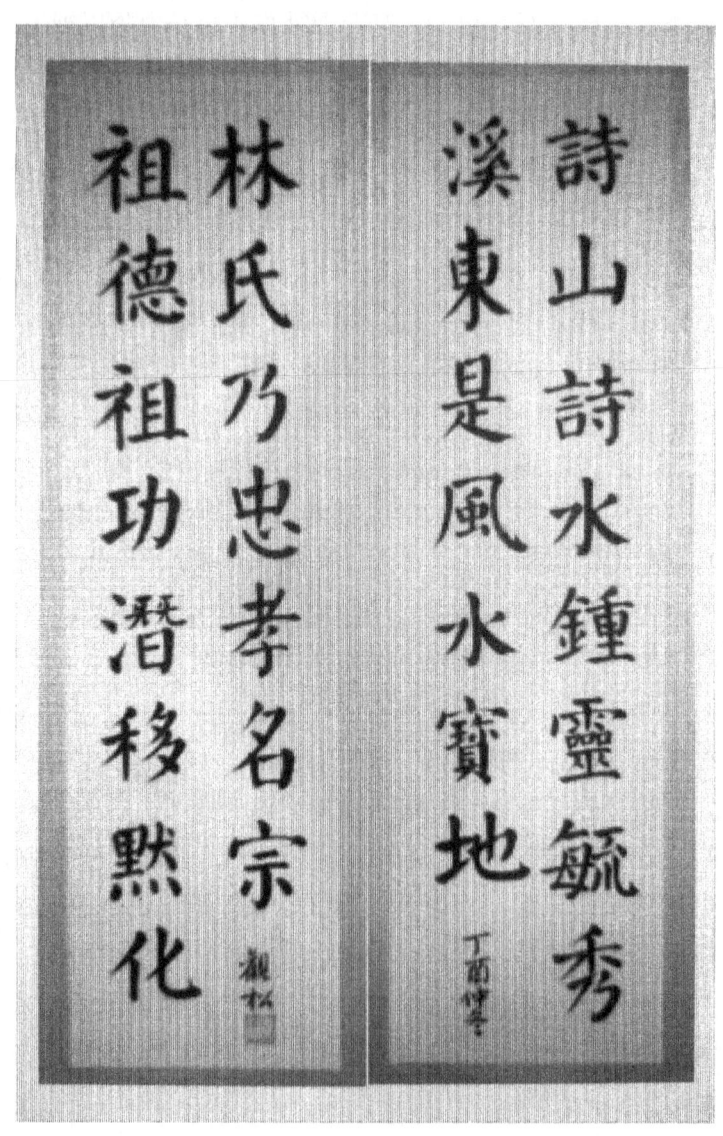

诗山林氏宗谱序（一）

（译文）

　　因为有姓而有（姓的分支）氏，因为有氏而有氏族，进而有氏族初祖嫡长子以外的儿子（别子）从氏族中分离出去，在其所居的地方成为新的氏族的初祖，即所谓的继别为宗。别子嫡长子以外的儿子又从别子的氏族中分离出去，在其所居的地方成为新的氏族的初祖，即所谓的继祢为小宗。如此不断繁衍分支，以至于无穷。一般都是从原来的氏族中分离出去，而分离出去之后就难以合并到原来的氏族中来。因此，分开的时间久了，辈分远了，至亲便成了路人。东晋诗人陶渊明曾感叹："同曾祖的人，到六十岁才相互认识。"南宋诗人黄庭坚也自嘲："君子也惧怕氏族分散而难以联系。"于是用宗谱把族人按规则依次排列，列举支流，而上溯到氏族的源头。使族人知道溪流注入河流，山谷的细流注入溪流，而总发源于岷山。或许可以因感念始祖而尊敬祖宗团结氏族。这就是撰修宗谱把分散的氏族联系起来的原因。

　　林姓自比干因忠谏而死，其夫人陈氏避难于长林石室中生下儿子坚，在周武王时为官，封地在博陵。因为坚出生在长林石室中而赐姓林氏。《春秋传》所谓因出生地而赐姓便是这种情况。自此以后，经历了周、秦、汉、魏几朝，因为在不同的地方做官而居住在不同的地方：林尊居于济南，林礼居于下邳，每代都有达官贵人。其相传世系，谱书有所间缺。

　　"永嘉之乱"，林禄随晋元帝渡江，居于晋安，林禄是林姓入闽的始祖。林禄十五世孙林万宠生了三个儿子：林韬、林披、林昌。林韬为"阙下林家"的初祖。林昌为"游洋林氏"的初祖。林披自北螺村迁移到澄渚，生了九个儿子，官职都是刺史，世号"九牧林家"。林披的小儿子名林蔇，林蔇的儿子名林恩，自澄渚迁移到仙游夏顿。传到二十世孙林治又自夏顿迁移到泉州南安之溪东。又经历了十一代，正当明朝末年，国家多难，氏族纷纷分散避难。其在江西者，或居住在饶州，或居住在广信府，共有二十族：其居住在德兴县的，则有张家坂一支；居住在上饶县的，则有尊公桥、佘家后、姚家坂、柘村、黄塘、詹村、下山、毛山头、廒墩、玉坑、槽尖十一支；居住在铅山县的，则有彭家桥、八十脑、漆公圳、西源、石壁、麻蓬六支；居住在玉山县的，则有怀玉山一支；居住在广丰县的，则有南墩头一支。都是"九牧"林蔇的后代。

　　以宗法而论，从林坚受姓开始，林氏兴起于博陵，继续于济南，绵延于下邳，壮大于晋安，昌盛于九牧。而仙游一支，实出自"九牧"林蔇。所以，此谱的撰修，以林蔇为别子之祖，以居于南安溪东的初祖林治为继别之宗，以散居江西各地的初祖为继祢之小宗。开始则由合而分，各支由"九牧"分出。现在则由分而合，族谱又将各支合归"九牧"。世系明晰，辈次有序。虽住地相隔千里，一览宗谱，便像同在一堂。宛如棋盘里排布的棋子和天空中罗列的星星，各支分别都占有一定的位子。通过宗谱的归纳，好像是分散的珍珠和玉璧，统系于中枢而珠联璧合。他日萍水相逢，只要一谈辈分，就知道或是伯叔，或是兄弟，相互爱敬之心便油然而生，怎么会视至亲如路人，同高祖、曾祖而不相识，如陶渊明、黄庭坚所讥讽的那样呢？这就是仁人孝子想要尊敬祖宗、团结族人的原因。

　　我自幼喜欢学习古典，现在得到世人的赞誉。考取举人之后，曾在林氏宗族聚居的乡里—徐姓人家开设学堂。素知林姓宗族世代有人做官，有很多卓越的文人学士。"己丑会试"，我在北上参加考试后返回的时候，林氏宗族正在合修宗谱。林丕德、林丕钟、林丕寿负责筹办此事，请我当任主笔。我因此得以知悉林姓之源流，而高兴其后继有人，一定会继"九牧"而兴旺发达，而时间一定不在久远而在目前。以此为序。

道光十年（1830年）岁在庚寅秋月吉日
举人、候选知县，丰溪莲麓　徐伟拜撰

诗山林氏宗谱序（二）

林钟奏　清（1830年）

谱何昉乎？昉于有虞之赐姓，成周之著族。后之仁人孝子因是而立谱。谱也者，所以敬宗而收族也。夫所谓宗族者何？昔班孟坚作宗族之论于白虎观有曰："宗者、尊也，宗人之所尊也。"

古者有大宗，有小宗。宗其为始祖，后者此百世之所宗，不迁而不易者也。宗其为高祖，后者五世则迁而即易者也。高祖迁于上，宗则易于下。故宗其为曾祖，后宗其为祖，后宗其为父，后以上至高祖皆谓之小宗，以其转迁别于大宗也。夫是以有别子、继别、继祢，递相禅于无既。此作谱一定之义例也。

沿及六朝，崇尚门第，侈谈华胄。无宗不族，无族不谱。甚有弃其所亲而谓他人父者，如郭崇韬之拜绍于汾阳，杜正伦之求列于城南。自诬其祖，不亦甚乎！人而至此，尚忍言哉！

又曰："族者，凑也，聚也。"谓恩爱相流凑，生相亲爱，死相哀痛，有聚会之道焉。周礼以嘉礼亲万民，以饮食之礼亲宗族兄弟。小宗伯掌三族之别以辨亲疏，小史则奠系世以辨昭穆。此也作谱自然之班序也。

奈何支分派别，葛藟情疏；人散地迁，瓜绵谊阔。一本之亲，渺不相识者多矣。"昭穆既远，已为路人。"此陶渊明所以于《长沙公诗序》中讥之矣。"勿受外嫌猜，同姓古所敦。"杜子美亦于《示从孙诗》中戒之矣。由是观之，宗之不可不敬，族之不可不收，而谱之不可不修也明矣。

然兹谱之修亦有甚难焉者。古者重去其乡，游宦不逾千里。盖恐职任王事，身羁遐方，久不得归，无能敬宗以收族。是以不欲以势分之荣易其性，分其乐也，岂为一身计而重远行哉！今之修是谱者，其先人当明季之末而来此。地之相去也千有余里，世之相后也百有余岁。虽自康熙癸酉以至乾隆癸酉其间谱经两修，然皆草率约略，不足信今而传后。甚至迩来数十年间，射利之徒四布来会各族修谱者。非增减其代数，即颠倒其世系。而且相与造作名讳，妄生祖考。彼不知者固已受其愚矣，而谓有识者焉能听其背谬而安然于心乎！心之不安，此重修之所以亟亟也。

　　用是，往玉山，适广丰，赴铅山并饶之德兴与福泉之南安。得二十余族会议同修，无不啧啧称善。亦可以见孝弟之心所性而有，而无智、愚、贤、不肖之殊也。嗣是上下数年，两回闽省，历泉州南安之溪东，兴化仙游之大圳，与夫莆田之前埭。得以谒晋安之祠，叩九牧之墓。凡诸旧谱，查考详对，莫不确凿。

　　故诸谱之修遵其旧例：以博陵为受姓之始祖，以晋安为入闽之鼻祖，以右丞为莆田之祖，莆田者九牧之所自出也。而九牧则又为各牧别子之祖。是以兹谱为别子之祖者，蕴公也。传二十世而至金山公则为继别之宗矣。自金山公而下历十一世而来江右者，又为继祢之小宗矣。

　　宗法既得，则昭穆自辨，支流自别。非本族者，虽贵不录；隶其宗者，无位必书。至于德行道艺表著人寰，脍炙人口，可为后世子孙法者，尤宜重书、谨书、屡书、不一书而已也。如是各宗其宗，各族其族。何至如崇韬、正伦重诬其祖与视同祖者为路人，受渊明、子美之讥诮哉。

　　奏于戊子之春遇凤楼、丕德、丕锺、丕寿于郡城之天津桥。见其始焉举事，意以为落落难期。迄今庚寅，首尾三年，事即告竣。披阅一通，而世系班班可考，支流凿凿可稽。卒能相与以有济，非所谓有志者事竟成哉。当不独列祖在天之灵心许而首肯，即质诸有虞之锡姓，成周之著族，仁人孝子之立谱，其所以敬宗收族之道，亦可以无负焉矣。

道光岁在庚寅七月既望
端州二十九世孙，庠生　锺奏撰

诗山林氏宗谱序（二）

（译文）

　　什么时间开始有宗谱？开始于虞舜之赐姓，有姓即有宗族，西周时东都洛邑有名望的宗族发起纂修宗谱，后来的仁人孝子因此而纂修宗谱。宗谱的宗旨就是尊敬祖宗和团结宗族。宗族的概念是什么？从前，东汉史学家班固（字孟坚）在白虎观作宗族之论时说过："宗者尊也，为先祖主者，宗人之所尊也。"意即：宗就是尊敬，作为宗族先祖的嫡系传承人受到宗族所有人的尊敬。

　　以前有大宗（嫡长子孙传承之宗族），有小宗（非嫡长子孙传承之宗族）。嫡长子以外的儿子（别子）从原宗族中分出并建立新的宗族，成为新宗族第一代，故称之为祖，即"别子为祖"，尊其为始祖。别子的嫡长子孙继承别子，即"继别为宗"，就是百世不变的"大宗"。新宗族的第二代、第三代……又各有别子，这一代一代别子的继承关系，都是五世则变的"小宗"，即"继祢为小宗"。在"小宗"内部的宗祀联系以五世（高祖、曾祖、祖、父、本人）为限，宗祀到高祖，高祖以上便渐次疏远了，这就是"小宗"和"大宗"的区别。因为宗族的繁衍，于是便有"别子""继别""继祢"不断地轮流演变以至于无穷无尽。这就是纂修宗谱一定之义例。

　　沿袭至六朝时期，社会风气开始崇尚高尚的门第，侈谈贵族的出身。没有哪个宗亲不组成宗族，也没有哪个宗族不纂修宗谱。甚至有为攀附权门而冒认祖先的，如：郭崇韬之拜绍于汾阳；杜正伦之求列于城南。（郭崇韬和汾阳王郭子仪原不同籍，而郭崇韬却拜汾阳王郭子仪之墓，冒认其为四世祖；杜正伦和有名望族城南杜氏世系相差很远，而杜正伦却要求列入城南杜氏族谱。）如此冒认祖先，不是很过分嘛！人变成这样，还能说什么呢！

　　班固又说："族者，凑也，聚也。谓恩爱相流凑，生相亲爱，死相哀痛，有聚会之道焉。"意即：宗族是血缘关系的聚合体，因为亲情聚合在一起。生相亲爱，死相哀痛。宗族的聚合必须遵循宗法。《周礼》以嘉礼（婚冠节庆饮宴之礼）亲近万民，以饮食之礼亲近宗族兄弟。小宗伯掌管三族（父族、子族、孙族），以明辨亲疏关系。小史奠系世（建立系世，注明祖宗源流），以明宗族辈次。这也是纂修宗谱自然的排列次序。

无奈宗族繁衍，支分派别，年代久远，人散地迁，亲情就逐渐疏远了。原本是同根同源的亲人，很多都变成了互不相识的路人。"昭穆既远，已为路人。"（因辈次相隔多代而把宗亲视为路人。）这就是陶渊明在《赠长沙公》诗序中所讥讽的词句。"勿受外嫌猜，同姓古所敦。"（勿受外人的挑拨而猜忌宗亲，同姓的亲情从来就是诚恳牢固的。）这就是杜甫（字子美）在《示从孙》诗中教戒其从孙的词句。由此看来，祖宗之不可不尊敬、宗族之不可不团结、而宗谱之不可不纂修的道理也就非常明白了。

然而纂修此谱也有非常困难之处。古人不会轻易远离故乡，外出做官也不超过千里。唯恐因为职务身羁远方久不得归，不能尊敬祖宗和团结宗族。因此不想因短暂的荣耀改变自己的本性，分去自己的天伦之乐。这哪里只是为自己一身考虑而不轻易远离故乡啊！而现在参加合修此谱的人，其祖先是在明朝末年来到此地。这里距离故乡南安溪东已有一千余里，而从明朝末年到现在，时间也有一百多年。虽然在康熙癸酉年（1693年）以至乾隆癸酉年（1753年）纂修过两次宗谱，但都草率约略，不足以取信于今人并传承于后人。甚至近来数十年间，意图谋取财利的人从各地来此邀集各族修谱。不是增减其代数，就是颠倒其世系。而且共同捏造名字，胡乱生造祖先。那些不知内情的人固然已受他们的欺骗，而知道内情的人又怎能听任他们的荒谬行为而安然于心呢！心既不安，那么重修宗谱就刻不容缓了。

于是，往玉山，去广丰，赴铅山并上饶之德兴与福建泉州之南安。召集到二十余族商议同修宗谱，无不连声称赞。由此可见孝顺父母，敬爱兄长之心与生俱来、本性就有，而无智慧、愚笨，有出息、没有出息的区别。从此上下数年，两回福建：经历泉州南安之溪东，兴化仙游之大圳以及莆田之前埭，得以拜谒晋安郡王的祠庙，叩拜九牧的墓地。对所有的旧谱进行查考详对，做到准确无误。所以此谱的纂修，遵从旧谱的义例：以博陵侯林坚为受姓之始祖，以晋安郡王林禄为入闽之鼻祖，以右丞林茂为莆田之祖，莆田之祖就是九牧的祖先。而九牧又是各牧别子的祖先。所以此谱作为别子之祖者，林葳也。传二十世而至林治（号金山）则为继别之宗了。自林治而下历十一世而来江西者，又为继祢之小宗了。

宗法既已确定，则世次自然明白，支流自然清楚。非本宗族的人，虽然显贵也不能登录于本谱。属于本宗族的人，即使没有地位也一定要登记于本谱。至于道德品行、学问技能世间闻名脍炙人口，可以作为后代子孙效法者，尤宜重点书写、慎重书写、多次书写，不只是书写一次而已。如能像这样各自尊敬自己的祖宗，各自团结自己的宗族。何至于如郭崇韬、杜正伦那样诬认其祖先，视同宗者为路人，受陶渊明、杜甫（字子美）的讥讽和教诫呢。

　　钟奏于戊子年（1828年）春季在信州郡城的天津桥遇到林凤楼、林丕德、林丕锺、林丕寿。见他们刚开始着手纂修宗谱之事，我以为不知要等到什么时候才能完成。不曾想到现在庚寅年（1830年）、首尾才三年，修谱之事即告完成。阅读此谱，见其世系清清楚楚可以考证，支流确确实实可以查核。他们始终能共同努力、互相帮助，以完成修谱之事，难道不是有志者事竟成嘛！应当不只是列祖列宗在天之灵会点头赞许，即使按有虞之锡性，成周之著族，仁人孝子之立谱，其为了尊敬祖宗团结宗族之道的本意，亦可以认为完全没有欠缺的了。

道光庚寅年（1830年）七月十六日
端州刺史林苇二十九世孙，秀才　林钟奏撰

诗山林氏宗谱序（三）

周毓麟　清（1830年）

自周礼有曰：宗以族得民之典，而宗之重乃达于天下。顾统而言之曰宗，则其义犹有所未详，而其法亦有所未备。至记申之以别子为祖，继别为宗，继祢为小宗之说。而礼以义起者，法于是可以四达而不悖，百出而不穷。何也？盖必本其所自始之祖以为祖，而崇所祖正嫡以为宗。则族以繁而多析、世以远而屡迁者不将无以祠其祖而谱其宗乎？是惟断之以别子之义而通之以小宗之法。斯仁人孝子之思乃得以笃。于所近而上追乎其远，而尊祖敬宗收族之道遂无不可以自尽。此宗谱之修所由合诸宗法而不悖，通诸世与地之远且散而不穷也。

今居江右饶信林氏者，盖于胜国之季，由莆田再迁而建家兹土者也。林于莆田，故为闽中钜姓。考诸传志：唐时有名披者，官太子詹事，子九人俱为刺史，号九牧林氏。今莆田犹有林九牧墓云。九牧中曰蕴曰藻者尤知名，其季曰蔇，固金山所自出也。蔇公之后一徙仙游之夏顿，再徙泉州南安之溪东。支分派别，而谱或数十年辄一修，修则远近大小咸会于祖籍，合成而分受之。迨辗转迁析，族弥众而地弥远，于是，难以时会而群至，则合而必分其势然也。林氏距祖地远，自隶籍以来，世积而生蕃。由先代得分谱，传至今多历年所矣。而不获会修，惧其繁而莫之纪，至久而多遗也。

其老成人与贤俊士佥谋谱牒，始以系其世次，序其昭穆，此诚仁人孝子之用心也。因录其宗叙及今承修事略以视余而请为之序。余观其谱系以蔇公为一世祖，公晋安王十七世孙，贞元十七年选明经进士，始授京兆参军，继为春秋博士，终迁福唐刺史。搢笏垂绅，扬芬于竹册间，则其为林氏祖也。固宜至其派以别之名以纪之，以联其属。而详其叙者，则断自金山公而下，斯以重所亲也。尊尊亲亲而敬宗以收族之道将于是乎在。

吾尝叹今之来自他乡而成其聚族者，有旧牒无传，茫然不知所自者矣。至或冒他族之宗系或联同姓为通谱，以诬其祖而渎其宗往往而有。

今观林氏之谱，其自得姓以来，世代历历可据。中经几徙，而某年、某地，瞭然无少阙混。盖其旧谱所传历变迁而不至散佚，可谓善守先代者矣。

故切切焉纂承而增修之，笃近支而振宗绪，吾知其宗之兴正未有艾。闻林氏之在莆田者自昔至今多闻人，根厚而其末亦大，将继九牧而起者且有以符其光远有耀，不在异国在其子孙之占也。钦！因为一言以誌其缘起云。

时
道光十年岁在上章摄提格之秋
赐进士出身、翰林院庶吉士、特授广信府儒学教授加三级，鹤城　周毓麟拜撰

诗山林氏宗谱序（三）

（译文）

《周礼》曰：以始祖为祖，以始祖正嫡为宗的制度，使宗子（嫡传子孙）在族内受到族人的尊敬，并使宗法（嫡传制）在全天下受到重视。但是，笼统而言之曰宗，则其意义还不够详尽，而其宗法亦不够完备。至《礼记》就引申出：以别子为祖，继别为宗，继祢为小宗。因为《礼记》的建立符合道理，于是相关的宗法可以长期而广泛地为大家所采用。为什么呢？因为若一定要以始祖为祖，以始祖正嫡为宗。那么，随着宗族长期的繁衍而多次析分和迁移，分迁出去的族群不就无法建立祖祠和纂修宗谱了吗？因此，决定以别子为宗的名义而使用小宗之宗法。这样一来，仁人孝子的愿望才能实现。由近及远追根溯源，就能达到敬宗睦族的目的。这就使我们所修宗谱符合宗法，不管世系多远住地多散，宗谱也可以不断续修。

现在居住在江西上饶信州的林氏，都是由莆田经多次迁徙于明末清初在此建立家园的。林氏在莆田，原本就是闽中大姓。考查传记：唐朝有名披者，官太子詹事，九个儿子俱为刺史，号九牧林氏。现在莆田还有林九牧墓。九牧中蕴、藻最知名。九牧老九名蔇，就是金山公所自出之牧。蔇公的后裔，一徙仙游之夏顿，再徙泉州南安之溪东。支分派别，而谱或数十年才修一次。修谱之时，则不论远近大小的支派都会集于祖籍，合修成宗谱后再分发给各支派。等到辗转迁析，族群越来越多而住地越散越远。于是，大家难以按时会集在一起来合修宗谱。这样，由合修宗谱改为分修宗谱就势在必然了。饶信林氏距祖地南安溪东路途遥远，自在饶信安家以来，世代越积越多而人口繁衍也越来越多。由先代所得分谱，传至今已经历很多年而没有得到会修。大家都担心由于繁衍繁多而没有纪全，由于时间久远而多有遗忘。

所以族中年高望重与有才有德的人都商量纂修宗谱，用以系其世次，序其昭穆，这完全是仁人孝子的用心。因此，抄录其宗叙及今承修事略给我看，并请我为其宗谱撰序。我观其谱，系以蔇公为一世祖，蔇公是晋安郡王十七世孙，贞元十七年明经进士，始授京兆参军，继为春秋博士，终任福唐刺史。官服华丽，宦册流芳，为饶信

诗山林氏宗谱序（三） | 谱 序

林氏一世祖。因此，适宜在其派下以别子为祖之名以纪之，以联系其所属宗亲。而要详细叙述的，则是自金山公以下世系，这是为了重视他们之间的亲情关系。远尊近亲，尊尊亲亲而敬宗收族的作用就实现了。

我曾感叹现在来自他乡而成其聚族的，有的因为没有宗谱传承，茫然不知自己的祖宗。以至于或者冒认他族之宗系；或者联合同姓（非同宗）的人在一起修谱，诬认祖宗而对祖宗不敬的情况往往存在。

今观饶信林氏之谱，其自得姓以来，世代历历可据。中间经几次迁徙，某年某地，一目瞭然，没有一点阙漏和混乱。这是因为其所传旧谱虽经历变迁而没有散佚，可谓是善于保存祖先遗志遗物的了。

饶信林氏现在之所以如此迫切地要续修宗谱，是为了切实加强近支的亲情而振兴祖宗的事业，因此我知道饶信林氏宗族正方兴未艾。闻林氏之在莆田，自昔至今多名人。因为根深而其树冠亦大，林氏将继九牧而兴起且发扬光大者不在异国而在其子孙所在之地也。钦！因为受林氏所请为其宗谱撰序，并以此记叙事情的始末缘由。

道光十年（1830年）岁在庚寅之秋

赐进士出身、翰林院庶吉士、特授广信府儒学教授加三级，鹤城　周毓麟拜撰

诗山林氏宗谱序（四）

林永实　清（1830年）

　　家之有谱犹国之有史，故同谓之乘。不可阙亦不可滥，斯称实录。实夙承庭训，慕宗悫之长风，有志未逮，而敬宗收族之思时切于怀。见宗谱自康熙癸酉年始修，乾隆十八年再修，迄今七十余年，蕃衍无穷，迁徙不一。此时若不纂述，必至亲而相视如途人者亦奚足怪。

　　道光八年，从弟永毓、秀升有志重修，因与族议，择日祭告于吾先祖启诚公。委永实总理监修重任，实虽不谙于事体，而其义又不容辞。爰与二弟担箠蹑屩，亲往吾林之迁江右饶信者访查世系。是族则收，非宗必汰。始于道光八年六月，成事于十年九月，柳往雪来阅三载。亦可谓不阙不滥矣。实不才，未能显亲扬名，敢云斯举之美善而详。慎不辞劳瘁，差可以告无罪于先人乎。

时

龙飞道光十年岁次庚寅之秋

三十五世孙，太学生　永实谨撰

诗山林氏宗谱序（四）

（译文）

　　家之有谱犹国之有史，故家谱和国史同称为史书。不可阙漏也不可滥记，因此称为实录。我（永实）平素承受家教，羡慕宗慤（南朝宋国名将）"乘长风破万里浪"的英雄气概，也有投笔从戎的志向，可惜未能实现，但敬宗收族之思却时刻放在心上。今见宗谱自康熙癸酉年始修，乾隆十八年再修，迄今七十余年，宗族蕃衍无穷，迁徙不一。此时若不续修宗谱，必至出现宗亲相视而如路人的情况亦不足为怪。

　　道光八年，从弟永毓、秀升有志重修宗谱，因与族人商议，择日祭告于我们的先祖启诚公。族人委托我永实总理监修重任，我虽然不十分熟悉修谱之事，但又义不容辞。便与永毓、秀升二弟，长途跋涉，亲往我们同宗林氏迁至江西饶信的宗族访查世系。是同宗的则收入宗谱，不是同宗的就一定不收。续修宗谱，始于道光八年六月，成事于十年九月，春去冬来，经过三年多，亦可谓不阙不滥矣。我不才，未能显亲扬名，但是我敢说这次续修宗谱之事，做得完善而详细。我们做事严谨，不辞劳苦，应可以告无罪于先人了。

道光皇帝即位十年（1830年）岁次庚寅之秋
葚公三十五世孙，太学生　林永实谨撰

续修诗山林氏宗谱序

林永毓　清（1830年）

　　昔先王以孝治天下，而孝莫重于继志述事。故上自世家巨族，下至编户寒门，莫不有谱牒以昭先世之贻谋。则谱之作也由来旧矣！顾谱者普也，有所遗则不全，是籍谈之数典而忘祖也；谱者属也，有所滥则不真，是崇韬之拜汾阳墓也。二者交讥，何以信今而传后？念我曾祖士元公、伯祖文薰公志笃本根，承时赏公修明之序，于乾隆癸酉年会修诗山宗谱。自金山公以下，时代历历註明，可谓详矣。至嘉庆十三年明聪、凤楼伯倡修鹤山支谱，再加考核，可谓详且尽矣。然一修再修皆以金山公为一世祖，而溪东金山公以上，仙游蒇公以下，其间世系阙如莫考，心惧者久之。道光甲申，复捐本族祀款，始理祠事，修卢墓、增祀田，将次就绪。丁亥，与从伯明团移务本家塾族祠左工未竣，适铅邑射利之辈揭印谱来示，竟将金山公世系官阶换羽移宫。披阅之下，益增悼叹。毓惶恐无地，爰商诸族中长者。如此颠倒错乱，使不及时考证，其不至夏相夺康叔之享；鲁僖跻闵公之上者乎？因是，不遑宁处，会同从兄永实、偕弟秀升担簦就道，跋山川、越险阻，吾族自溪东而星罗棋布于江浙者亦略遍历查核，各有存谱可稽。逐一检视，要皆以讹益讹者居多。如信之铅，石壁派启元、启麟公本为克宣公子，旧谱误接乔娘裔；西源派时起、时恩公本为逢经公子，私谱乱续时用公后。时乱公迁广邑战坂，延访未获遗踪。时丑公徙玉邑碓头，遍查难寻旧跡。常山七垅江，家藏诗山谱牒而生父无考。玉山廿六都，行派与吾族无异而其祖不同。如是讹者讹、阙者阙，则昔有憾而待于今者，今则何复加于昔乎？维时，有溪东丕仰兄将历年所查仙游原谱自金山公以上、蒇公以下所阙十九代世系，悉为查核抄录，呈送族中。疑信相参，遂举明耀伯，丕贯、丕式兄偕往仙游校正。及月余归，捧阅抄录，始知丕仰兄之不欺也。噫嘻！此非祖宗灵爽不昧，阴有以相之与？兹会同自溪东而散处信饶二郡者二十余族，重修宗谱。毓学惭彫虫，惧难称职。日与永实兄、秀升弟相商：此非才学兼优者不为功，咸言广邑孝廉徐先生名望素著，择期迎至，奉为主修。先定义例，毓与分纂焉。仿祭川先河之义，推蒇公为一世祖。而下，阙者补、滥者正。原原委委，毫无遗憾。庶几合符谱之为普、谱之为属之例，以信今而传后。即是质诸士元公之初心，其亦可以稍慰乎！如谓继志述事之善于是乎尽，吾何敢焉！吾何敢焉！是为序。

大清道光十年岁次庚寅季秋月谷旦

裔孙，太学生　永毓盥沐拜撰

续修诗山林氏宗谱序

(译文)

从前圣明的君王以孝道治理天下，而孝道最重要的是继续前人的意志和事业。因此，上自世代显贵的大家巨族，下至普通的贫寒人家，都有谱牒以昭示祖先对子孙的教诲。所以谱的制作也由来久远矣！而宗谱要全面，做到本族所有人均有记载，有遗漏则不全，是籍谈之数典而忘祖；宗谱要专属，做到非本族的人就不能载入，有错乱则不真，是崇韬之拜汾阳墓。如二者都有疑问并遭人讥笑，何以让今人相信而放心传于后代？念我曾祖士元公、伯祖文薰公一心一意要追根溯源，要在时赏公康熙癸酉年所纂宗谱的基础上发扬光大，于乾隆癸酉年会修诗山宗谱。自金山公以下，世代记载清楚，可谓详细了。至嘉庆十三年，明聪、凤楼伯倡修鹤山支谱，再加考核，更可谓详尽了。然而几次修谱皆以金山公为一世祖，而溪东金山公以上、仙游葜公以下，其间世系空阙而未考察到，对此我们心存惧虑已经很久了。道光甲申年，复捐本族祭祀用款，开始治理祭礼、祭祀之事，修葺祠堂祖墓，增置用于维持祭祀费用的田产，刚刚完成。丁亥年，我与从伯明团一起搬迁务本家塾到本族祠堂左侧的工程还未竣工，适有铅山县为谋取财利的人翻开所印宗谱来给我们看，竟将金山公世系、官阶胡编乱造。披阅之后，更加哀伤叹息。我永毓更加惶恐不安，便与族中长者商量：如此颠倒错乱，假使不及时考证，岂不要弄到夏相（夏朝君主）占据康叔（周朝卫国国君）的国享（在位年数）；鲁僖公（鲁僖公，姬姓，名申，鲁庄公之子，春秋时期鲁国第十八任君主）跻身在鲁闵公（鲁闵公，姬姓，名启，又作鲁愍公，春秋时期鲁国第十七任君主）之前了吗？因此，我便立刻会同从兄永实、偕弟秀升动身上路，跋山川、越险阻，对我族自溪东迁出而星罗棋布于赣浙各地的族人，进行普遍的查核。许多族人都各有保存的宗谱可查。逐一检视这些宗谱，主要问题是以讹传讹，越传越错的居多。如信郡铅山县，石壁派启元、启麟公本为克宣公之子，旧谱误接为乔娘公之裔；西源派时起、时恩公本为逢经公之子，私谱乱续为时用公之后。时乱公迁移广丰县战坂，广为寻访也未获遗踪。时丑公徙居玉山县碓头，多方查找仍难寻旧跡。常山七垅江，有人家藏诗山宗谱而其生父无考。玉山廿六都，行派与我族无异而其祖宗却与我族不同。这样讹的讹、阙的阙，固然以前的缺憾已留待至今，那么今天的缺憾又如何再加到从前呢？这时，适有溪东丕仰兄将历年所查仙游原谱自金山公以上、莪公以下所阙十九代世系，全部查核抄录，送到上饶来给我们看。我们看后还不敢全信，便推举明耀伯，丕贯、丕式兄偕同丕仰兄一起前往仙游与原谱校对。过了一个多月，他们带回校对过的抄录。捧阅之后，始知丕仰兄的抄录是对的。呵！这不是祖宗的神灵在暗中帮助我们吗？于是就会同来自溪东而散处信饶二郡的林氏二十多族，重修宗谱。我永毓学识浅薄，恐难胜任主修之职。一日与永实兄、秀升弟相商：宗谱主修非才学兼优者是不能胜任的，都说广丰县孝廉徐先生素有名望，择日把他接来，请他作为主修。首先定下本次修谱的主旨和体例，我永毓参与部分宗谱的编纂。仿效前人祭祀时先河后海的道理，追根溯源，以莪公为一世祖。莪公而下，阙者补、滥者正，原原委委，毫无遗憾。或许可以合符谱之为普、谱之为属之原则，可以令今人相信而传于后代。即使是比照士元公之初心，亦可以稍慰了！如说这继承祖先意志和事业的事（续修宗谱）做的已经尽善尽美了，我怎么敢呢！我怎么敢呢！是为序。

大清道光十年（1830年）岁次庚寅九月吉日
裔孙，太学生　林永毓盥沐拜撰

校正诗山林氏宗谱序

林凤楼　清（1830年）

　　楼谨按：我诗山宗谱肇修自明天启年间，又重修于国朝康熙癸酉及乾隆十八年。以金山公始迁泉之南安溪东而尊为一世祖。固取乎别子为祖之义。第其传云：公讳添治，字开先，号知觉，别号金山，乃披公之后裔也。而未详其所自出何牧与自来何地，固失所据矣。虽闻诸先人云：季牧福唐刺史蔇公子恩公为晋江令，自莆阳迁仙游之大圳，为其所自出而其所自来也。然其世次阙有间，名讳失莫稽，亦无从续而修之矣。

　　嘉庆戊辰年，柘村、南墩头、白石坂、黄塘合修鹤山支谱，患于世次之阙。

　　适甲戌年，丕仰侄、振返孙来自溪东，言祠宇毁废，合族捐金。举文台叔、明钦兄、明宗弟偕往营造。因即托仰等查访谱牒。越二年，复与明忞弟寄书溪东，望其过仙游追查而未及查复。

　　奈近有恃得《长林谱略》，假通修而射利者，窃知本支有阙，冒续金山公于苇公之系沼公，而装刷呈视。因叱其讹，复续于藻公之亦章下，且又续于蕴公之潮公后。更人迭诱，以冀获售。殊不知人各有所本，不可忘也。而妄而续之，何其诬乎！爰念我金山公，衍有四大支：或世居祖籍，或散处他乡，俱各执有分谱者，恐为所惑，不效狄汉臣之却真像，而等郭崇韬之拜汾阳。迨误认而久假，后虽幸得所阙之世次而历历可据，未必不反以为诬而终弃之。

　　噫嘻！当此鱼目之混，绝续之交，正贤明子孙所不忍坐视者也。因与福、禄、寿三房议，再举侄丕德、丕钟、丕寿四处会修，且方议入仙游查续。讵意丕仰侄不负前托，数年查访，已于仙游夏顿原谱得蔇公二十世孙治公徙居后潘林，再徙南安郭井村之本支。将谱抄录，千里送阅，亦可谓有心人矣。然犹恐其未详，更举明耀弟、丕贯、丕式侄偕至夏顿，推原校对无讹。是举，固十数世间阙未登之祖一旦得接世次，而列于谱牒之上，幸何如之？

校正诗山林氏宗谱序 | 谱　序

而或者曰：传载添治为金山公之讳，生宋绍兴壬子年。而此治公，何止单名，而又生年无载乎！则名与世并异矣。传又载公自幼能文，身游泮水，卒登庆元庚申第，为衢州常山令。而此治公何其无言其科第仕宦乎？则身之微显又异矣。且又载任理数载，致仕归闽后，因访年友陈知柔先生，相溪东山川之胜而家焉。而此原谱何无记溪东而仅言后潘林与郭井村乎？则地之称名抑又异矣，是皆未可遽以为实而信之也。不知自唐贞元辛巳蕆公出仕，至今道光庚寅丕字派辈，加蕆公未仕前二十年，共计一千零五十年。以三十年为一世推之，合三十五世。若据生绍兴壬子，上至蕆公未仕辛酉年，不过三百六十余年，已得十九世，则年少而世多。下至道光庚寅，实有六百九十余年，只得十六世，则年多而世少。何其僭差若是之甚耶？惟生在明初，则年世恰相合。治公虽原谱失载生年，而以其从兄弟源公生洪武丙辰年、汸公生洪武丁巳絜之，则固为洪武初年人也。且其讳虽阙添字，并阙其子孙未载。而其从兄弟之子孙贵字派、光字派实与旧谱添治子贵道、贵禄、师近、师道，孙光籛、光吾、光会、光薰无异。观添治子孙为治公从子孙之所同派即可知添治子孙为治公本子孙而无他属。观治公从兄弟皆单讳，则旧谱添治有添字未必非另加。又何得以讳治不同添治而疑其非金山公乎？至于科第仕宦为邦家之光，必载于志书。而考之《仙游科第志》固无添治名，更考之《常山仕宦志》也无添治讳，并考之里居茔墓，并无旌荣古迹，则金山公之为治公，微而非显可知矣。其曰后潘林者，即金山公墓之去里许也。曰郭井村者，即溪东现居之对岸也。曰夏顿者，即大圳之地也。曰金山者，即葬金山公之本山，子孙因以为号也。又有谓是仙游金井之后山，因以为其祖之祠名，故别号之。犹今所修谱仍以溪东之诗山号，不忘其所由来也。地里，居葬既得实征，而年代、派行又适相合，自不得不据而续修之矣。

盖谱之修，原记实事以昭兹来许。无其事而装饰之，几同相如《子虚亡是公之赋》。得其实而缺略之，是晋籍谈之数典而忘祖也。

呜呼！可细阅旧谱，多有可疑者。如金山公之生推年代宜在明而不在宋，前修固记在绍兴壬子，后又记在隆兴戊子，既相越而不一。且其登科之年与其为令之地又凭虚而无征。岂经宋元兵燹，谱牒无存，故不妨姑揣而修之，抑或传闻之误欤？今则阙其所应当阙，非敢漏也，实于治公本身无当续其所未续。非敢滥也，实于夏顿原谱有稽。且复尊蕆公为一世祖，非敢忘溪东之始也，实准苇公、蕴公诸牧均断为始之义例。由是上治祖祢，自澄渚而晋安以至博陵，无不溯其源。旁治兄弟，自端州而郎中以至漓州，无不推其亲。下治子孙，自夏顿而溪东以至占籍江西各处者，无不联其支而合其派。虽间合有遗,并去祖籍远,未及萃千里于一堂,合万殊为一本。然旧谱所已载者并仍付梓。则引端竟尾,因此识彼,亦无不可。序其昭穆,笃其亲亲,而不路人视之也。爰不辞僭烦,校正而琐言之,实欲俾诸来世知其巅末云。

皇清道光十年岁次庚寅蒲月之端阳
三十四世孙,邑庠生　凤楼敬撰

校正诗山林氏宗谱序

（译文）

　　林凤楼谨按：我诗山宗谱开始修于明朝天启年间（1621—1627年），又重修于清朝康熙癸酉年（1693年）及乾隆十八年（1753年），因为金山公始迁泉州南安溪东而尊其为一世祖，本来是采用别子为祖的道理。但是他的传记说："公讳添治，字开先，号知觉，别号金山，是披公的后裔。"而没有详细地记载他出自披公九个儿子中的那一个和他从什么地方迁来，当然就失去依据了。虽然听先人说过："九牧之福唐刺史蔇公的儿子恩公为晋江令，从莆阳迁到仙游之大圳。金山公是恩公的后裔，是从仙游之大圳迁来溪东。"然而从恩公到金山公之间又阙世次，且其名字也查不到，也就无从续修了。

　　嘉庆戊辰年（1808年）柘村，南墩头，白石坂，黄塘合修鹤山支谱，也苦于所阙世次。适值甲戌年（1814年）丕仰侄，振返孙从溪东来上饶，说溪东的祠堂毁坏，要求全族捐钱。便推举文台叔，明钦兄，明宗弟和他们一同前往溪东营造祠堂。因此嘱托丕仰等人查访谱牒。过了两年我又和明厽弟寄书信到溪东，希望他们到仙游去查访，而至今他们还未来得及查访和回复。

　　无奈近来有人依仗持有《长林谱略》，假装要通修林氏宗谱而来骗取利益。他们暗地里了解到我们这支林氏宗族的宗谱中有间阙，便贸然将金山公续于九牧苇公这一系的沼公之后而装印好拿来给我们看。因为我们怒叱其错误，他们又将金山公续于九牧藻公这一系的亦章公之后，还又将金山公续于九牧蕴公这一系的潮公之后。变换着人多次来欺骗我们，希望达到他们的目的。竟然不知人各有根源是不能忘本的。而胡乱地续接世系是多么荒谬啊！于是想到我们金山公有四个儿子，衍生有四大支系：或世居祖籍，或散处他乡，都分别持有分谱。我担心他们受那些人迷惑：不效仿宋朝名将狄青（字汉臣）不因出身低微而默认狄仁杰为祖先，不忘根本；却等同后唐名将郭崇韬为攀附名门而错拜汾阳王郭子仪的坟墓，冒认祖宗。等到误认了祖宗而且长时间以假为真，到后来虽然有幸得到所间阙的世次并且清楚有据，未必不反而被认为是假的而终被抛弃。

啊！在这鱼目混珠，宗谱间断和续接的关键时刻，正是贤明的子孙所不忍坐视不理的。因此，便与福、禄、寿三房的族人合议，再推举侄丕德、丕钟、丕寿到各处林氏宗族去召集会修宗谱，并且刚刚议定要到仙游去查访。不料丕仰侄不负以前所托，花了几年时间查访，已在仙游夏顿原谱中查得葭公二十世孙治公从夏顿迁移到后潘林，再从后潘林迁移到南安郭井村的本支。将谱抄录，不远千里送来查阅，真可谓是有心人了。然而，我们还是担心其不够详尽，又推举明耀弟、丕贯、丕式侄和他一同到夏顿按原谱校对无误。此举，使十几世间阙未登宗谱的祖先一旦得以续接世次登上宗谱，这是多么幸运的事啊！

或许有人会说：旧谱中金山公的传记记载添治是金山公的名讳，生于宋朝绍兴壬子年（1132年），而此次从夏顿原谱抄录的治公，不但是单名，而且出生年月也无记载啊！这样名字和世次都不相同。传纪又载添治公自幼能文，在学校专心学习，终于庆元庚辛科及第，任衢州常山县令。而此治公为什么没有说其科举及第和当官任职呢？这样，身份的低微和显贵又不同了。而且传纪又载添治公任职数年，辞职回闽后，因访问同年登科的友人陈知柔先生，看中溪东山川秀美而在溪东安家了。而从仙遊抄录的原谱为什么没有记载溪东而仅记载后潘林和郭井村呢？这样地名还又不同了。存在这些不同就不能仓促相信仙游原谱所载治公就是传纪中的添治公。其实，他们是不知道自唐朝贞元辛巳年（801年）葭公出来做官，到现在清朝道光庚寅年（1830年）丕字派辈，加上葭公出来做官前的二十年，共计一千零五十年。以三十年为一世来推算，合为三十五世。如果按旧谱中金山公生于宋朝绍兴壬子年（1132年）为据。向上推到葭公未出来做官的唐朝辛酉年（781年），其间不过三百六十余年，而从葭公到金山公已有十九世，这样就年数少而世数多了。向下推到清朝道光庚寅年（1830年），其间实有六百九十余年，而从金山公到丕字派辈只有十六世，这样就年数多而世数少了。为什么差错会这么大呢？因此，金山公只有出生在明朝初年，才年数和世数恰好相合。治公虽在仙游夏顿原谱上没有记载出生年月，而以其堂兄弟源公生于明朝洪武丙辰年（1376年）汹公生于洪武丁巳年（1377年）来推想，则治公一定是洪武初年出生的人了。而其名字在原谱上虽然没有添字，并且也没有记载他的子孙，但从其堂兄弟的子孙是贵字派、光字派来看，其实和诗山旧谱中添治公的儿子贵道、贵禄、师近、师道，孙子光箎、光吾、光会、光薰的字派相同。由此可知旧谱所载添治公的子孙就是治公的子孙不会有错。再看治公的堂兄弟都是单名，那么旧谱上添治公的添字就可能是另

校正诗山林氏宗谱序 | 谱　序

加上去的。怎么能以名字为治不同于添治而怀疑其不是金山公呢？至于科考及第和出仕为官，这是国家和家族的光荣，一定会载于志书。而考查《仙游科第志》没有添治这个名字，又考查《常山仕宦志》也没有添治这个名字，并且考查金山公居住的乡里和他的坟墓，也无旌表荣耀的古迹。这样，金山公就是治公，是个普通百姓而不是达官显贵就非常明白了。另外，金山公徙居过的名叫后潘林的地方，就是距离金山公的坟墓大约一里路的地方。名叫郭井村的地方就在现在居住地溪东的对岸。名叫夏顿的地方就是大圳。名叫金山的山，就是金山公坟墓所在的山，子孙因此就用金山来作为治公的别号了。又有一说：金山是仙游金井的后山，因此用金山来作为其祖宗祠堂的名字，所以成了治公的别号。就像我们现在所修的宗谱仍以溪东的诗山为宗谱的名号一样，用意是不忘其来源。地方，居住的乡里和坟墓既已得到实证，而年代和派行又刚好相合，自然就不能不以此为根据而续修于宗谱了。

续修宗谱本来就是为了记载实事，以便让后代子孙清楚明白。如果没有事实而加以装饰，就几乎和司马相如的《子虚上林赋》一样，是由虚拟的子虚、乌有、亡是公三人的对话构成的。如果得到事实而缺略不载，就如同晋国大夫籍谈，其祖先因掌管典籍而得籍姓，而他却忘记史实而奢谈历史，被世人讥讽为数典忘祖。

啊！可是仔细查阅旧谱，有许多可疑之处。如金山公出生年月按照推算应在明朝而不在宋朝，而旧谱却记在宋朝绍兴壬子年（1132年），后又记在隆兴戊子年（1168年）。出生时间既已相差不一。而其科考及第的时间和做县令的地方又是没有凭据而无法查证的。莫非是经过宋元战火后谱牒无存，所以不妨姑且按揣测而修撰？或者是传闻的错误？现在续修的宗谱，是缺略其所应当缺略的部分。并非敢于漏记，实在是对于治公本身而言，已无应当续记而没有续记的事实。并非敢于滥记，事实均在夏顿原谱中可以稽查得到。而且现在复尊藐公为一世祖，并不是敢于忘记溪东的始祖，实在是为了明确苇公、蕴公等都不是本支始祖的道理。由此，上治祖祢，搞清楚了祖先渊源，自澄渚九牧林蔇而至晋安郡王林禄以至博陵候林坚，无不追溯其源头。旁治兄弟，自林披之子端州刺史林苇而林韬之子户部郎中林尊以至林昌公之子漓州司马林萍，无不推定其堂兄弟间的亲缘关系。下治子孙，自夏顿林恩而溪东林治以至散处江西各地的林氏宗族，无不联其支系合其派行。虽然中间也许还有遗漏，并且由于距离祖籍太远，未及把远隔千里的宗族聚于一堂，把分散各地的宗亲汇于一谱。然而旧谱所已记载的仍然一并付印。那么，寻求事情从头到尾的经过，由此识彼，亦无不可。按世序排列其昭穆辈次，加深了宗族亲人的亲情，而不至于把亲人视为陌路人了。于是我不避僭越之嫌和不辞劳烦，对旧谱进行校正并加以详细说明，实在是想帮助子孙后代知道事情的始终。

大清道光十年（1830年）庚寅年五月五日

菔公三十四世孙，秀才　林凤楼敬撰

诗山林氏宗谱跋

林秀升　清（1830年）

　　元公为千古制作之才，而继意述事独传于《雅颂》。如肇祀之诗，特纪生民皇矣之什，并详列祖。后人读之，孝弟之心油然而生。

　　孔子祖述宪章，未获奏东周之效。自谓志在《春秋》，行在《孝经》。《孝经》一书，明天察地。当其告成，有绛衣缥笔之祥。可以说极天地之大文矣。后世读圣人书，岂敢仰希万一。然水源木本之思，则自天子达于庶人无异情也。

　　粤稽吾宗，昉于博陵侯坚公而有林姓。历周、秦、汉、魏，代有名人。东晋禄公为招远将军，从元帝渡江，敕守闽之晋安郡，子孙因家焉。延十世，右丞茂公迁莆田之北螺。七传生太子詹事披公由北螺析居澄渚，生子九人，皆为州牧。第九子蔇公即金山公所自出之牧也。蔇公之子曰恩，自澄渚析居仙游夏顿。传十九代金山公又自夏顿迁泉州南安之溪东。当明季鼎革之际，各族散处。其居江西信饶者不下二十余族，星罗棋布，条析缕分，非有谱以联之，则房次失稽，尊卑莫辨。先灵有知岂不抱恨于九原乎！爰与永实、永毓二兄各处谘访世系，录其讳名字号，生没年齿与夫行实、庐墓等类。从而校阅删润，编汇成谱。虽亲疏各异，而谱则合亲疏为一体也。

　　夫钜宗名族，畴无谱系以流传。而其法足以名世者，莫过于欧、苏。欧之谱图，详于世系，欲人知本源之义。苏之谱表，挨次并列，欲人笃亲亲之思，二者缺一不可也。吾家赐姓胙土，自温彦博在唐已详载秘阁。而谱前已散佚，独入闽一派考据精而宗支定矣。

　　兹谱所录：前于东晋者，以苏之谱引明其宗之所由来也。后于东晋者，以欧之谱引明其祖之所自出也。元元本本，支分派合。虽不敢上同圣人明察之诚，而考其昭穆，可不忘世代相承耳。

是谱也，始事于道光八年戊子秋七月，至十年庚寅冬十月告成。秀升躬襄厥事，纪其原委附于简末，以俟后之续修者因管见得所有据云。

时
道光十年岁次庚寅孟冬榖旦
世孙，太学生　秀升谨跋

诗山林氏宗谱跋

（译文）

　　林士元是千古制作的能人，他抄录、编撰，首次完成了《诗山林氏宗谱》的纂修。而其继承祖先的意志，继述祖先的事业的表述方法，独传承于《雅颂》。如首创用于祭祀之诗，是记载最原始的生民祭祀上帝的诗歌。并详细地记载了林氏的列祖列宗。后人读了，孝敬父母、尊敬兄长之心油然而生。

　　孔子继承尧舜之道，效法周文王、周武王的礼制，倡导恢复《周礼》，但在东周列国都没有得到重用。他于是说："我的志向在于著作《春秋》、《孝经》，倡导赏善罚恶，践行从孝做起。"《孝经》一书，明天察地。当《春秋》、《孝经》著作完成之后，孔子穿着深红色的单衣，簪着青白色的毛笔，率领众弟子祭告天地。于是出现地起白雾，天降赤红，化为黄玉之祥瑞，可以说是天地间最伟大的文章了。后人读孔圣人的书，岂敢仰望学得其万一。然而孝敬祖先、溯本探源的思想，是自天子到庶人都无不同的。

　　经考查，我们林氏宗族，开始于博陵侯坚公而有林姓。经历周、秦、汉、魏，每朝每代都有名人。东晋时，林禄为招远将军，随从晋元帝渡江，奉旨镇守闽之晋安郡，子孙因此家居晋安。延至第十代，右丞林茂始迁居于莆田之北螺村。传七代生太子詹事林披由北螺析居澄渚，生了九个儿子皆为州牧。第九子福唐刺史林蕴就是金山公（林治）的祖先。林蕴之子名林恩，自澄渚析居仙游夏顿。传十九代至金山公（林治）又自夏顿迁泉州南安之溪东。在明末清初之际，各族分散。其中居于江西广信府上饶县者不下二十余族，星罗棋布，条析缕分。如没有宗谱加以联系，就会世系失稽，长幼莫辨。祖先在天之灵有知，岂不抱恨于九泉嘛！

　　于是，我与永实、永毓二兄各处谘访世系，记录其讳名字号，生死时间和行为道德，房舍坟墓等类。从而校阅删润，编汇成谱。虽然族人之间亲疏各异，而谱则合亲疏为一体了。

　　有名望的大宗族，谁无谱系以流传？而其制谱方法足以闻名于世的，莫过于欧阳修制作的欧谱、苏洵制作的苏谱。欧谱之谱图详于世系，希望大家知道尊敬祖宗，追本溯源的道理。苏谱之谱表，挨次并列，希望大家加深热爱自己亲人的想法。二者缺一不可。

我们家族自坚公（林坚）受周武王赐姓封爵以来，温彦博在唐朝已详细记载并存于皇宫秘阁之中。而以前的宗谱已经散失，唯独入闽一派的宗谱考据精准而宗支确定。此谱所录，前于东晋者按苏谱之法，指明祖宗自始以来的情况。后于东晋者以欧谱之法，指明祖宗出自于何处。把林氏宗族的根源和繁衍的情况，详细而准确地记载于宗谱之上。虽不敢上比圣人明察之诚，而考核其世系辈次，可不忘世代相传承了。

这次修谱，开始于道光八年（1828年）戊子年秋七月，至道光十年（1830年）庚寅年冬十月告成。我林秀升亲自参加这次修谱之事，记录这次修谱的始末附于宗谱之后，以待后来续修宗谱者因我的见识得到依据。

道光十年（1830年）庚寅年冬十月吉日
世孙，太学生　林秀升谨跋

懷虛若海開眼看世界

弘揚林則徐務實的愛國主義精神

志堅如壁盡心報國家

丙申初秋林海書

闽楚同源序

林则徐　清（1837年）

吾族殷少师比干之裔也，蒙周赐姓，承天发祥，其后孝子慈孙代不乏人。总由相继积德以结天心，故历久而弥光。是以，我祖披公由唐进士肇基莆田，九子咸为刺史，确守前勋，兰桂丛发，散处遐方。迄今数千余载，繁衍几遍天下。

余初历楚藩司、阅楚省郡诸志，早知宗亲发迹楚黄者大有人焉。思通悃愫，以叩来由，旋因入觐未果。

兹幸复膺圣命，节镇楚邦。公退之暇，适逢宗亲执谱来署。余遍阅宗图，深悉公等本大学士英公之后，与余上共披祖。虽关山远间，未列雁行。而要知邓林之竹发千寻，总由一本；黄河之水泻万里，究出一源。千支万派，自我鼻祖视之，未尝不犹然一家人也。

窃愿凡我同源之人奋志诗书、效法圣贤，勿负忠孝仁人之后可也。

道光丁酉夏
总督湖广等处地方兼理军民粮饷部堂　少穆则徐识

闽楚同源序 | 谱　序

闽楚同源序

（译文）

　　我们林氏宗族是殷少师比干的后裔，承蒙周武王赐姓、仰承上天眷顾，林氏从此兴起。其后，孝子慈孙每代都不少。一定是由于祖先相继积德，合乎上天好德之心，所以时间愈久而愈加光辉。因此，我祖林披由唐朝进士开创基业于莆田，九个儿子都是刺史，确守前辈勋业。子孙昌盛，散处远方，迄今已有数千年，繁衍几乎遍布天下。

　　我当初任湖北藩司（布政使）时、阅读过湖北省郡各种志书，早知林氏宗亲发迹于楚黄（湖北黄州）者大有人在。我本想和他们交流真情，询问他们的来历，但是，因为不久我要入朝觐见天子而未能做到。

　　现在我有幸再次接受圣命任湖广总督。在公务后的闲暇时间，适逢宗亲拿了宗谱来公署。我仔细看完宗图，知道拿宗谱来的宗亲本是大学士林英的后代，和我上共祖宗林披。虽因关山远隔，未列辈分。而重要的是知道我们如竹林之竹，纵然长得再高，总发自同一竹根；如黄河之水，纵然流得再远，究出于同一水源。林氏宗亲千支万派，在我们的始祖看来，未尝不犹然一家人也。

　　我暗自希望凡是我们同一根源的人，奋志诗书、效法圣贤，不要辜负作为忠孝仁人的后代就可以了。

道光丁酉（1837年）夏
湖广总督兼理军民粮饷兵部尚书　林则徐（字少穆）识

西河郡林氏族谱序

林则徐　清（1837年）

昔原祖出自子姓，殷少师比干遭纣无道，屡贡直言，不听，剖心而死。夫人陈氏怀娠三月，逃于长林石室之中，生男名泉。及武王克商，封比干墓，召其夫人陈氏并其子泉，赐姓林氏，改泉名坚，取林中石上所产、节硬坚贞之义。封陈氏夫人，封坚博陵侯，食采百里、赠子孙世袭其爵。博陵乃河之西也，因此为郡名耳。

自少师公后，二十三代有林雍为鲁大夫，立奇勋，"春秋"称之，事见《左传》。二十四代有林放，事先师孔子、居七十二子列，唐玄宗开元二十七年从祀圣庙。二十五代有不狃公，事鲁死节。迨其后，晋有伯升，齐有皇后林氏。周显王时有林皋为赵相，生九子皆贤。国人称之曰："九龙之父"、"十德之门"。至秦末，子孙散居各郡。

至六十二代林礼，西晋时居于下邳，生子曰颖。颖生二子：曰懋、曰禄。"永嘉之乱"晋元帝渡江南巡，禄公扈从，除征南将军、迁合浦太守、晋安太守，卒于官。享寿六十九，葬泉州府惠安县陈同关九龙岗。子孙相续遂居于闽，自成桑梓。

唐讨漳南蛮，公显灵助战，歼枭巨魁。郡守疏请特追封晋安郡王，妣孔氏追封鲁国夫人。林氏之居晋安自禄公始，禄公乃少师比干公六十四代裔孙也。禄公生子曰景，封南平侯。传至七十三代林茂，茂生孝宝，为泉州刺史。又三代而生玄泰，为瀛州刺史。玄泰生七十八代万宠公，即九牧公之大父也，为饶州刺史。夫人王氏，生三子。殁而仙葬于

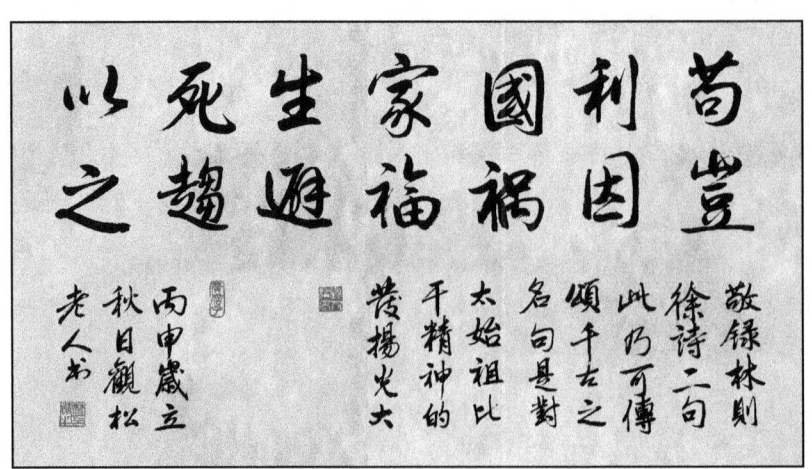

西河郡林氏族谱序 | 谱 序

乌齐山,有石曜奇异之形。其后子孙散居莆田、澄渚、涵头、前埭、南北螺村。长子曰韬、字茂万,为员外郎。生孙攒、字会通,为福唐尉。母丧行孝庐墓,感动天地,降白乌甘露之祥,诏赐立双阙。次子曰披、字茂彦,幼具异质、目览心记。年十五,自抄六经、百家、子史千余卷。二十以经业擢第,授汀州别驾、知州事。著《无鬼论》,声闻于阙,御史李栖筠奏授太子詹事兼苏州别驾。生九子:曰苇,端州刺史;曰藻,容州刺史,迁殿中侍御史;曰著,横州刺史;曰荐,韶州刺史;曰晔,通州刺史;曰蕴,邵州刺史;曰蒙,循州刺史;曰迈,雷州刺史;曰蔇,福唐刺史。是以,号其父披公为九牧公,乃少师公七十九代裔孙也。

而蕴公生愿公,明经及第。愿公传三世圉公,"五代"周显德时为统军兵马使。圉公生保吉公,时父弃官归,同隐于莆田县湄洲屿,生子孚,为福建总管。孚生子惟悫、讳愿,为都巡检。配王氏夫人,生天后圣母,历朝封赠建庙享祀,载在祀典,乃少师公之八十六代之孙女也。

盖西河林氏,而今籍居闽中莆田等处,皆禄公之苗裔也。但世远人繁,或在祖居、或徙外邑、或隐居山林、或分居乡村市镇,支派虽异,其实一宗。

厥后元佑二年移入龙岩之始基祖九郎公,字世昌,乃少师公壹百零一代之裔孙也,系出九牧蕴公之后。数传至伟公,登进士第,授汀州教谕。又传三世,而生文德公,登进士第,知宁化县事,宋亡死于崖门之难。生九子,名为九龙兄弟,俱登进士第。曰一郎、二郎、三郎、四郎、五郎、六郎、七郎、八郎、九郎。彼时世异事殊,兄弟散居各处,今惟知六郎公自宁化县迁居上杭县西门。八郎公自宁化县迁居上杭武平等县。子孙众多,又分徙于白沙村、清山塘、安乡村等处。我祖九郎公,自宁化县迁居上杭县东门外。幼而聪敏,弱冠蜚声,而性好山水之乐,因世异以埋名,携三子自上杭县移居于漳平、永福,再徙于龙岩之东山佛仔岭而居焉。长子三十五郎,其后居缘岭庵边和溪及广东之连平州始兴县等处。次子四十二郎大兴公居东山上坪村等处。三子满一郎公之裔,有迁于江西吉水县等处。及我开基祖三十六郎,字圣联,大兴公之玄孙也,于明永乐十二年携子居龙门里陈邦洋聚族焉,户籍列龙一图八甲、户名德春。三子三十七郎公,生子念四郎公,次子小四郎公,子孙于明永乐二年徙居湖广常德府落业。子孙众多,散居各处,未再详细。查我龙岩林氏之裔,厥后徙于异省异乡又不知其几何也。

吾郡西河世胄,根深源远,枝叶繁盛,所以家族谱据,关系甚大。然数阅我德春公之谱,条例虽明,而叩其来历根源,尚有未明之处,余也不敏,浪迹江湖,闻亦政堂得有旧谱,寝食不忘。今幸得诵悉而录之,按图像而绘之,而前此数千年之纪述源流,皆所以昭世系、记行实、定尊卑、分长幼、载房脉、别亲疏、叙婚姻，木本水源，有如一家；雁序有秩，明如指掌。所谓郁郁菁菁，尽善而尽美者也。则前此忠臣孝子之遗风，文经武纬之奕业，尤望从兹而再振焉，是为序。

      道光丁酉
      总督湖广等处地方兼理军民粮饷部堂　少穆则徐敬撰

西河郡林氏族谱序

（译文）

　　林氏的始祖出自子姓。子姓殷朝少师比干遭遇无道昏君纣王，多次直言劝谏，纣王不听，被纣王剖心而死。当时，比干的夫人陈氏已怀孕三个月，恐被纣王加害，逃至长林石室之中，生男孩取名泉。

　　至周武王推翻了商朝，为比干封崇坟墓。征召比干夫人陈氏和其子泉，赐姓林氏，改泉名为坚，取其生于林中石室、节操坚贞的意思。封陈氏为诰命夫人，并封林坚为博陵侯，封地百里，赐林坚子孙世袭其爵位。博陵在黄河西边，因此以西河为郡名。（西河即为林氏的发源地。）

　　比干的二十三代孙林雍为鲁国大夫，建有奇功，在"春秋"时期很有名，事见《左传》。二十四代孙林放是先师孔子的学生，居孔子有名的七十二弟子之列，唐玄宗开元二十七年从祀于孔庙。二十五代孙林不狙为鲁国尽忠死节。

　　后来，春秋战国时，晋国有林伯升，齐国有皇后林氏。周显王时有林皋，为赵国丞相，生了九个儿子都是贤才，国人称为"九龙之父""十德之门"。到秦朝末年，子孙散居于各郡。

　　至比干六十二代孙林礼，西晋时居于下邳，儿子名林颖。林颖生了两个儿子：林懋、林禄。"永嘉之乱"，晋元帝渡江南巡，林禄随从，被封为征南将军，升迁为合浦太守、晋安太守，死于任上。享年六十九岁，葬于泉州府惠安县陈同关九龙岗。子孙相继，便世代居于闽，闽即自然成为林氏的故乡。

　　唐朝征讨漳州之南蛮，林禄显灵助战，歼敌首领。漳州郡守上奏皇帝，特请追封林禄为晋安郡王，夫人孔氏追封为鲁国夫人。林氏居于晋安，自林禄始。林禄是少师比干六十四代孙。

　　林禄的儿子林景被封为南平侯。传至比干七十三代孙林茂，林茂的儿子林孝宝，为泉州刺史。又三代而生林玄泰，为瀛州刺史。林玄泰生（比干七十八代孙）林万宠，即九牧兄弟的祖父，为饶阳刺史。配夫人王氏，生了三个儿子。林万宠死后葬于乌齐山，

219

有风水学所谓"石曜"之象（预示其子孙后代即将要出人才）。他的后代子孙散居于莆田、澄渚、涵头、前埭、南北螺村。

林万宠的长子林韬、字茂万，是员外郎。林韬的孙子林攒、字会通，是福唐县尉，母丧守孝时，在母亲墓边搭篷屋居住，为母亲守墓。林攒的孝行感动了天地，上天降白乌、甘露之祥瑞。皇帝降旨为林攒家建立双阙，表彰林攒的孝道。

林万宠的次子林披、字茂彦，幼年就具有优异的资质、有过目不忘的能力。十五岁就抄写了"六经"、"诸子百家"、"史书"千余卷。二十岁以明经科考及第，被授予汀州别驾、知州事。汀州地方盛传多鬼，林披著《无鬼论》，闻名当朝。御史李栖筠上奏朝廷，授林披太子詹事兼苏州别驾。林披生了九个儿子：林苇，端州刺史；林藻，容州刺史，迁殿中侍御史；林著，横州刺史；林荐，韶州刺史；林晔，通州刺史；林蕴，邵州刺史；林蒙，循州刺史；林迈，雷州刺史；林蔇，福唐刺史。九个儿子都是州牧，因此称林披为"九牧公"，是少师比干七十九代孙。

林蕴之子林愿，明经科考及第。林愿传三代至林圉，"五代十国"时在后周显德年间任统军兵马使。林圉儿子林保吉，当时林圉弃官回归，父子一同隐居于莆田县湄洲屿。林保吉之子林孚，为福建总管。林孚之子林惟悫、讳愿，为都巡检。林惟悫配王氏夫人，生"天后圣母"林默。历朝对"天后"的封赠、建庙和祭祀，记载于《祀典》。"天后"林默是少师比干八十六代孙女。

西河林氏的后代，而今世代居住在闽中莆田等处的林氏宗族，都是林禄的子孙。但世代久远，族人繁多，有的留在祖居；有的迁徙外地；有的隐居山林；有的分居乡村市镇，支派虽异，其实出自同一祖宗。

此后，北宋元佑二年移居龙岩之始祖林九郎，字世昌，是少师比干壹百零一代孙，是九牧林蕴的后代，经几代传至林伟，考中进士，授汀州教谕。又传三代至林文德，考中进士，授宁化县知县，宋朝灭亡时死于"崖门之难"。林文德生了九个儿子，时称"九龙兄弟"，都考中进士。名为林一郎、林二郎、林三郎、林四郎、林五郎、林六郎、林七郎、林八郎、林九郎。那时宋元更替，世道变更，兄弟九人散居各地。现在只知林六郎自宁化县迁居上杭县西门；林八郎自宁化县迁居上杭、武平等县，因子孙众多，又分迁于白沙村、清山塘、安乡村等处；我的祖先林九郎，自宁化县迁居上杭县东门外，幼年聪明，二十岁便很有名声，而他生性喜好山水之乐，因世道变更，所以隐姓埋名携带三个儿子自上杭县移居于漳平、永福，再迁徙于龙岩之东山佛仔岭居住。长子三十五郎，其后代散居缘岭庵边和溪及广东之连平州始兴县等处；次子四十二郎，字大兴，居东山上坪村等处，林大兴第三子满一郎的后裔有的迁居于江西吉水县等处。

西河郡林氏族谱序 | 谱 序

到我这一族的开基祖三十六郎，字圣联，是林大兴的玄孙，于明朝永乐十二年携子居龙门里陈邦洋，聚集而成氏族了。户籍列于龙一图八甲，户名德春；三子三十七郎，生子念四郎，次子小四郎，子孙于明朝永乐二年迁居湖广常德府落户创业。子孙众多，散居各地，宗谱未再详细记载。查我龙岩林氏的后代，后来迁徙于异省异乡者又不知有多少了。

我们西河郡林氏的世家子弟，根深源远，枝叶繁盛。所以家族谱据关系重大。然而几次阅读我族德春公的宗谱，条例虽明，而探求其来历根源，还有不明白的地方。我也不够聪敏，而且因职务变动而常变换地方。听说亦政堂得有林氏旧宗谱，寝食难忘。今幸得悉心读完并抄录下来，按图像而描绘下来。而宗谱对此前数千年来龙去脉的记述，都是为了昭明世系、记录实际事迹、确定尊卑、分清长幼、载明房脉（支系）、区别亲疏、记叙婚姻。究其根源，如同一家；辈分有序，明如指掌。正所谓子孙繁盛，尽善尽美了。前辈忠臣孝子之遗风，文经武纬之伟业，尤望从此而再兴。以此为序。

道光丁酉（1837年）
湖广总督兼理军民粮饷兵部尚书　林则徐（字少穆）敬撰

饶阳林氏宗谱序（一）

钟世桢　清（1867年）

予摄理信州有年矣。曩者西匪窜扰，防堵孔艰。幸赖我皇上如天之福，尔百姓众志成城，驱除妖孽，扫荡尘氛。今则唳鹤无警于山，飞鸿不哀于野。武功既偃，文教复修。虽簿书鞅掌，抚字劳心。而放衙之暇、课吏之余，亦得目睹诗书、手亲笔砚。适饶阳林氏以谱序请，因率尔焉。

夫饶阳林氏自博陵侯受姓以来，晋安王入闽之后，其间石室钟祥，何殊岳降崧生。周家申父，长山从祀，得鲁国圣人亲删诗、赞、易。露何为而竟甘？乌何为而忽白？祥何为而比雀？人何为而犹龙？正不徒森森乔木，十德名门；韡韡常华，九州作牧也。有德者克昌厥后，数典者不忘其先，是乌容序。

即以林氏谱序论：西河温公彦博既秉笔于贞元，龙图程公大昌复抽毫于乾道。昔之珍藏于秘阁，后皆流播于人间。况乎后裔水部郎有序于唐，长乐尉有序于宋，宁州教谕有序于元，翰林侍讲有序于明。以文胜者，累朝既有大手笔；以质胜者，历代又有贤子孙。予不能为贺世凤，予将为应声虫乎？是又乌容序。

盖昌黎云："文必陈言之务去。"刘勰云："意以翻空而易奇。"彼仰矩媛于高曾，叙德既如灵运；溯源流于宗祖，诵芬又若陆机。纵更陈夫祥瑞，岂属创新；即多系以支流，亦同剿说。故事必择其要，而语必标其新。由斯以想可得而言。

夫方朔岁星七十年不见于天上，河源窗岭千百里曾伏于地中。纵云芝草无根，醴泉无源；必竟凤凰有毛，麒麟有趾。此诗山、鹤山二谱阙金山公以上十九代，君子所为三叹息也。讵料于木本水源之地，用仁人孝子之心，远不惮夫千里劳尝，积以三年，卒之楚弓楚得，赵璧赵归。如经星、纬星之在天，明明可数；若《迁史》《班史》之在国，历历可稽。不必决渭河之水而入泾流，无庸割扶桑之木而接文梓。此其功顾不宏而其力乌可没欤！

今者星云之纠缦堪歌，日月之光华可颂。虽余孽未尽除，皆大兵所可剿。予也愧无大笔可铭碣而勒碑，幸有小言类糊窗而覆瓿。统观斯谱，前遵苏式，以明长长之伦；

后仿欧式,以著亲亲之义。孟子曰:"人人亲其亲,长其长,而天下平。"将于斯谱卜之矣。

予守信州,林之祖亦牧信州。殊周、召同朝惟东西之分陕;似白、苏筮仕竟前后之守杭。是又乌可以不序哉。

时
大清同治丁卯年仲秋月中浣穀旦
钦加布政使衔简用道广信府正堂加十级纪录十次,都梁　锺世桢顿首拜撰

饶阳林氏宗谱序（一）

（译文）

　　我在信州为官已经多年，以前西匪窜扰，防堵非常艰难。幸赖皇上洪福齐天，百姓众志成城，驱除了妖孽，肃清了匪患。现在已经没有了匪情，恢复了社会秩序。战事结束了，文教事业就得以恢复。我虽然政务繁忙，但在工作之余也要看书写字。刚好饶阳林氏宗族请我为其宗谱撰写序言，我便爽快地答应了。

　　林氏宗族自博陵侯林坚受姓以来，晋安郡王林禄入闽之后，得到上天的钟爱，好事都集中降临到林氏宗族，大人物不断产生，就像是从高山上降生下来一样。先是周武王为林坚之父比干封墓申冤，继而长山候林放从祀于孔庙。林放是孔子著名的七十二弟子之一，得到孔子的亲切教导。露水为什么会甘甜？乌鸦为什么会变白？林披的住处为什么会有青蛇白雀之祥？林披一生进退为什么会舒展如龙？林氏宗族不但是茂密高大的树木，赵国有宰相林皋，他有九个儿子，个个都是贤人，时号"十德之门"；林氏宗族又是棠棣之花，花团锦簇，林披有九个儿子，九兄弟互相鼓励，共同进取，都官至州牧，世称"九牧林家"。有道德的宗族其后代一定昌盛、一定数典不忘其祖，因此不用我再序。

　　即以林氏谱序而论：西河公温彦博在唐朝贞元年间作过序、龙图阁大学士程大昌在南宋乾道年间作过序，从前珍藏于皇宫秘阁之中，后来都流传于民间；况且林氏后裔水部侍郎林蕴在唐朝作过序、长乐县尉林稃在宋朝作过序、宁州教谕林文迪在元朝作过序、翰林侍讲林志在明朝作过序。以文采而言，历朝都有名家的大手笔；以本质而言，历代又有众多贤子孙的杰作。我不能创新见闻，难道要做应声虫吗？因此也不用我再序。

　　但是，唐宋八大家之首韩愈（字昌黎）说过"写文章一定要把陈旧的言辞去掉。"文学理论家刘勰说过："写文章时要奇想联翩。"林氏谱序仰承祖先的规矩，叙述祖宗的德业既如东晋著名诗人谢灵运；追溯祖宗的源流，用诗词歌颂祖宗的光辉又如东晋著名文学家陆机（字士衡）。我纵使再多陈述祥瑞，岂能算是创新见闻；即使更多地系

224

饶阳林氏宗谱序（一） | 谱 序

以支流，亦是因袭别人的言论。因此事必择其要，语必标其新。由此看来我还是可以再序的。

方朔岁星七十年不见于天上，河源窗岭千百里曾伏于地下。沧海桑田，世事变迁。林氏宗族繁衍迁徙，散处各地。纵说芝草无根，醴泉无源，各地林氏宗族取得的成绩是他们自己努力的结果；必竟凤凰有毛，麒麟有趾，人总是有根源的。此前的诗山林氏宗谱和鹤山林氏宗谱都缺金山公林治以上十九代，大家都一再为之叹息。怎料在木本水源之地泉州南安溪东，宗族中杰出之士以仁人孝子之心，不辞千里劳烦，用了三年时间终于寻访考查到上述十九代的名讳世系。林氏宗谱得以准确完整。如经星、纬星之在天，明明可数；若《迁史》《班史》之在国，历历可稽。这项功绩非常宏伟，其功不可没。

现在的社会是星云灿烂、日月光辉，社会安定、值得歌颂。虽然还有余孽尚未除尽，那都是军队可以剿灭的。我惭愧没有精彩的文笔可以刻石勒碑。好在我的这篇序言记叙了当前的实际情况。统观林氏宗谱，前面按照苏式谱牒的形式，以明尊老敬长的伦理道德。后面仿效欧式谱牒的形式，以明热爱亲人的道义礼节。孟子说："人人热爱自己的亲人，尊敬自己的长辈，天下就太平了。"这句话就是对此谱的预言。

我在信州为官，林氏的祖先也曾在信州为官。虽然不同于周公和召公两人同朝而东西分陕而治。却相似于白居易和苏轼两人曾先后在杭州为官。因此我不能不为林氏宗谱作序。

大清同治丁卯年（1867年）八月中旬吉日
钦加布政使衔简用道广信府正堂加十级纪录十次，都梁　钟世桢顿首拜撰

饶阳林氏宗谱序（二）

林书升　清（1867年）

昔，皇帝之子二十五人，其得姓者四母之子十四人，别为十二姓。此同生而异姓也。异姓则各宗，各宗则分族。而仁人孝子不忍忘其宗，遗其族，因之以立谱。谱也者，原所以敬宗收族，不可缺，而亦不可滥者也。不然，如籍谈之数典忘祖、崇韬之拜汾阳墓，有何取乎谱乎！

我族于乾隆癸酉年会修诗山宗谱者，曾伯祖士元公，其蕴公也。嘉庆戊辰年再修鹤山支谱者，明听伯，凤楼伯也。均以金山公为一世祖。以下世系支流差可谓详矣。然溯源穷本，不无缺憾。至道光庚寅年，永毓兄、永实兄、秀升兄三人又续修焉，仿祭川先河之义，以九牧蕰公为一世祖，较前修又加详也。始觉灵爽不昧，从兹绝而复续、晦而复明，可谓尽善矣。

迄今同治丁卯年，已及三十八载。乙丑季夏，书升赴京会试，还而舌耕度日。自愧碌碌无才，未能身董其事。惟永毓兄年近耄期、精力未衰，参考抄录、旁搜远引，其寝处于谱者，非伊朝夕矣。而犹不止此也，同主修者族侄树荣，监修者族侄达璋、国樑、树滋、族侄孙庆霄，奋然兴、勃然举。凡"双阙"尊公派下十四支、"九牧"苇公派下三支、蕰公派下三十一支，其外又有七支，虽年湮世远、人散地迁，息见源流毕贯、昭穆分明、毫无阙滥之病。

由此观之：永毓、永实、秀升三人父也，树荣、国樑、树滋三人子也。有是父，又有是子，所谓：作述重光，宋之问之能分父绝；后先辉映，狄兼谟之卓有祖风者在是也。夫乃知祖宗虽远，精灵犹未没也。追远报本之心，其有合于仁人孝子；而敬宗修族之道，固可告无愧于先人乎！

同治六年岁次丁卯端阳月吉日
福唐刺史蕰公三十五世孙，己未恩科举人、后选守府　书升盥手敬撰

饶阳林氏宗谱序（二）

（译文）

从前，皇帝有二十五个儿子，其中得姓者是由四个母亲所生的十四个儿子，分别为十二个姓。这就是同一个父亲所生而不同姓的例子。不同姓就不同宗，不同宗就不同族。而仁人孝子不忍遗忘其宗族，因此便要建立宗谱。所谓宗谱，原本就是用来尊敬祖先和联系宗族的，既不可间缺，也不可滥记。不然，如籍谈之数典忘祖、忘记祖先；郭崇韬之拜汾阳墓、冒认祖先，那宗谱还有什么可取之处呢！

我们宗族于乾隆癸酉年（1753年）会修诗山宗谱的主持人是曾伯祖林士元和林其蕴，嘉庆戊辰年（1808年）再修鹤山支谱的主持人是伯父林明听和林凤楼，均以金山公为一世祖。金山公以下的世系支流尚可说是详尽，但寻根溯源，就不无缺憾了。至道光庚寅年（1830年）堂兄永毓、永实、秀升三人又主持续修宗谱，就寻根溯源，以九牧蕴公为一世祖，比以前修的宗谱就更加详尽了。始觉神灵不昧，从此旧谱间阙的部分得以续接，不明白的部分得以明白。可以说十分完善了。

到现在同治丁卯年（1867年）已有三十八年。乙丑年（1865年）夏季，（我）林书升赴京参加会试后返回家中，以教书为业。自愧碌碌无才，未能主持这次续修宗谱之事。但是永毓兄虽年近八十、精力未衰，参考抄录、旁搜远引，他吃住都在谱局已非一朝一夕了。不仅如此，一同参与主修的族侄树荣，监修的族侄达璋、国樑、树滋、族侄孙庆霄都积极努力迅速行动。凡双阙尊公派下的十四支、九牧苇公派下的三支、九牧蕴公派下的三十一支，其外还有七支，一起参与会修。虽年代久远、人散地迁，但完全可以看出此谱源流贯通、辈次分明、毫无滥阙之病。

由此看来：永毓、永实、秀升三人是父亲，树荣、国樑、树滋三人是儿子，有这样的父亲、又有这样的儿子，正所谓："唐代诗人宋之问能继承父亲的文采，两代人在写作方面都有成就；唐代宰相狄仁杰的孙子狄兼谟很有乃祖的风采，先后光辉映照狄家几代人。"这种情形就在这里显现了。这才知道，祖宗虽远，神灵犹在。追根溯源之心，符合于仁人孝子；敬宗收族之道，可说无愧于先人啊！

　　　　同治六年（1867年）丁卯年五月吉日
　　　　福唐刺史蒇公三十五世孙，己未年恩科举人、后选守府　林书升净手敬撰

饶阳林氏宗谱序（三）

林达璋　清（1867年）

　　谱之修也何为乎？上承先世，下裕后昆。前人之德业功烈于谱乎明，后世长幼亲疏于谱乎辨。谱之修也顾不重哉！

　　我谱之修，自闽出居江右以来，已经三次：乾隆癸酉年，高叔祖士元公、曾伯祖其蕴公抄修诗山宗谱；越五十有六年及嘉庆戊辰年，三祖父明听公与族叔祖凤楼公恐抄修难以永世，用是，鸠宗合族倡修鹤山族谱，付以梨梓，然皆限于势而有所阙耳；又越二十有三年，当道光庚寅年，族叔永实公、秀升公、永毓翁得溪东原籍的族叔丕仰公抄送来阅，族叔祖明耀公、族叔丕贯公、丕式公回籍校对无讹，续修诗山宗谱，而阙如之祖因以确续。

　　然距今三十八载矣，年次固必世有奇，生齿又繁衍难数。且经粤匪窜扰，房屋被燹者有之、诗书被毁者有之、而此家乘能保无失于兵燹者乎？不再为之纂述，恐自子孙而上及祖祢、昭穆远而莫知所序；自嫡长而旁及支庶、云仍众而莫知所承。久远之后，势不至诬其祖而渎其宗不止也。是以，诸父兄弟辈有尊祖敬宗之心、存探源穷本之念，不觉勃然兴斯举不焉。

　　自我祖甝公推而上之至饶阳万宠公。盖以万宠公生三子：长曰韬、为"阙下"祖，次曰披、为"九牧"祖，三曰昌、为游洋祖。而"阙下"尊公与"九牧"苇公、藻公及我祖甝公皆万宠公孙也。夫分族而居、天各一方，宛如星罗棋布而同源而出。觉亲非二本，甚异赢负虺呼。今皆同来会修。

　　璋之不才，敬承族叔永毓翁与亲叔华春翁之命寝处谱局，同族兄树荣、族弟国樑、树滋、族侄庆霄，详其世系、录其里居、述其善行、登其名号与夫生、配、卒、葬，汇集成编。俾后之观览者于原原委委开卷了然。庶几上念宗功祖德之不忘，下思尊亲敬长之无容忽矣。是为序。

　　　　　　　　　　　　　　　时
　　　　　　　　　大清同治六年岁次丁卯端阳月之谷旦
　　　　　　　　　福唐刺史甝公三十六世孙，太学生　达璋拜撰

饶阳林氏宗谱序（三）

（译文）

为什么要纂修宗谱？因为宗谱上能继承祖先，下能教导子孙。前人的德业功勋在宗谱里可以明白，后代的长幼亲疏在宗谱里可以分辨。纂修宗谱还不重要嘛！

我族宗谱的纂修，自从福建迁居江西以来，已经三次：乾隆癸酉年（1753年）高叔祖士元公、曾伯祖其蕴公抄修诗山宗谱；过了五十六年到嘉庆戊辰年（1808年）三祖父明听公与族叔祖凤楼公恐抄修的宗谱难以永久使用，因此便召集全族倡导纂修鹤山族谱并付印刷，然而都局限于当时的形势而有所间阙；又过了二十三年到道光庚寅年（1830年）族叔永实公、秀升公、永毓翁得溪东原籍的族叔丕仰公将其抄录的宗谱送来阅读，族叔祖明耀公、族叔丕贯公、丕式公又回原籍校对无误而续修诗山宗谱，原来间阙的祖系因此得以确续。

然距今已三十八年了，时间固然已过三十多年，人口繁衍又多的难数。且经粤匪窜扰，有的房屋被烧、有的诗书被毁，如此，宗谱能保得住不失于兵火吗？如不再行纂修，恐自子孙而上至祖先，辈分远而不知其世序；自嫡长子而旁及庶子，子孙多而不知其传承。年代久远之后，则势必出现遗漏祖宗和冒认祖宗的情况。所以，各位父兄弟辈有尊祖敬宗之心，存探穷本源之念，自觉勃然发起续修宗谱之举。

自我祖蒇公推而上之至饶阳太守万宠公。因为万宠公生了三个儿子：长子名韬，为"阙下林家"的祖宗。次子名披，为"九牧林氏"的祖宗。三子名昌，为游洋林氏的祖宗。而"阙下"尊公与"九牧"苇公、藻公及我祖蒇公都是万宠公的孙子。虽然分族而居、天各一方，宛如星罗棋布，但是同根同源。现在都一齐前来会修宗谱。

达璋不才，敬承族叔永毓翁与亲叔华春翁之命，住在谱局。同族兄树荣、族弟国樑、树滋、族侄庆霄一起，为宗亲翔实世系、记录里居、记述善行、登记名号以及生年、婚配、死亡、墓葬，汇集成册。使后来的观谱者开卷便知原原委委。或许可以上不忘祖宗的功德，下不忘尊敬亲人和长辈的伦理。此为序。

大清同治六年（1867年）丁卯年五月吉日
福唐刺史苾公三十六世孙，太学生　林达璋拜撰

饶阳林氏宗谱序（四）

林庆霄　清（1867年）

自来别子为祖，继别为宗，继祢为小宗，子孙相禅于无穷。其初兄弟也，兄弟其初一人也。譬之于木，有末必先有本。不揣其本而齐其末，方寸之木可使高于岑楼。譬之于水，有流必先有源。不探其源而穷其流，沟浍之水可假诬自岷山。

是以，曾祖明钦公深诋祖渎宗之忧，兴追本溯源之念。嘉庆甲戌年与高叔祖文台公、曾叔祖明庄公携金回籍营造祖屋。几查前修所缺之祖，未得实征。越十六年，适溪东原籍族叔祖丕仰公抄送呈阅。我祖丕式公克承父志，又与曾叔祖明耀公、族叔祖丕贯公毅然勇往回籍查对，斯真本真源于焉以得。故道光庚寅年续修诗山宗谱，而自金山公以上十九世祖，阙者用以确续。并溪东基址、九牧宗祠及祖坟图都亲临手绘，以登诸谱。

然至今必世有余矣已，合族祖、叔辈又议修谱。其双阙尊公十六支、九牧苇公三支、藻公一支、附于承恩图后七支及我祖葭公三十二支，皆出自饶阳太守万宠公也。同来合修。

以霄之未尝学问，不谙事务。而补绘基图、校对世系，敢谓克循旧职，质诸先人之心而无愧。聊以俾后之有作者，庶几準此而续之。不至或牵联附合，如剪桃接柳气味不相入；或填隙补空，如断港绝潢脉络不相贯。因以由末得本、从流获源，晓然子孙。由于兄弟，兄弟出自一人矣。是为序。

　　　　　时
大清同治六年岁次丁卯端后六日
九牧福唐刺史三十七世孙，甲子科举人、候选守府　庆霄盥手敬撰

饶阳林氏宗谱序（四）

（译文）

　　自古以来，别子为祖（嫡长子以外的儿子称为别子、也称庶子，从原宗族中分出，另行立族而成为新族的始祖。），继别为宗（别子的嫡长子孙以别子为祖宗，是为大宗。），继祢为小宗（别子的庶子的子孙以别子的庶子为祖宗，是为小宗。），子孙不断繁衍，别子、大宗、小宗不断衍变以至于无穷无尽。而最初嫡长子和别子是兄弟，兄弟最初出于父亲一人。比如树木，有树梢必定先有树根。如不度量树根而只看齐树梢，则方寸小树的树梢可能高于高楼；比如流水，有水流必先有水源。如不探求水源而只穷究水流，则阴沟里的流水可以假冒源自岷山。

　　所以，曾祖父明钦公非常担心出现忘记祖宗和冒认祖宗的情况，兴起追溯本源的念头。嘉庆甲戌年（1814年）与高叔祖文台公、曾叔祖明庄公携带金钱回到原籍为祖宗营造祠堂。并在原籍多次查访旧谱所缺的祖系，但没有得到确实的证据。过了十六年，适值溪东原籍族叔祖丕仰公将其查访到的原谱抄录并送来审阅。我祖父丕式公继承父志，又与曾叔祖明耀公、族叔祖丕贯公毅然回原籍查对，这才得到了真本真源。因此，道光庚寅年（1830年）续修诗山宗谱，旧谱所缺自金山公以上十九代祖宗的世系得以准确继续。并且，溪东基址、九牧宗祠及祖坟图都亲临手绘，登入宗谱。

　　然而，至今已三十多年了，合族祖叔辈又倡议修谱。其中"双阙"尊公派下十六支，"九牧"苇公派下三支，藻公派下一支，附于承恩图后的七支，以及我祖蔇公派下三十二支，都是出自饶阳太守万宠公。这次都同来合修宗谱。

　　庆霄学问不深，不谙事务。但补绘基图、校对世系、敢说尽职尽责，无愧于祖先了。勉强可以使后来纂修宗谱的人，或许能按照此谱而续之。不至于出现或牵连附和，如剪桃接柳、格格不入；或填隙补空，如断港绝潢、脉络不通的错误。因此，寻根溯源。使子孙明白宗族始于兄弟，而兄弟出自一人这同根同源的道理。此为序。

　　　　　　大清同治六年（1867年）丁卯年五月十一日
　　　　　　九牧福唐刺史三十七世孙，甲子科举人、候选守府　林庆霄洗手敬撰

合修饶阳林氏宗谱序（一）

林树荣　清（1867年）

谱之为言属也，谓其可以连属祖系于一帙。纵世远年湮，有谱以属之，而尊祖敬宗收族之念翕然难忘。谱之为言布也，谓其可以布列子姓于一册。纵支分派别，有谱以布之，而爱亲事长慈幼之心油然而生。谱顾不重哉？

然我家之有谱又来旧矣，谱之经于纂修由来亦屡矣：有樽公肇修于明朝天启年间以及时赏公再修于国朝康熙癸酉年；士元公、其蕴公继修于乾隆癸酉年；明听公凤楼公复修鹤山支谱于嘉庆戊辰年，修不一修。要皆于金山公以上、蒇公以下十九代之祖讳世系茫然莫稽。先君子秉彝公谓："是谱也、既不连属而布列之，何以信今而传后？"爰与永毓、秀升叔沐雨栉风、四处查核，三易寒暑、不辞劳瘁，欲求庐山真面目。要皆以讹传讹，非狄汉臣之却真像，即杜正伦之求列城南也。心惧者久之。

赖祖宗灵爽不昧，当道光庚寅年，适泉南溪东丕仰叔将历年所查中断祖系千里抄送。旋得明耀公、丕式、丕贯叔偕往闽省祖籍，校对无讹乃辑录授梓。会修二十一支，成谱一十三卷。

捧读之下，见其直系之溯流穷源、祖宗之代数班班可考；横列之由孟及季、昆位之位置井井有条。我谱之修，至此可谓尽美尽善矣。又何事于续修为哉？然户口以十年生聚而繁，况距今三十有八年。若不续而修之，则族愈众而析愈多，世益远而居益散。加之篇帙或祟于蠹虫，点划莫辨夫亥豕。将有子不知其父之生庚，有弟不识其兄之讳字。岂特数典忘祖，视至亲如路人等籍谈而见讥于渊明哉。且经粤匪窜扰，谱牒间有毁于兵燹者更无论矣。此续修不容须臾缓也。

荣幼习举业无成，晚叨一衿有愧。袜线微才、雕虫小技，何敢以当续修之重任。第幸前届同先君子纂修三人，永毓叔犹在。年已逾稀，耳聪目明。举凡宏纲巨目、义例条款息为所授。且其子树滋、秀升叔子国樑身董其事，任劳不倦。

而兹之来合修者："双阙"尊公派下若西山、十八排、李子坑、牵子地、洋塘、上东山、仙机山、铁山岭、团溪、王柏坑、木桥、邵墩、沿后港、下余、茱坞十六支；"九牧"

苇公派下若枧头坞、大坞、横溪口三支；藻公派下若刘墩一支；蕻公派下自黄塘、柘村、张家坂、漆工圳、毛山头、佘家后、詹村、麻蓬、玉坑、钱村、八十脑、三渡洲、石盘头、汤家地、东湖、西源、南墩头、下东田、怀玉山、石壁、上团、下山、尊公桥、姚家坂、桐子山、石马坞、槽尖、廏墩、王沙嶺、白石坂、祈口、彭家桥三十二支；又有东坑、葛源、唐村、前洋殿、张家湾、姜界源、直店七支。其子孙散居饶信、崇安等处。固二人偕丕求叔、振奇、振鳌弟、庆霄侄担篸蹑屩，家喻户晓而会集之也。

余得附名谱末，敢曰："先君子为之于前而美已彰，予小子为之于后而盛可传乎？"不过是因人成事，藉以慰先人敬宗收族之念，发吾辈爱亲事长之心而已。至于继祢之宗法、或苏或欧之章程，具祥谱牒，人固有言之者，荣无庸赘。

大清同治六年岁次丁卯蒲月之端阳
三十六世孙，邑庠生　树荣谨撰

合修饶阳林氏宗谱序（一）

（译文）

　　宗谱的作用就是连属，因为它可以连属祖先世系于一套谱书之中。纵使年代久远，只要有宗谱连属着，那么，尊祖敬宗团结族人的念头就难以忘怀。宗谱的作用就是布列，因为它可以布列子孙于一套谱书之中。纵使支分派别，只要有宗谱布列着，那么，爱亲人敬长辈慈爱幼小的心情就自然而然地产生了。宗谱还不重要吗？

　　然而，我们宗族保有宗谱时间已经很久远了，宗谱经历纂修也已经很多次了：林有樽开始纂修于明朝天启年间（1621—1627年）以及林时赏再修于清朝康熙癸酉年（1693年）；林士元、林其蕴继修于乾隆癸酉年（1753年）；林明听、林凤楼复修鹤山支谱于嘉庆戊辰年（1808年），修了不止一次。主要缺憾都在于林蔇以下，林治（字金山）以上的十九代祖先的名字和世系没有查到。先父林永实（字秉彝）说："这套宗谱既不能连属祖先、布列子孙，怎么能让现在的人相信并放心传于后代？"于是，与叔叔林永毓、林秀升一起，沐雨栉风四处查访，历经三年不辞劳苦欲求庐山真面目。要是都以讹传讹，就不像狄青（字汉臣）之不忘根本，而像杜正伦之冒认祖宗了。这样的担心害怕已经很久了。

　　幸赖祖宗神灵不昧，在道光庚寅年（1830年）刚好泉州南安溪东的宗叔林丕仰将历年所查访到的、旧谱所间缺的祖系抄录，并不远千里送来上饶。马上又得族祖林明耀、族叔林丕式、林丕贯一起到福建祖籍校对无误，才辑录付印。

　　此次参加会修的宗族共二十一支，编撰成谱一十三卷。捧读之下，见其直系之追根溯源，祖宗的代数班班可考；横列之由长子到最小的儿子，兄弟的位置井井有条。我们宗谱之续修，到此可谓尽善尽美了。

　　那么，为什么现在还要续修呢？由于户口一般过十年便因生聚而繁多，何况现在已过了三十八年。若不续修，那么族人愈众而分支愈多，年代愈久而住地愈散。加上宗谱或遭虫蛀致使文字点划不清、极易把形体笔画相近的字看错，必然会出现有的儿子不知其父的生辰、有的弟弟不知其兄的名字。何止是数典忘祖、视至亲如路人，如

合修饶阳林氏宗谱序（一） | 谱 序

籍谈而被陶渊明所讥讽呢！而且，经过粤匪窜扰，宗谱有的毁于兵火就更不用说了。因此，这次续修宗谱就不容稍许拖延了。

我林树荣自幼读书、但科考没有中举，到晚年还是个秀才，深感惭愧。才疏学浅，怎么敢担当主持续修宗谱之重任。但值得庆幸的是前届和先父一同主持撰修宗谱的三人中，族叔林永毓还健在，虽年逾古稀，但耳聪目明。凡是大纲主旨、义例条款完全由他所教。而且，其子林树滋、族叔林秀升的儿子林国樑一同主持续修宗谱，任劳任怨，不知疲倦。

而这次来参加合修宗谱的有："双阙"林尊派下如西山、十八排、李子坑、牵子地、洋塘、上东山、仙机山、铁山岭、团溪、王柏坑、木桥、邵墩、沿后港、下余、茱坞十六支；"九牧"林苇派下如枧头坞、大坞、横溪口三支；九牧林藻派下如刘墩一支；"九牧"林蕆派下如黄塘、柘村、张家坂、漆工圳、毛山头、佘家后、詹村、麻蓬、玉坑、钱村、八十脑、三渡洲、石盘头、汤家地、东湖、西源、南墩头、下东田、怀玉山、石壁、上团、下山、尊公桥、姚家坂、桐子山、石马坞、槽尖、廐墩、王沙岭、白石坂、祈口、彭家桥三十二支；还有东坑、葛源、唐村、前洋殿、张家湾、姜界源、直店七支。子孙散居饶信、崇安等处。都是林树滋、林国樑二人和族叔林丕求、族弟林振奇、林振鳌、族侄林庆霄一起，背着雨伞穿着草鞋、长途跋涉挨家挨户会集来的。

我现在得以署名谱末，敢说是："先父以前主持修谱，美行已彰。我现在主持修谱，盛况可传吗？"不过是："依靠别人的力量办成了事情。"借以告慰先人尊敬祖宗团结族人的愿望，抒发我辈爱护亲人尊重长辈的心意而已。至于继祢之宗法，或仿苏式或仿欧式之章程，在宗谱中已说得很详细了，别人也有过论述，树荣就不用再说了。

大清同治六年（1867年）丁卯年五月初五
蕆公三十六世孙，秀才　林树荣谨撰

合修饶阳林氏宗谱序（二）

林国梁　清（1867年）

　　且人生之大节，无过于忠孝。忠必置身于庙堂、勤劳王事而后显；孝则无分朝野、智愚，人人所当尽之职也。然孝之事不一，而要莫大于继志、述事。此周公所由以达孝称也。

　　樑何人？怎敢上拟周公。况先君西园公之志与事，继之不胜继、述之不胜述。而有不可不继、不得不述者，则在于会修宗谱一事。

　　夫宗谱之修，前辈不一其人。大都自葳公以上至禄公十六代之祖系全而有徵，自葳公以下至金山公十九代之位置不全而无征。先君谓是："有征不因袭而登记之，类籍谈之数典忘其祖，不孝也。无徵而旁搜以曲附之，等正伦之求列诬其祖，亦不孝也。"因与族伯秉彝公永实、灵秀翁永毓担簦蹑屩，凡吾林之家、于江浙遍历查考。比及三年，方知水之有源，而江则发自岷山、河则出自昆仑。遂使数百年未续之祖一旦而登诸谱，岂不为子孙一大快事哉！此先君子之志与事所表见者也。

　　兹樑与族兄树荣、族弟树滋等辑录而续修之，亦即于某祖、某伯叔、某兄弟之下未续入者，逐一录其名、字、次、婚配以及生卒年、月、日、时、葬向、诞育，间有德行道艺足以表著人寰，以续其于旧谱。葳公派下未尝增一辞、易一语，以窃纂修之名也。至于苇公派下三支、藻公派下一支、以及"双阙"尊公派下十六支，亦必考其旧谱，与吾谱可续者续之，非敢滥也。又有葛源、东坑等七支，其附修于承恩图后者，核其旧牒，但知始迁江右之祖，推而上之：或源于"双阙"、或根于"九牧"。续之无可续，此阙其所当阙，非敢略也。樑区区之心，所谓继述以慰先人于万一者，仅有此耳。

　　若夫家修廷献，移孝作忠。扬"十德"、光"九牧"，是所望于我族人与后之贤子孙者。是为序。

大清同治六年岁次丁卯麦秋下浣吉日
九牧福唐刺史葳公三十六世孙，邑庠生　国樑顿首拜撰

合修饶阳林氏宗谱序（二）

（译文）

　　人生最大的节操，没有比忠孝更重要的了。忠一定要置身于朝廷、为国操劳而后才能显现。孝就不分朝野、智愚，是人人所应当尽的责任。然而孝的内容不一，而最重要的莫过于善于继承先人的志向、善于叙述先人的善事。这就是圣人周公被称为大孝的原因。

　　我（林国樑）是什么人？怎敢上比周公。更何况先父林秀升（字西园）的志向和善事，是继不胜继、述不胜述。但是，有不可不继、不可不述的，就是会修宗谱这件事。

　　主持会修宗谱的人，前辈不止一个。大都自"九牧"林蕴以上至晋安郡王林禄的十六代之祖系完全而有证据。而自林蕴以下至林治（字金山）的十九代之祖系就不完全而无证据了。先父对此是这样说的："有证据的祖系如不前后相承而登记，就好像籍谈之错用典故、忘记了祖宗，是不孝；没有证据的祖系而四处搜求、胡乱续接，就等同杜正伦之妄求列入城南杜氏、冒认祖宗，也是不孝。"所以家父便和族伯林永实（字秉彝）、林永毓（字灵秀）一起，背着雨伞穿着草鞋、不辞劳苦长途跋涉，凡是我们林氏之家，在江浙一带按序普遍查访考核。及至三年，才知水之有源：长江则发源于岷山；黄河则发源于昆仑。终于使数百年未续的祖先一旦登上宗谱，岂不为子孙一大快事。这就是先父之志与事的表现。

　　此次我（林国樑）和族兄林树荣、族弟林树滋等辑录而续修的，也就是于某祖、某伯叔、某兄弟之下未续入宗谱者，逐一录其名字、排行、婚配以及生卒之年月日时、坟墓的座向、生育、其间或有足以闻名世间的德行道艺，并把这些续于旧谱。并没有借纂修的名义为林蕴派下增一词、易一语。至于林苇派下三支、林藻派下一支以及"双阙"林尊派下十六支也必考查其旧谱，与我们的谱可以续的才续，绝不敢滥续。又有葛源、东坑等七支，原附修于承恩图之后的，经核查其旧谱，但知开始迁到江西之祖，推而上之，或源于"双阙林家"，或根于"九牧林氏"。没有可续之处，便缺而未续，决非敢随意省略。我（林国樑）微不足道的一点看法，所谓继先人之志、述先人之事以告慰先人于万一，仅此而已。

至于家族孝祖敬宗、重视文化和道德修养，能为朝廷、为国家做出贡献；把孝敬祖先的心意转化为效忠君主、效忠国家的行动。发扬"十德"、"九牧"的光辉。这是我对族人和后代贤子孙的希望。此为序。

大清同治六年（1867年）丁卯年四月下旬吉日
九牧福唐刺史蕴公三十六世孙，秀才　林国樑顿首拜撰

合修饶阳林氏宗谱序（三）

林树滋　清（1867年）

　　岁同治乙丑年长至日，滋从长、老、弟、侄辈修祀于太高祖四美祠，餕余归，视膳于家君灵秀翁膝下。家君曰："汝今日何事归之晏也？"滋以祀事对。家君瞿然曰："汝祀祖乎！汝知四十年前有无名不祀之祖悲号于岁时伏腊之余者也？"滋茫然不知所以对。家君曰："居，吾语汝。吾祖自坚公锡姓以来，历周、秦、汉、魏，代有名人。至晋，禄公从元帝渡江，居晋安，为入闽之始祖。十五传至饶阳太守万宠公，生三子，曰韬、曰披、曰昌。韬生尊，尊生欑，欑以孝感白乌、甘露之祥。事上闻，诏旌双阙，时号"阙下林家"。昌生萍，萍居游洋，为游洋祖。披生九子，九子皆为州牧，时号"九牧林家"。其季曰蔇，实吾族所自出之牧也。十九传至金山公，值宋、元兵火之时，旧牒无存。修宗谱者其中祖讳世系断而未续。当道光庚寅年与从兄永实、弟秀升欲重修而虑无从查考，谁知思之不通，鬼神终通之。十九代之祖系莫之致而至自溪东丕仰兄。遂使向之数典而忘者一旦咸登诸家乘、春秋得以备享蒸尝，何幸如之！然谱之修至今又距三十余年矣，况经粤匪蹂躏，逃窜偷生，保无有失于兵燹而弃于道途者乎！若迟之又久，族以繁而多析，世以远而易忘。保无有不识讳字之祖叹其忽诸而恫于馁者乎。续修当无容缓于今也。吾老矣，汝其勉之！"

　　滋承父命，即与树荣、国樑兄择日祭告于太高祖启诚公祠，会族人传父言而商以续修宗谱事。父、兄咸欣然曰："是诚今日之急务也"。由是，席不暇暖、问道遄征，偕丕求叔、振奇兄、振鳌弟、庆霄侄自怀玉而丰溪而鹅湖而横峰以至饶之德兴，浙之常山，闽省建宁之崇安皆亲历焉。核其旧谱："阙下"子孙则以尊公为一世祖而谱其系，"九牧"子孙则以蔇公兄弟为一世祖而谱其系，遵乎别子为祖之义也。至于继别为宗、继祢为小宗则原其本支所由分、世派所由别，而谱系之矣。

　　一易寒暑，誊写就绪呈正于家君。披阅一过，曰："是则是矣。斯举也，慎毋谓自专可以服众；慎毋谓卑小难以陈言；慎毋挟愤怀私而纤悉不公；慎毋始勤终怠而草率了事，则上可告无罪于祖宗在天之灵、次亦小补后人续述之绪。"滋唯唯而退。

阅八月谱成，将具庶馐之奠复告于宗祠。书此以识岁月云尔。

同治六年岁次丁卯蒲月谷旦
三十六世孙，邑庠生　树滋谨撰

合修饶阳林氏宗谱序（三）

（译文）

　　清同治乙丑年（1865年）冬至日，我（林树滋）和长老、弟侄辈一起到供奉太高祖的四美祠举行祭祀，吃过祭祖的余食以后回到家中，到父亲林永毓（字灵秀）膝前问安视膳。父亲说："你今天因为何事回来晚了？"我就把祭祀的事告诉他。父亲惊觉地说："你去祭祖了？你可知道四十年前还有宗谱上无名而没有享受到祭祀的祖先，在过年过节和伏祭腊祭的时候悲伤哀号啊！"我茫然不知如何应对。父亲说："坐下，我告诉你。我们的祖先自林坚受周武王赐姓以来，经历了周、秦、汉、魏，每朝每代都有名人。至晋朝，林禄随晋元帝渡江，居于晋安，为林氏入闽之始祖。传十五代至饶阳太守林万宠，生了三个儿子，名为：林韬、林披、林昌。林韬生林尊，林尊生林欑，林欑以孝道感动上天，出现白羽乌鸦、甘甜露水之祥瑞。这事经呈报皇上，皇帝下旨建立双阙以示旌表。当时号称"阙下林家"。林昌生林萍，林萍居于游洋，为游洋林氏的始祖。林披生了九个儿子，九子皆为州牧，当时号称"九牧林家"。其小儿子名为林蔇，就是我族的始祖。传十九代至林治（字金山），正当宋、元战争之时，原有的谱牒毁于战火。后来修宗谱时，这十九代祖先的名讳世系就间阙而未续了。至道光庚寅年（1830年）我与堂兄永实、堂弟秀升正想重修宗谱而顾虑所阙十九代祖系无从查考的时候，没想到原籍溪东宗兄林丕仰将其查访到的所阙十九代祖系抄录送来。这就使原来宗谱上所阙的祖先一旦都登上宗谱，春秋得以享受祭祀，有什么比这更值得庆幸啊！然而，上次修谱至今又过了三十多年，更何况经过粤匪蹂躏、族人逃窜躲避，宗谱难免毁于兵火、弃于道途。如续修宗谱的时间延迟越久，宗族繁衍越众、分散开的也越多，世代越远就越易遗忘，难免又会有不知名字的祖先要哀叹其忽然面临饥饿的威胁了。现在，续修宗谱当不容延缓了。我老了，你努力去做吧！"

　　我（林树滋）秉承父命，即与树荣、国樑兄择日祭告于太高祖（林启诚）祠，聚集族人、传达我父亲的话，商量续修宗谱的事。父、兄辈都欣然同意说："这真正是现在的急事了。"因此，刻不容缓、问清道路便迅速出发。我和族叔林丕求、族兄林振奇、族弟林振鳌、族侄林庆霄一起，自怀玉山而广丰而鹅湖而横峰以至上饶之德兴、浙江之常山、福建建宁之崇安，都亲身经历了。核对其旧谱："阙下林家"的子孙则以林尊为一世祖而谱其世系，"九牧林家"的子孙则以林苇兄弟为一世祖而谱其世系，遵从别子为祖的义例。至于继别为宗、继祢为小宗，则按原来其本支的经历来区分，按其世次、字派的经历来区别，而谱其世系。

经过一年，誊写就绪呈送父亲批评指正。父亲批阅以后说："对是对了。这次修谱啊，你千万不要以为你自作主张就可以服众；千万不要以为你是晚辈就难以陈述自己的意见；千万不要因怀私愤而有丝毫不公；千万不要始勤终怠而草率了事。这样就上可告无愧于祖宗在天之灵，其次也可帮助后人在续修宗谱时能有头绪。"我（林树滋）恭敬地答应之后才小心退出。

经过八个月宗谱完成，带了许多祭祀的美食再到宗祠祭告。我写这些只是为了记住这段经历而已。

清同治六年（1867年）丁卯年五月吉日
九牧苇公三十六世孙，秀才　林树滋谨撰

合修饶阳林氏宗谱序（四）

林华春　清（1867年）

万事贵乎创始，贵乎继续，尤贵乎辑合。古今来，莫为之前，虽美弗彰；莫为之后，虽盛弗传。且莫为之搜集，虽有得而未必无失。况谱之所系为尤甚乎。盖谱者普也，普序世统也。谱者属也，联属宗亲也。《大传》所谓："尊祖故敬宗，敬宗故收族。"其道胥于是乎寓。

吾林自周锡姓以来、及晋入闽而后，代有名人、世为望族。其忠孝节义、政绩才猷以及德行文章，炳炳烺烺载在旧谱者无容再赘。惟当明季鼎革之秋，由闽而出江右与仍在闽者居异处散，派别支分。我先人固欲有谱、普序而联属之，第限于上所缺十九代宗祖猝难稽考而中止耳。是以，康熙癸酉年、乾隆癸酉年两修诗山宗谱及嘉庆戊辰年镌修鹤山族谱俱以近代金山公为一世祖。则我谱之创始，不敢诬其祖以为祖，有待后人之溯流穷源、继续而辑合之可知矣。幸而访查殷勤、考核确当，得所缺十九代之祖讳、世系，历历可据。于道光庚寅年续修诗山宗谱即以金山公推而上之至九牧蔇公为一世祖。则上治祖祢，下治子孙，旁治昆弟，亦可谓详且尽矣。

然距今三十八年，生齿又见繁衍。本支再加麇至，因而合修饶阳宗谱。夫饶阳即万宠公也，公乃晋入闽赠晋安郡王禄公十五世孙，唐瀛洲刺史玄泰公长子，开元廿八年明经及第、官授饶阳太守。生子三：长曰韬、为阙下祖，乃尊公所自出；次曰披、为九牧祖，乃苇公、藻公与我祖蔇公所自出；三曰昌、为游洋祖。

兹谱之修，仍其旧谱宗法：其阙下尊公子孙以尊公为一世祖；其九牧苇公子孙以苇公为一世祖；藻公子孙以藻公为一世祖；而我祖蔇公子孙仍以蔇公为一世祖。较前所修更多多益善。非有滥而不真，诬同姓氏为通谱；原欲全而不失，俾其本源而相识矣。

顾为我祖蔇公所出，前来修而今未修者，则惟有远莫能致之南安溪东一支。其在德兴之张家坂一支；上饶之尊公桥、佘家后、姚家坂、柘村、黄塘、白石坂、詹村、上团、下东田、下山、毛山头、厥墩、玉坑、槽尖十四支；玉山之怀玉山、义龙冈二支；广丰之南墩头、洋山脚二支；铅山之彭家桥、八十脑、漆工圳、东湖、西源、石壁、麻蓬七支，此皆前来修而今又修者也。若夫在崇安之三渡洲、石盘头二支；上饶之汤家地、钱村、祈口、王沙岭四支；铅山之桐子岭、石马坞二支以及九牧苇公所出在玉山之枧头坞、大坞、横溪口三支；九牧藻公所出在上饶之刘墩一支；与夫阙下尊公所出在上饶之西山、木桥、下佘、圳头、丁家洲、洋塘、仙机山、铁山岭、团溪、玉柏坑、十八牌、李子坑、牵子地、邵墩十四支，玉山之朱坞一支，广丰之上东山一支，铅山之沿后港一支；又有姑附承恩图末俟来许再为深核确续者：在上饶之周坞、唐村、前洋殿、东坑四支；铅山之姜家源、张家湾二支；兴安之葛源一支；德兴之直店一支。此皆前未修而今来修者也。

　　夫是始由合而分，而今由分而合。譬如川之流皆灌于河，江之潮咸宗于海。行见异日萍水相逢，凡祖孙、父子、伯叔、兄弟辈，一旦谈及世次，而孝弟爱敬不觉触于目而生于心，有诸内而形诸外。何至昭穆已远、葛藟情疏；世代云遥、瓜瓞谊阔，视一本之亲如他族之与我不相属哉。

　　兹当合修一堂，阅其旧叙而订其新录，将疑者缺、滥者正、偏者补，原原委委务使毫无有失。窃喜我谱之修，创始有人，继续有人，而辑合之亦有人。谅列祖在天之灵，庶几对之而无惭；即质之先人之初心，亦可有以相慰焉。后有作者复能因此而推之，统万宠公派下核实齐修，固祖宗之乐事，亦我族之盛事。是为序。

　　　　　　　　　　　　时
　　皇清同治六年岁次丁卯清和月之中澣穀旦
　　九牧福唐刺史三十五世孙，邑庠生　华春盥手拜撰

合修饶阳林氏宗谱序（四）

（译文）

　　万事贵在创始，贵在继续，尤其贵在把事情的始末辑合在一起。从古到今，如果没有有名望的前辈的引导，后人即使有美好的才华也得不到显扬；如果没有有名望的后人的继承和宣扬，前辈即使有盛大的功业和德行也不会流传；而如果没有有名望的人指导的搜集，虽然会有所得也难免会有所失。何况谱之所系是多么重要啊！

　　谱就是全面，全面地记序宗族的世系；谱就是联系，联系全族宗亲。《大传》所谓："尊祖故敬宗，敬宗故收族。"意即：因为尊敬祖先所以尊敬祖宗（祖先的嫡系传人），因为尊敬祖宗所以聚集族人。纂修宗谱就把尊祖敬宗、聚集族人的道义全都包含在其中了。

　　我们林氏宗族自周武王赐姓以来，到东晋入闽之后。历代都有名人，历世都是有名望的宗族。其忠孝节义、政绩才能以及德行文章都非常明显地载于旧谱，不用我再赘述。只是在明末清初政权更替之际，由福建迁至江西的族人与仍留在福建的族人因为分居在不同的地方，所以支分派别、分成数十个宗族。我们的先人早就希望用宗谱把各地族人全部按支系世序排列而联系在一起，但限于所缺林治（字金山）以上十九代宗祖仓促之间难以查考而中止了。因此，康熙癸酉年（1693年）、乾隆癸酉年（1753年）两次纂修诗山宗谱及嘉庆戊辰年（1808年）纂修并刻印鹤山族谱都以近代林治（字金山）为一世祖。那是我们的祖先在宗谱创始之时，不敢冒认祖先、有待后人去溯流穷源、继续而辑合的心意便可想而知了。幸而后来访查殷勤、考核确当，查得所缺十九代祖先的名讳、世系，清楚明白可作依据。所以，在道光庚寅年（1830年）续修诗山宗谱时即以林治（字金山）推而上之至九牧林蔇为一世祖。这样就上理顺了祖先，可以尊祖敬宗；下理顺了子孙，可以互相亲近；旁理顺了兄弟，可以合族团结、和睦相处，此宗谱亦可谓详尽了。

　　但距今已有三十八年，人口又见繁衍。本支再加许多其他派系的族人一齐前来，因而合修饶阳宗谱。饶阳即林万宠、乃东晋入闽追赠晋安郡王林禄的十五世孙、唐朝瀛州刺史林玄泰的长子，开元廿八年明经科考及第、官授饶阳太守。林万宠生了三个儿子：长子林韬、为阙下林家的祖宗、是林尊的父亲；次子林披、为九牧林氏的祖宗，是林苇、林藻与我祖林蕴等九牧的父亲；三子林昌、为游洋林氏的祖宗。

此谱之纂修，仍然依照旧谱的宗法：阙下林尊的子孙以林尊为一世祖；九牧林苇的子孙以林苇为一世祖；林藻的子孙以林藻为一世祖；而我祖林蕴的子孙仍以林蕴为一世祖。较之此前所修的宗谱派系更多多益善。并非滥而不真，凭空把同姓氏的人都认为是同族；原欲全而不失，使同根同源的族人都能相互认识。

但看我祖林蕴这一系，前次来参加修谱而这次没来的，则惟有因路途遥远而未通知的南安溪东一支。其他，在德兴之张家坂一支；上饶之尊公桥、佘家后、姚家坂、柘村、黄塘、白石坂、詹村、上团、下东田、下山、毛山头、厫墩、玉坑、槽尖十四支；玉山之怀玉山、义龙冈二支；广丰之南墩头、洋山脚二支；铅山之彭家桥、八十脑、漆工圳、东湖、西源、石壁、麻蓬七支。这些都是前次来参加修谱而这次又来参加修谱的。至于在崇安之三渡洲、石盘头二支；上饶之汤家地、钱村、祈口、王沙岭四支；铅山之桐子岭、石马坞二支以及九牧林苇这一系在玉山之枧头坞、大坞、横溪口三支。九牧林藻这一系在上饶之刘墩一支和阙下林尊这一系在上饶之西山、木桥、下佘、圳头、丁家洲、洋塘、仙机山、铁山岭、团溪、玉柏坑、十八牌、李子坑、牵子地、邵墩十四支；玉山之朱坞一支；广丰之上东山一支；铅山之沿后港一支。又有暂且附于承恩图（蒙受恩泽、封官赐爵图）后、答应等以后再为深核确续者：在上饶之周坞、唐村、前洋殿、东坑四支；铅山之姜家源、张家湾二支；兴安之葛源一支；德兴之直店一支。这些都是前次没有来参加修谱而这次来参加修谱的。

宗族开始由合而分，而现在由分而合。譬如小河之水都流入大河，大河之水都流入大海。即将看见它日萍水相逢，凡祖孙、父子、伯叔、兄弟辈，一旦谈及世次而敬长爱幼之情不觉触于目而生于心并溢于言表。何至于出现因为年代久远，子孙繁多而亲情疏远，以致视同根同源的亲人如他族之与我不相属的人。

当此合修宗谱于一堂之际，查阅旧谱的叙述而订正新谱的记录，将有疑问之处删除、错误之处纠正、欠缺之处补齐，原原委委务必做到毫无差错。

窃喜我谱之纂修，创始有人、继续有人、而辑合亦有人。料想面对列祖在天之灵，或许可以问心无愧；即便较之先人当初的心意，亦可以相慰了。后代有人在续修宗谱时如能因此推而广之，把万宠公派下的子孙后代核实齐修，当然是祖宗之乐事，亦是我们宗族之盛事。以此为序。

　　　　　　　　皇清同治六年（1867年）岁次丁卯四月中旬吉日
　　　　　　　　九牧福唐刺史蔇公三十五世孙，秀才　林华春净手拜撰

续修饶阳林氏宗谱序（一）

林含章　民国（1915年）

吾林自坚公受姓以来，炳炳煌煌：仕西周者十公，仕东周者二十七公，仕秦者十四公，仕西汉者十五公，仕新室者三公，仕东汉者十二公，仕魏者十公。古时无谱，无世次之可言也。迨晋黄门侍郎颖公随元帝南迁，初寓江右，生二子：曰懋、曰禄。懋为下邳太守，生六子，时号"六龙"，是为下邳之始祖。禄由散骑常侍赠晋安郡王，是为闽林之始祖。

唐定天下氏族，林为晋安郡姓之首。传十五世而生饶阳太守万宠公，公生三子：曰韬、曰披、曰昌。韬为"阙下"祖，尊公所自出也；披为"九牧"祖，蔇公兄弟所自出也；昌为游洋祖，莒村之茔域犹在也。诸公之后裔，或为孝子，或为忠臣，史册所载，班班可考，书不胜书矣。

有德者克昌厥后，数典者不忘其先。无谱以综之，何以会源流而序昭穆。谱固不重乎哉？

顾吾族之谱也，乾、嘉年间两修诗山谱俱以近代金山公为一世祖。至道光庚寅年，得泉南溪东丕仰公送抄所缺十九代谱系。较核之，于是断者续、阙者补。由金山公推而上之至于九牧蔇公兄弟为一世祖。

越三十八年，同治丁卯续修宗谱，更诗山谱名为饶阳，尊其所自也。夫饶阳太守祖也，蔇公兄弟孙也。谱曰饶阳，胡乃以其孙蔇公兄弟为一世祖？盖闽泉旧谱取乎别子为祖之义。由别子而继别，而继祢，固宗法如是也。

谱之义例既明，谱之源委既详。后之续修者诚能探本穷源，追至晋安郡王禄公为一世祖。则侯官、福唐、长乐、连江、温陵、南安、清溪、德化、惠安、端溪、漳浦、莆田诸苗裔皆辑而合之。将见路遇而识伯叔、兄弟，坐谈而知亲疏、长幼，岂不善欤！岂不快欤！

无如改革之初，干戈扰攘，水旱交灾，金融闭塞。国且不堪，遑问家乘。

虽然新旧过渡，百废待兴。修谱岁时相距已四十八年，谱牒系图相隔亦三四世。

续修饶阳林氏宗谱序（一） | 谱 序

际此不修，诚恐籍谈贻笑、崇韬见讥，及吾身亲见之矣。

民国三年甲寅，同志：昺奎兄，箕恂、为舟、箕立、中柱、向荣侄，乃翰、裘仁、震镛侄孙等聚商再四、规定章程，缩短期限尚节俭、各尽义务求速成，倍加精力。议既决，箕恂、箕立等翻阅旧谱，查前届所来修者，不辞劳瘁，一一通告。来者修之，未来者听之。

如是，越五月事竣。成谱二十二卷，收族二十五支。蛰蛰乎与我同修者："双阙"派下则有洋塘、茉坞二支，"九牧"派下则有苇公之横溪口一支，藻公之刘墩一支，蔇公之桐子山、怀玉山、尊公桥、槽尖、柘村、南墩头、白石坂、黄塘、钱村、下东田、洋山脚、下山、毛山头、詹村、张家坂、厫墩、姚家坂、玉坑、麻蓬、草坪十九支，承恩图内则有塘村、前洋殿二支。

至于"双阙"之十八排、李子坑、牵子地、上东山、仙机山、铁山岭、团溪、王柏坑、木桥、邵墩、沿后、港下、余圳头十三支，"九牧"苇公之枧头坞、大坞二支，贵道公之彭家桥、石马坞、汤家地、西源四支，贵禄公之溪东、佘家后、石壁、三渡州、王沙岭、上团五支，师近公之漆工圳、八十脑二支，师道公之石盘头一支，承恩图内之东坑周坞、葛源、张家湾、姜家源、德兴廿六都五支，皆前届同修而今未来者。噫！时势所迫，而有志不逮者也。兹特将同治丁卯年旧谱保存勿失，以备后人之查考而续增焉。

            时
民国四年岁次丁卯仲春月谷旦
九牧福唐刺史三十六世孙，清附贡生 含章鞠躬撰

续修饶阳林氏宗谱序（一）

（译文）

　　我们林氏自林坚受周武王赐姓以来，一直非常辉煌：在西周为官者十人，在东周为官者二十七人，在秦朝为官者十四人，在西汉为官者十五人，在（王莽）新室时期为官者三人，在东汉为官者十二人，在魏国为官者十人。古时候没有宗谱，（对上述诸人）也无法确定世次。到晋朝黄门侍郎林颖随晋元帝南迁，最初居于徐州下邳、生了两个儿子：林懋、林禄。林懋为下邳太守，生了六个儿子，当时号称"六龙"，是下邳林氏之始祖。林禄由散骑常侍追赠晋安郡王，为闽粤林氏之始祖。

　　唐朝核定天下氏族，林姓为晋安郡之首姓。林禄传十五代而生饶阳太守林万宠，林万宠生了三个儿子：林韬、林披、林昌。林韬为"阙下林家"之祖，是林尊的父亲；林披为"九牧林氏"之祖，是林葳兄弟的父亲；林昌为游洋林氏之祖，莒村的墓地还在。他们的后代子孙，或为孝子或为忠臣，史册所载、班班可考，真是书不胜书。

　　有道德的家族其后代一定繁荣昌盛，数说典故者一定不会忘记祖先。宗族如没有宗谱加以综合，怎能会源流而序世次？宗谱的作用还不重要吗？

　　回顾我们的宗谱，在乾隆、嘉庆年间两修诗山宗谱都以近代林治（字金山）为一世祖。至道光庚寅年（1830年）得到泉州南安溪东林丕仰抄录送来的以前宗谱所缺的十九代祖先世系，经校核无误。于是中断的世系得到连续，阙漏的世系得到补充。由林治（字金山）推而上之至九牧林葳兄弟为一世祖。

　　过了三十八年，同治丁卯年（1867年）续修宗谱，把诗山林氏宗谱改名为饶阳林氏宗谱，尊其来源。饶阳太守是祖父，林葳兄弟是孙子，谱名改为饶阳林氏宗谱后，为何还要以其孙子林葳兄弟为一世祖？那是因为福建泉州的旧谱采用别子为祖的义例。由别子而继别为宗，继祢为小宗，宗法就是这样规定的。

　　谱之义例既明，谱之源流既详。后来续修宗谱者一定能探本穷源追至晋安郡王禄公为一世祖。那样一来，侯官、福唐、长乐、连江、温陵、南安、清溪、德化、惠安、端溪、漳浦、莆田等各族子孙后代都可和睦团结。即将见到族人路遇而知伯叔、兄弟，坐谈而知亲疏、长幼，岂不是大快人心的好事嘛！

　　无奈辛亥革命成功之初，战事纷扰、水旱交灾、金融闭塞，国事都难以承受，就更不用说宗谱之事了。

　　虽然新旧过渡，百废待兴。但是距离上次修谱已经过了四十八年，谱牒系图相隔也有三四代。这时还不修谱，诚恐如籍谈之数典忘祖，郭崇韬之拜汾阳墓那样忘记祖先、冒认祖先的事情就会出现在我们的面前了。

　　民国三年（1914年）甲寅年，同有续修宗谱志向者：族兄林昺奎；族侄林箕恂、林为舟、林箕立、林中柱、林向荣；族侄孙林乃翰、林裘仁、林震镛等多次聚商：规定章程、缩短期限；提倡节俭、各尽义务；务求速成、加倍努力。商议既决，林箕恂、林箕立等翻阅旧谱、查前届所来合修者，不辞辛劳一一通告。愿来者就一起续修，不愿来者就听其自然。

　　这样，过了五个月，大事告成。成谱二十二卷，收族二十五支。众多与我们同修的宗族："双阙"派下则有洋塘、茱坞二支；"九牧"派下则有林苇之横溪口一支；林藻之刘墩一支；林蕴之桐子山、怀玉山、尊公桥、槽尖、柘村、南墩头、白石坂、黄塘、钱村、下东田、洋山脚、下山、毛山头、詹村、张家坂、厫墩、姚家坂、玉坑、麻蓬、草坪十九支；承恩图内则有塘村、前洋殿二支。

　　至于"双阙"之十八排、李子坑、牵子地、上东山、仙机山、铁山岭、团溪、王柏坑、木桥、邵墩、沿后、港下、余圳头十三支；"九牧"林苇之枧头坞、大坞二支；林贵道之彭家桥、石马坞、汤家地、西源四支；林贵禄之溪东、佘家后、石壁、三渡洲、王沙岭、上团五支；林师近之漆工圳、八十脑二支；林师道之石盘头一支；承恩图内之东坑周坞、葛源、张家湾、姜家源、德兴廿六都五支。都是前届同修宗谱而这届未来同修的。唉！这是时势所迫，而有不符理想之处。现在，特地把同治丁卯年旧谱保存好不要遗失，以备后人之查考而在后来续修宗谱时能增加进来。

　　民国四年（1915年）丁卯年二月吉日
　　九牧福唐刺史蕴公三十六世孙，清附贡生　林含章鞠躬撰

续修饶阳林氏宗谱序（二）

林中桂　民国（1948年）

丁亥之春，族中长老、昆季常相聚而言曰："吾族宗谱之修也，迄今已逾三十余年。其中迭经兵燹离乱，谱牒毁损散失者当不在少。若不乘此老成健在，急起续修，将来何以慰族人之愿望。"汝盍其首倡之乎？予应之曰："诚然。"惟兹事体大，兼以时局艰困、物价高涨，非一、二人所能办，又非少数财力所能办成。因邀族内长老、优秀青年再四磋商，皆欣然曰："事在必举，经费可由柘村、黄塘族间先行筹垫。"

议既定当，即推举：箕修、箕日、箕乐、箕台、箕桂、箕崇、裘中、裘名、裘亭、裘芝、观鹄等分配工作，共赴事功。部署就绪，日孙弟、裘名侄即行束装，分赴各处会修，不辞劳苦。而各处之表同情者接踵而至，不特前之合修者、向未合修者也踊跃而来参加。足见丧乱之后，人人皆有敬宗收族之同感。乃于是年农历十月间设局开刷，越年十月竣工。计谱三十六部，每部装订成册，计四十二本。

是役也，工料浩繁，而能于最短期间、所费不多完成其事。此皆兄弟、侄孙辈刻苦耐劳、节约从事，有以成之。予虽忝为主盟、实未尽厥职，内疚殊深。且此届合修，有远在数百里以外者、丁稿先后参差不齐，其中错误在所难免。然皆悉以原丁稿付梓，局中人不负其责。至于宗族源流、前人德行勋业，历经大手笔分别详叙、载诸谱牒，斑斑可考、无容赘述。惟将当日经过情形略述大概，以供后人参阅，乌敢言序。

民国三十七年岁次戊子阳春月榖日
福唐刺史㷆公三十七世孙　中桂谨撰

续修饶阳林氏宗谱序（二）

（译文）

　　一九四七年春天，宗族中的长辈、兄弟们经常聚在一起谈论："我们宗族前次合修宗谱，到现在已经过了三十余年。其间几经兵匪骚乱，宗谱毁损、散失不少。若不乘现在年高有德的前辈还健在，马上续修，将来用什么告慰族人的愿望。"有人问："你何不带头修谱呢？"我回答说："是要带头。"只是这件事情关系重大，再加上时局艰困、物价高涨，不是一两个人所能办到的，也不是少数财力所能办成的。因此邀请族中前辈、优秀青年再三磋商，大家都欣然地说："修谱之事、势在必行，经费可由柘村、黄塘两族先行筹垫。"

　　商议既定，立即推举：林箕修、林箕日、林箕乐、林箕台、林箕桂、林箕崇、林裘中、林裘名、林裘亭、林裘芝、林观鹄等人，分配工作，共同去办。部署好以后，族弟林日孙、族侄林裘名即行束装、不辞劳苦分赴各地林氏宗族，通告合修宗谱。而各地同意参加合修宗谱的族人便接踵而至，不单是前次已经参加合修的宗族来参加、以前没有参加合修的宗族也踊跃而来参加。可见历经战乱之后，人人皆有尊敬祖宗、团结族人之同感。于是在当年农历十月间开设谱局进行印刷，第二年十月竣工。共计印谱三十六部，每部装订成册，计四十二本。

　　这次合修宗谱，工程浩大、资料繁多。而能于最短时间、所费不多完成修谱之事，都是因为兄弟、侄孙辈刻苦耐劳、节约从事，才能完成的。我虽愧为主持人，实未尽职、内疚殊深。且此届合修宗谱，有远在数百里以外的宗族、人丁资料的送达先后参差不齐，其中错误在所难免。但是我们都以原稿付印，对于原稿的错误，谱局中人不负其责。至于宗族源流、前人德行勋业，历经名家分别详叙、载于谱牒。斑斑可考，无容赘述。我只将当日经过情形略述大概，以供后人参阅，不敢言序。

民国三十七年（1948年）戊子年三月吉日
福唐刺史邈公三十七世孙　林中桂谨撰

续修饶阳林氏宗谱序（三）

林缪生（1998年）

续谱者续史也。史如江河有其源头流域奔腾入海之轨迹，谱亦然。思吾林本殷少师比干之后裔，迨武王伐纣坚公受封于西河且赐姓以来历经三千余载。其间代代有发展，迭迭有变迁。晋安郡王禄公始入闽，明由闽而至江右信之丰溪，清初乃定居饶北之黄塘，有信公为开族第一人，由是观之吾林一宗可谓源远而流长矣。历届修谱不仅为我林氏之繁衍留下了一部翔实之历史且为吾华夏之发展提供了不可或缺之佐证，谱之于史其义亦可谓大矣。

光阴荏苒，时代之列车即将驶出二十世纪，距上届修谱亦已五十余年。族中老人常议欲续修宗谱，但由于历史之原因旧谱被毁而残缺不全且修谱之经费也无着落遂迟迟未能如愿。去夏族人梓文、裘令二老率先出寻谱头，几经周折终于石人之东坑、浙之盘山头将旧谱搜集齐全。今年四月各房代表会商重申了续修宗谱之决心且派人外出联系征询各地本家之意见。裘梅、上春赴饶西，乃杨、观炎赴饶南，观木、观炎前往浙江。所到之处本家均热烈响应且纷纷填表捐款，嘱望续谱能早日付梓。今年七月一日谱局遂宣告成立，公推梓文、裘梅、乃杨、裘元、观金、观炎、观木、观伟、上春诸人为委员，讨论通过了自发自愿自筹之续谱原则，下设内勤、外勤两组于翌日分头正式开始工作。

时至今日，自筹之资金已全部到位，分户之谱表也陆续送至谱局，谱工亦已就位开刷，预计年底续谱工程即可竣工。局之前辈嘱予为续谱写序，予自忖才疏学浅深恐有辱众望。然思续谱乃继往开来之盛事，族人续谱之志可嘉，局之前辈不辞艰辛不计报酬为公众事业奔走之情尤可贵，堪为后世楷模，遂不揣浅薄欣然命笔以记之，权为序。

公元一九九八年农历戊寅中秋日
福唐刺史葳公四十世孙　缪生谨撰

九牧林氏宗谱序

林海（2019年）

我们林氏源远流长，根深叶茂。正如（唐）温彦博《林氏源流总序》所述："林氏之先，出自黄帝、高辛氏之后。"黄帝生玄嚣、玄嚣生蟜极、蟜极生帝喾，帝喾即高辛氏是黄帝的曾孙。

帝喾娶有绒氏之女简狄为妻，简狄为求子到郊外祭祀，在玄邱河里沐浴，看见玄鸟（燕子）产下鸟蛋，拿来吞食了就怀孕而生下契。契辅佐大禹治水有功，被封为商国国君，赐姓子氏。

契十四世而生天乙，天乙因讨伐无道的夏国国君桀而得王位为殷国。天乙死后，谥曰"成汤"。天乙三十世而生帝辛即商纣王。商纣王暴虐无道滥杀无辜，朝臣皆不敢劝谏。比干为了挽救垂危的商朝，犯颜直谏三日不退，惨遭纣王杀害剖心而死。纣王还残忍地剖开比干次妃的肚子，取看她腹中的胎儿。当时，比干的正妃陈氏已怀孕三个月，恐被纣王加害，便逃到郊外藏于深山密林的石洞之中，生下一个男孩名泉。等到周武王伐纣天下平定之后，比干夫人才带着男孩泉投奔周武王。

周武王因泉是在深山密林的石洞中出生的，便以树林的林赐泉林姓，更名为坚。并封林坚为大夫，封地在博陵郡。林坚是林氏始祖，比干是林氏太始祖。

林坚的后代世袭大夫，长期居于博陵，经历了周、秦、汉几个朝代，成了当地有名望的世家。博陵位于淇河之西，又称西河。

西河林氏不断繁衍，散居周边鲁、齐、卫等地。其中战国时期赵国宰相林皋有九个儿子都很贤明，时号"九德之父""十德之门"。《元和姓纂·林氏篇》林皋的子孙于秦朝末年居于齐郡邹县，汉朝析分齐郡为济南郡，林氏便成了济南的望族。

西晋末年黄门侍郎林颖随东晋元帝司马睿南迁，居于徐州下邳。林颖有两个儿子：林懋、林禄。林懋是下邳太守，其子孙长期居于下邳，到唐朝成为下邳第一大姓，林懋是下邳林氏始祖。林禄是招远将军，随晋元帝南渡，任晋安太守（后追封晋安郡王），便在晋安安家，林禄是闽林始祖。

永嘉之乱，衣冠南渡。北方的士绅纷纷南迁到闽越一带，犹以福建为最。衣冠南渡，带来中原文明，促进闽越开化。加之闽越地处偏远避开战乱，社会相对稳定有利发展。林禄的子孙长期居于此地，得到快速发展壮大。

林禄生林景、林景生林缓被封为南平侯。缓八世生林茂，于隋开皇三年由晋安温陵迁居莆田北螺村。茂五世生林玄泰，林玄泰之子林万宠生了三个儿子：林韬、林披、林昌。

林披于唐代宗年间由北螺村迁入澄渚。林披生了九个儿子：林苇、林藻、林著、林荐、林晔、林蕴、林蒙、林迈、林蔇。林藻在廷试时以《合浦还珠赋》著称，考中进士，为闽中破天荒考中进士第一人。藻兄弟九人俱官至州牧，世称"九牧林"。

我们这支（下山、毛山头林氏）就是九牧林蔇的后代。林蔇的儿子林恩任晋江令，自莆田澄渚迁移到仙游夏顿。传到二十世孙林治，又自夏顿迁移到泉州南安溪东。又经历了十代，正当明季鼎革之际（期间一六五一至一六五四年，郑成功辅佐南明政权在厦门、漳州、泉州一带进行抗清斗争，尤以一六五二年"漳州之役"、一六五三年"海澄之役"对闽南百姓生活影响较大），为避兵燹，当地百姓纷纷外逃。

我们这一支是南安溪东初祖治公（号金山）十世孙当时公于一六五三年举家由南安溪东迁往江西。当时公有四个儿子，一家十几口人肩挑背驮，跋山涉水；风餐露宿，贫病交加。一路上走走停停，累月经年。其长子启馥公死于途中。好不容易到了江西广信府广丰县，其长媳和孙子有章公便留在广丰县（失稽）。其三子启藻公和孙子有青公也留在广丰县廿七都战坂鹤山脚（失稽）。其四子启总公和孙子有通公也留在广丰县（失稽）。

当时公则拖着病体和妻子洪氏一起，随其次子启藩公一家继续前往广信府上饶县。一六五四年五月初三日，在广信府汪家园，当时公终于一病不起，葬于汪家园菜园角。

葬父之后，启藩公领着母亲和妻儿一家老小艰难地来到广信府上饶县三都十堡下山，便在此安家，成为下山林氏开基祖。

启藩公生有五个儿子，一家人同住数间破屋，聊以遮风避雨；只有几亩薄田，仅够喝上稠粥。

鉴于这种艰难困苦的状况，启藩公第三个儿子有细公（号天保）深谋远虑。他想：这种困难的状况如不改变，以后子孙繁衍，如何培养？难道希望高山上会降下像我们的祖先蔇公兄弟九人都官至刺史称为"九牧"吗？有细公头脑特别清醒，于是便相中毛山头。这里山川聚秀，环境优美，莲塘山屹立于前，吉阳山耸立于后，很像祖籍南安溪东。便在一七二〇年前后，带领眷属移居毛山头，成为毛山头林氏始祖。

九牧林氏宗谱序 | 谱 序

我们这一支尊蒇公为一世祖，尊治公为南安溪东初祖，尊啟藩公为下山开基祖，尊有细公为毛山头初祖。我们这一支于明末清初（1654年）从南安溪东迁来上饶县下山，至今已三百六十余年。历：啟、有、士、文、明、丕、振、箕、裘、观、上、国、仁、计十三世（即九牧蒇公三十世至四十二世）。人口也从初来时的一家数口繁衍至今的两个村（含外迁）逾千人。

西河—济南—下邳—晋安—莆田—仙游夏顿—南安溪东—上饶下山、毛山头，就是本支至今的源流。未来本支：仁、礼、肇、端、保、世、延、长、惟、积、厚......一代一代人口繁衍将无穷无尽，宗族播布也将遍于天下。然树高千丈不忘根、水流万里必思源，这是亘古不变的道理。而要真正做到源流清晰，昭穆不紊，则非有宗谱不可。

我们这支修谱的历程是：一八三〇年修诗山林氏宗谱时参加合修，之后又于一八六七年合修饶阳林氏宗谱、一九一五年续修饶阳林氏宗谱、一九四八年续修饶阳林氏宗谱、一九九八年续修饶阳林氏宗谱时参加合修。因为历史的原因，我们现存的宗谱只有完整的一九九八年版饶阳林氏宗谱和部分一九四八年版饶阳林氏宗谱。

由于历届热心参与修谱的祖先和宗亲的努力，尤其是永实公、永毓公、秀升公三个从兄弟，三个太学生，以其丰富的学识，修好宗谱的志向和不畏艰难的精神，于一八二八年夏开始，跋山涉水，风餐露宿，历时三年遍访同由南安溪东迁出而散处赣浙各地的宗亲收集资料。又适值溪东丕仰公将其经过几年悉心查访，从仙游原谱抄录自蒇公以下、金山公以上，此前历次纂修宗谱所阙的十九代世系送来且经核实无误。资料已空前齐备，而为慎重起见，他们还请来广丰名士徐伟先生作主修。如此，终于在一八三〇年冬为后人留下一部完善可信的宗谱，为后人续修宗谱奠定了坚实的基础。此后几次修谱大体沿用一八三〇年谱首文献和世系传承。这也是我见到过的收录宗谱文献较多，阙讹较少的宗谱。

但是，因为我们这支都是参加合修，在饶阳林氏宗谱中只是分谱，只有首页小序对本支的情况进行简单的描述，这对于我们下山、毛山头的宗亲尤其是后代子孙想要了解本族的详细情况是非常不够的。

为了详细记述本族的源流；为了详细记述本族从南安溪东迁至下山、毛山头的经历；为了详细记述本族在下山、毛山头的繁衍和发展情况；为了便于本族宗亲的联系和相互了解等，本族必须独立修谱，并在修谱过程中对以前宗谱中存在的缺漏错讹进行补齐更正，为本族宗亲和子孙后代留下一部较为完整正确、能信于今亦能传于后的宗谱。使本族宗亲和后代子孙今后不管身在何处，只要翻开宗谱对自己的来龙去脉便一目了然，只要翻开宗谱祖宗便跃然纸上，追根溯源敬宗睦族之心便油然而生。

为此，我从二〇一〇年起即到下山、毛山头、黄塘、柘村、里洋、溪东、卫辉等地收集林氏宗谱资料，借助网络、参考书、工具书等对收集到的资料进行校对、注释，对其中几十篇重要文献进行翻译并将原文和译文整理汇编成《林氏宗谱文献选集及译文》一书，于二〇一六年末由科学技术文献出版社出版发行，为本族修谱做好了一定准备。

于是，便在二〇一八年夏开始联络本族宗亲欲行修谱，先后得到国强、上晖、上明、观清尤其是上军的热心支持，开始进行调查摸底。二〇一九年三月十七日成立下山、毛山头修谱委员会：主修海，内务上明，外勤观仕、观清、上水、上晖、上国、国强，监事上军、上玉，修谱工程正式启动。经过修谱委员会各位委员近七个月的努力并得到广大宗亲的积极支持，终于十月告成。

本次修谱，原则是做到凡是本族宗亲无论是居于本村、本地还是外地者，都要设法通知并收取丁稿，然后据实登录。因此，本次修谱，基本上做到资料翔实应录尽录，可信于今而传于后。

本谱自当时公以下世系昭穆清晰详尽，而祖籍南安溪东之宗谱自当时公以上世系昭穆清晰详尽。因此，我们下山、毛山头立谱之后，即可对接溪东宗谱。能合归祖谱是何等美事啊！上可告慰祖宗魂归故里之心，下可激励子孙光宗耀祖之志。

此次修谱，海忝居主修之位，限于本人学识虽经努力仍难免有不周之处，还望祖宗谅解；子孙包涵。并请宗亲今后阅览此谱时发现错误之处务必指出，以便后之续修者可以更正，以使本谱日臻完美。是为序。

二〇一九年己亥仲夏
九牧蕴公三十九世孙、高级工程师　林海撰

跋

　　林氏宗族崇尚忠孝，太始祖比干为天下忠臣之楷模。子孙不乏如林蕴、林欑之忠臣孝子。

　　林氏宗族倡导尊祖收族，重视纂修宗谱，重视修建祖先墓祠。于宗谱，自（唐）邵州刺史林蕴从史馆得温彦博所撰《林氏源流》副本并将之衍绎成《续庆图》之后，（宋）林瑜编撰《重广邵州续庆图》对其进行增续，正如（宋）林大鼐在其《重广邵州续庆图跋》中所言：永平县令林瑜的《重广邵州续庆图》比原本更为详尽。后又经多次增续，才有今天我们所见的林氏宗谱。而于祖先墓祠，明林俊在《重修先墓记》中载有明弘治年间修葺瀛洲刺史林玄泰墓、高平太守林万宠墓以及九牧墓之盛事，并将林氏总祠的建设、睦州刺史林披墓的修葺及墓田的恢复寄希望于后代之贤者。明林齐圣在《重修晋安郡王墓记》中载有：明天启年间他在惠安掌管文教，于离任时出资修葺晋安郡王墓和赎回潘家所占墓田之事。林蕴、林瑜、林俊、林齐圣等林氏先贤所做的盛事，值得子孙后代千秋铭记，万代效仿。

　　话说盛世修谱，改革开放三十余年，中国得到快速发展，现正迈入全面小康社会，我闽林发源地的发展更在全国前列。当此中华民族复兴之盛世，林氏宗族更加缅怀祖先。全国各地乃至世界各地的林氏宗亲会、林氏文化研究会不断涌现，撰修宗谱、修建墓祠正在全面展开。河南卫辉林氏始祖坚公祠正在建设，福建泉州闽林始祖禄公祠（林氏总祠）也已奠基，其他各地新建宗祠、葺修祖墓不可胜记。上可告慰祖先在天之灵，下可激励子孙忠孝之心。则我林氏可以和中华共命运，可以和天地同长远。

公元二〇一六年九月
九牧蕴公三十九世孙、高级工程师　林海撰

九牧林氏宗谱
主修　林海

我的源流

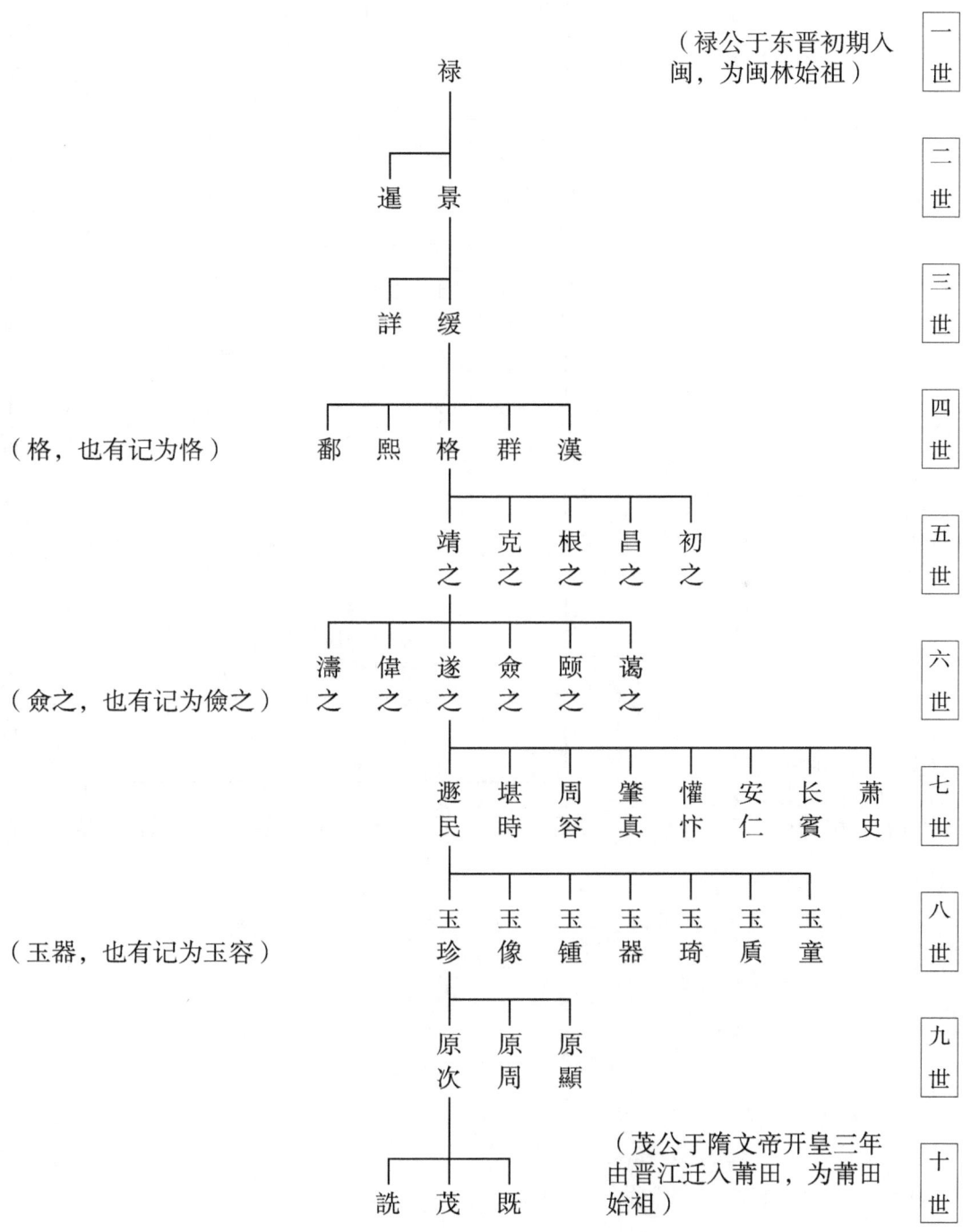

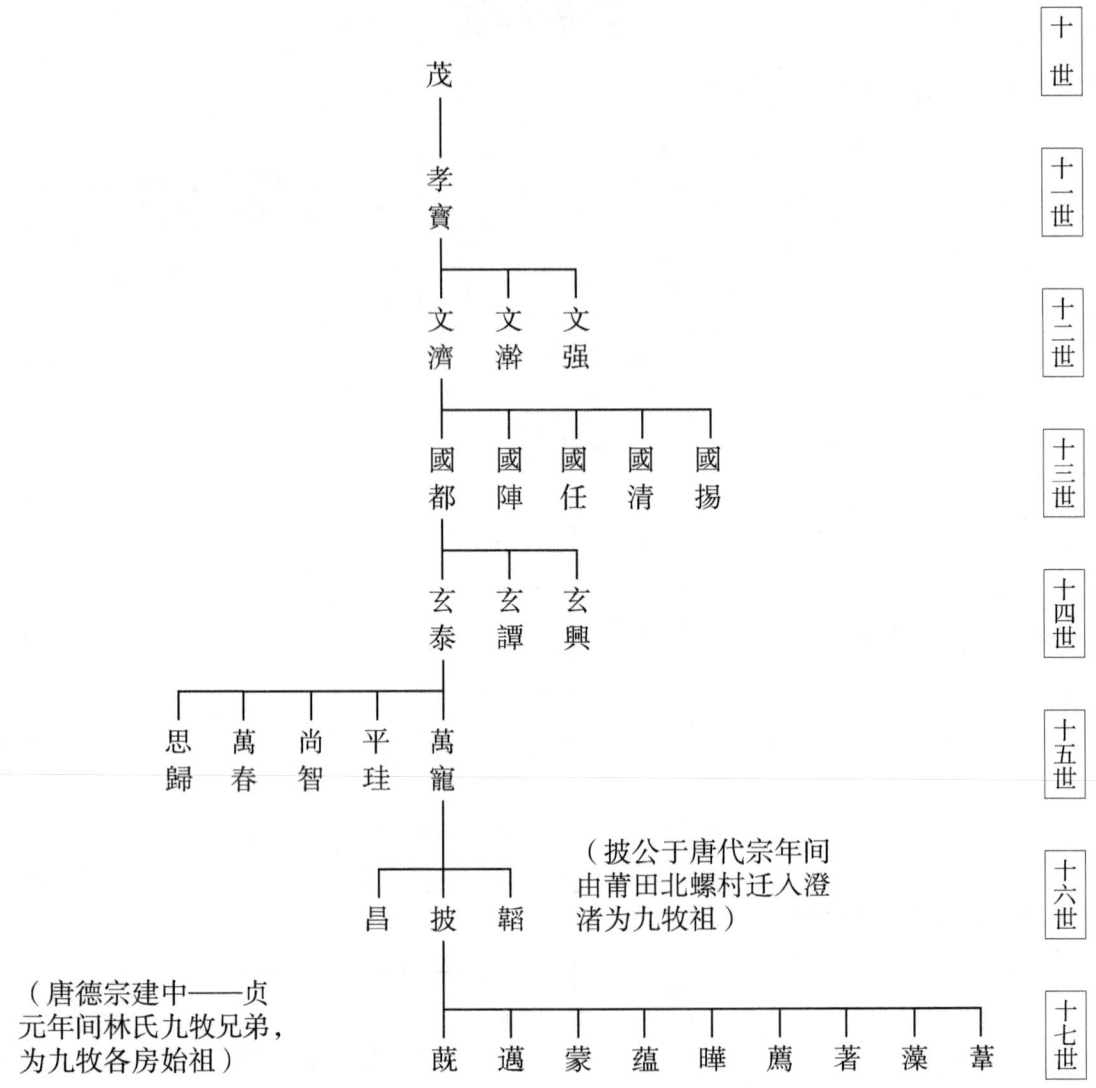

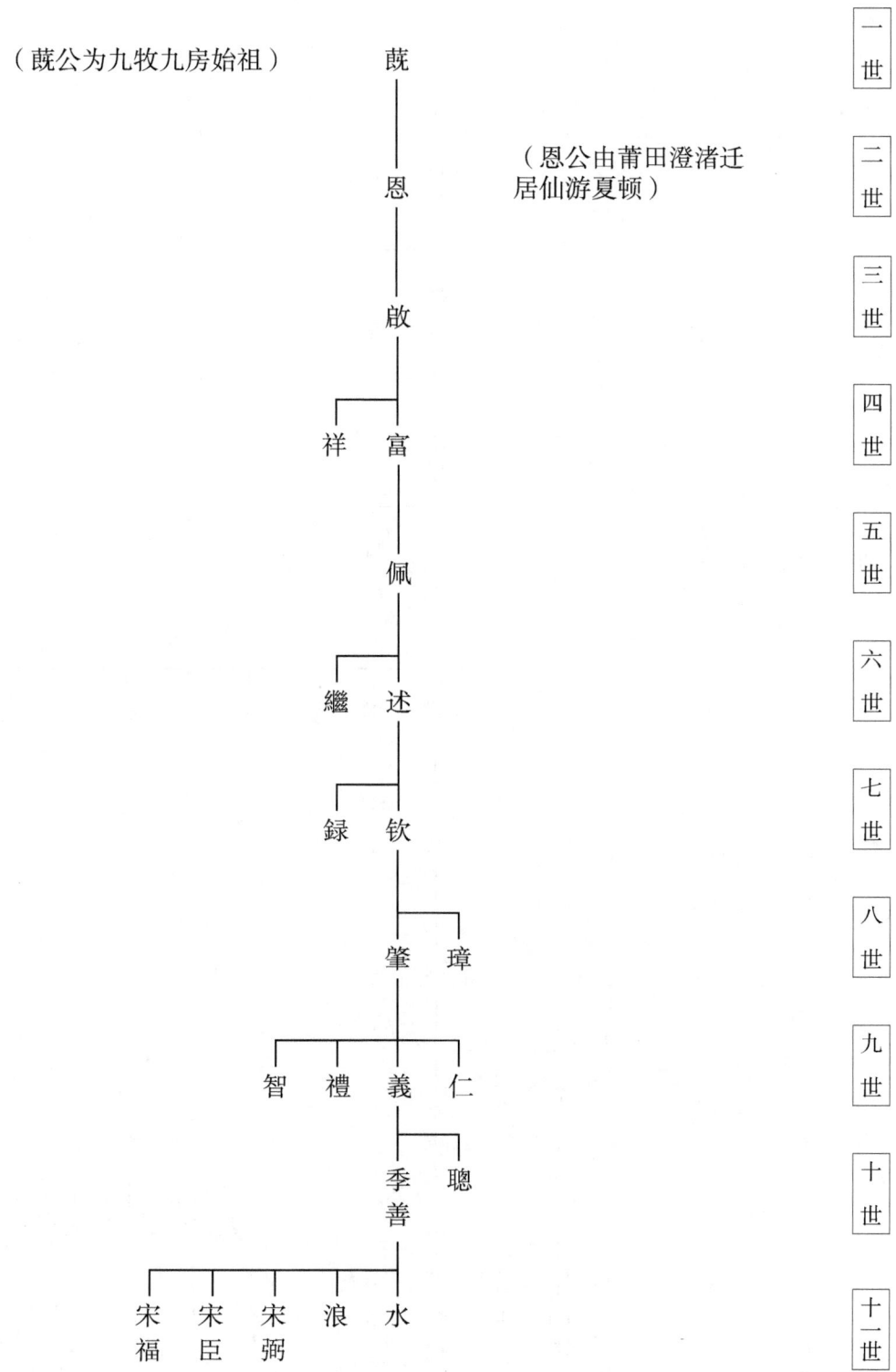

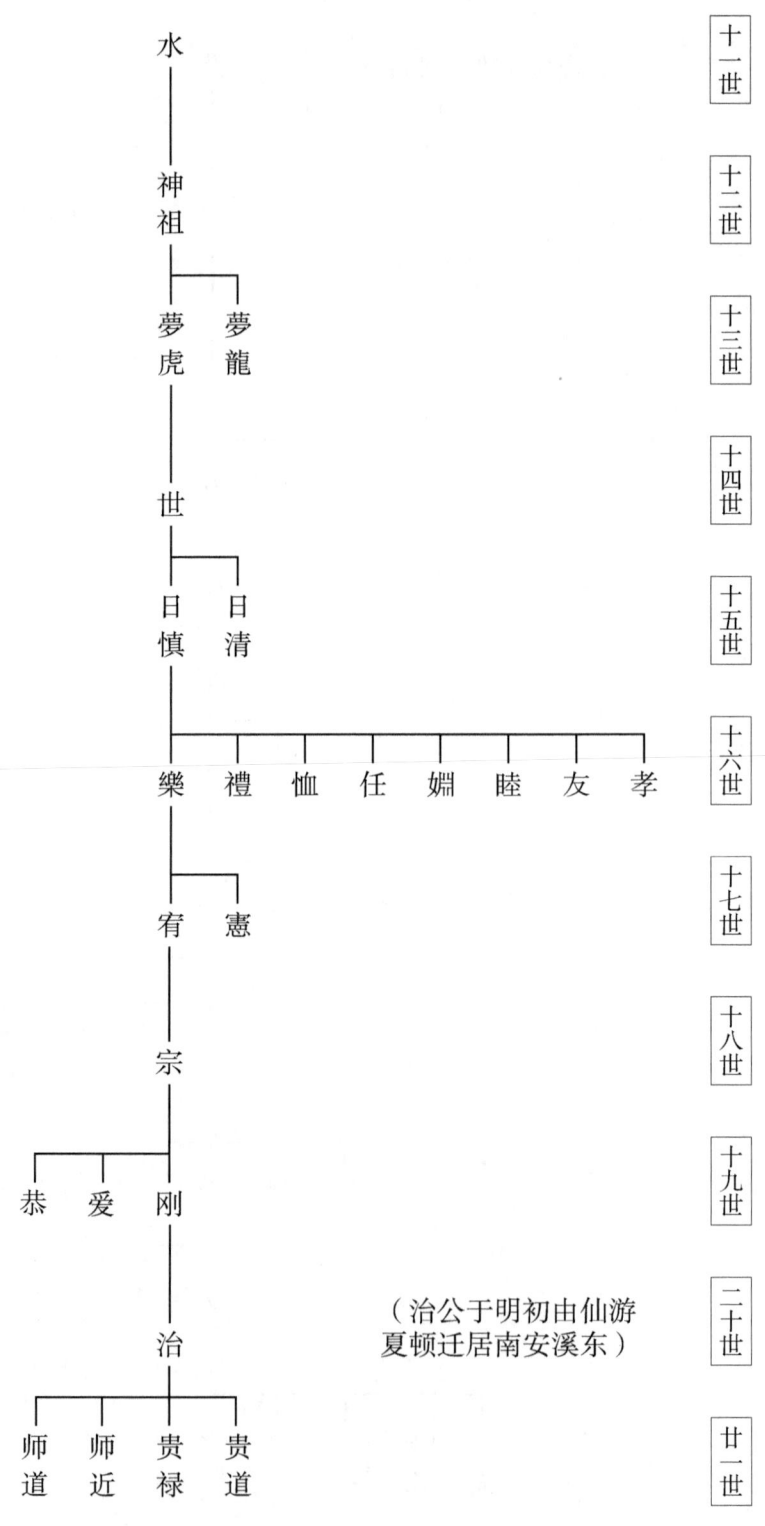

水	十一世
神祖	十二世
夢虎　夢龍	十三世
世	十四世
日慎　日清	十五世
樂　禮　恤　任　媔　睦　友　孝	十六世
宥　憲	十七世
宗	十八世
恭　爱　刚	十九世
治	二十世
师道　师近　贵禄　贵道	廿一世

（治公于明初由仙游夏顿迁居南安溪东）

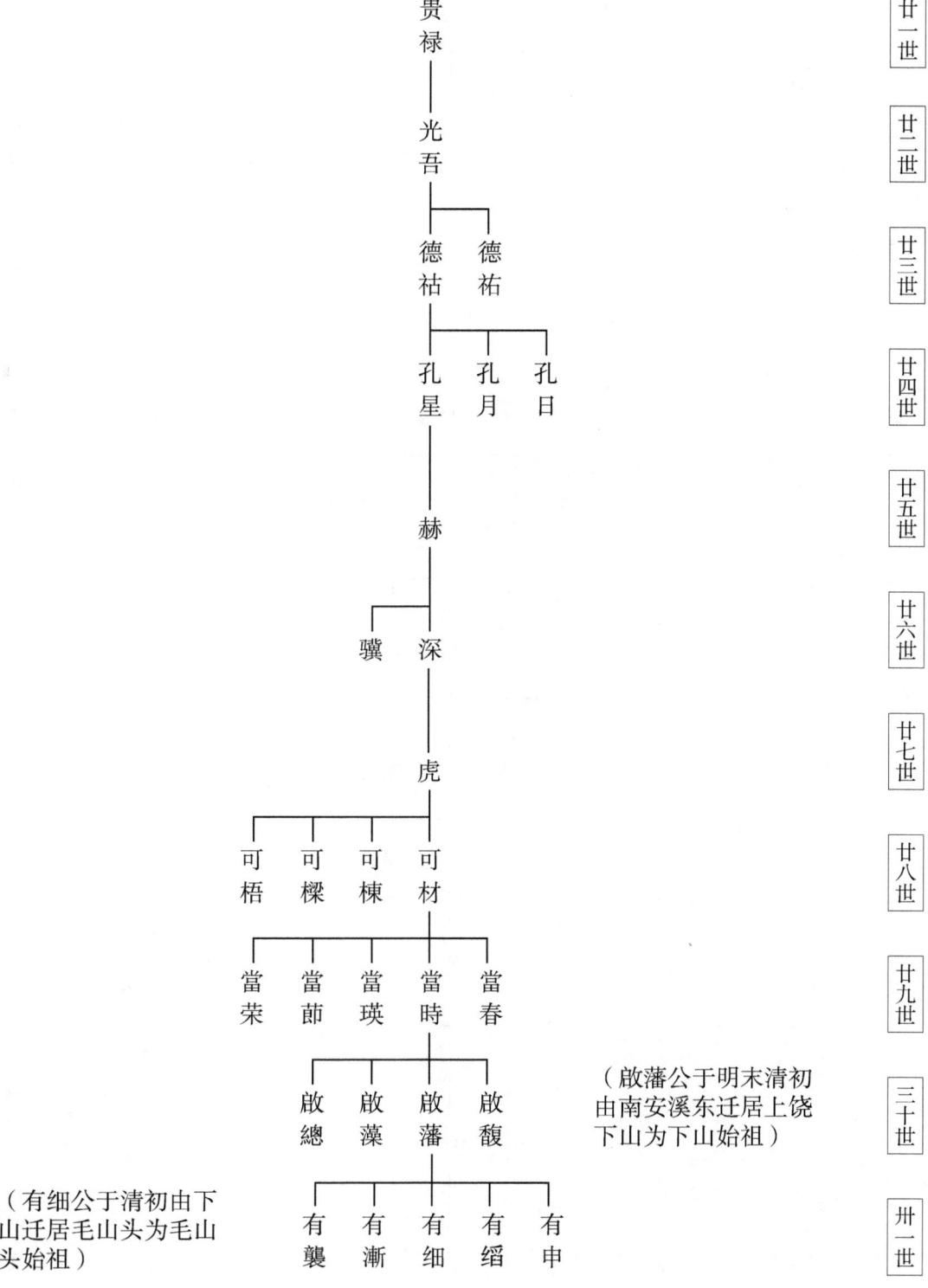

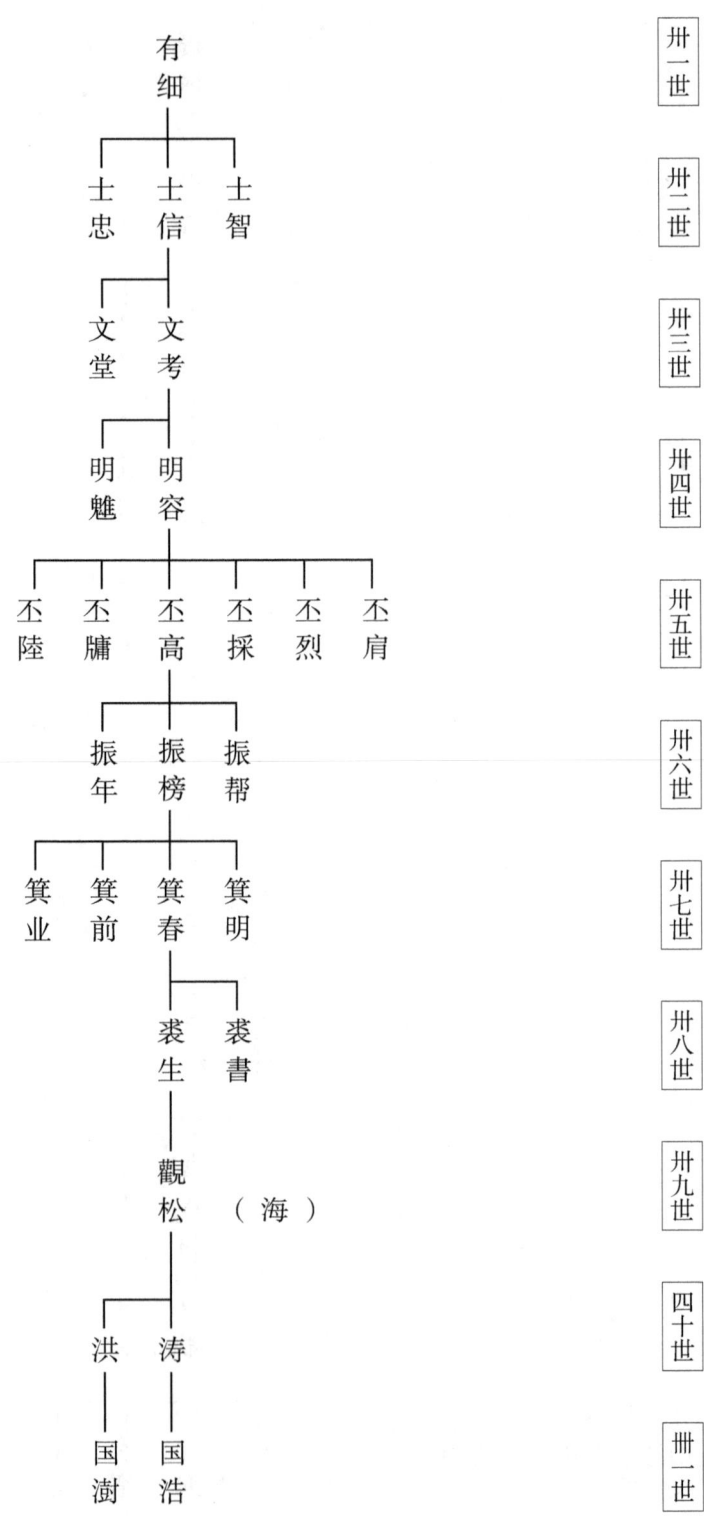